# THE STORY 聖經的故事 OF THE BIBLE

暢銷百年精裝典藏版

西方
文化
三大源頭

HENDRIK WILLEM VAN LOON

房龍——著 鄧嘉宛——譯

獻給喬治・林肯・布爾

目次

## 地圖

## 【導讀】一座橋樑

鄧嘉宛

一九二八年，房龍出版《聖經的故事》，這是房龍對基督宗教（包括基督教、天主教、東正教）的核心經典《聖經》一書的理解和詮釋，與《聖經》文本本身有相當距離。房龍說他為年輕人寫這本書，是因為：「你們人生中總會有一段迫切需要智慧的時候，而那些智慧就隱藏在這些古老的編年史裡。並且數百個世代以來，《聖經》一直是人最忠心的伴侶。我僅僅是要告訴你們，我認為你們該知道這本書，因為你們的人生會因此充滿更多的理解、寬容和愛，這會使人生變得美善，並且進而變得聖潔。」

好特別的一本書，竟能讓人讀了之後變得理解、寬容、有愛，並使人生變得美善，變得聖潔。這書到底說了什麼？

### 從歷史長河看《聖經》

《聖經》的成書經歷了很長的時間。從最早的口傳到後來有文字記載（《舊約》以希伯來文和阿拉米文[1]寫成，《新約》以希臘文寫成），前後經歷約三千年時光（從公元前二八〇〇年一直到公元二世紀）。經過這麼漫長的記載、編輯、翻譯、流傳，關於《聖經》的詮釋，已經形成了專門的「釋經學」。與《聖經》研究相關的著作，已非車載斗量可以形容，而歷代以來受《聖經》影響並靠《聖經》養活的人（神學家、教授、神父、牧師、信徒），更是多到無法計數。今日西方整個先進文明背後最重要的基礎，也非《聖經》莫屬。

在此我們不談專家學者的研究，也不談信仰，只談房龍這本書如何幫助不認識此書的讀者循序漸進走過這漫長時光，看人類古老文明發源地之一西亞兩河流域和地中海沿岸的早期歷史，看猶太人如何從一支沙漠中的游牧小部族，一路走到建立王國，經歷滅國、流亡到全世界，最後誕生出基督教的故事。

房龍在一九四四年去世，他若再多活四年，說不定會給自己這部作品寫出第三十章。一九四五年，二次世界大戰結束，全世界知道了歐洲的猶太人在二戰時的悲慘經歷。一九四八年，猶太人在他們聲稱上帝賜給亞伯拉罕後裔、名為巴勒斯坦的狹長土地上，宣布獨立建國。

亡國近兩千年，散居世界各地，二戰時慘遭屠殺六百萬的猶太人，是什麼讓他們可以走過漫長時光，歷經磨難，卻依舊凝聚起來，堅持復國？是他們的信仰。他們始終相信上帝賜給亞伯拉罕子孫的應許，他們始終守著祖先的傳統以及《塔納赫》（也就是《舊約》）。

至於猶太人所不接受的《新約》，也就是上帝的兒子耶穌來到世上拯救世人的故事，卻已成為當今世上第一大宗教的根基。耶穌的追隨者所建立起來的基督宗教，其信徒已經遍及世界各個角落，上至達官顯貴（比如美國前總統歐巴馬），下至販夫走卒（比如我家巷口麵攤的老

1 阿拉米文（Aramaic），也就是聖經中所說的「亞蘭文」，屬閃語族閃含語系（包含古希伯來語、巴比倫語、腓尼基語、亞述語，現代希伯來語、阿拉伯語、衣索比亞語……等），是公元前一千年左右亞洲西南部的通用語言。

闆），都有基督的信徒。

## 化繁為簡的歷史知識書

相對於《聖經》審慎又龐大的記述，房龍用一種閒話家常的說故事口吻，夾雜著他五花八門的評述與舉例，把這本超強的經典用平易近人的方式講了一遍。房龍的敘述，是順著《聖經》編年史的順序走的。

本書從創世故事和大洪水與挪亞方舟說起，講到亞伯拉罕離鄉，冒險西遷，隨後猶太人遷居埃及，在埃及安家過了數百年，最後淪為奴隸，然後在摩西的帶領下脫離奴役走向自由。

猶太人離開埃及時，已經不是當年亞伯拉罕離鄉時所率領的一個家族，甚至不是約瑟帶到埃及的一個部族。此時的猶太人已經超過了兩百萬。摩西是古往今來空前絕後的領導人，想想，兩百多萬人每天在沙漠中的吃喝拉撒、摩擦糾紛，處理起來豈是易事。摩西與這群超難搞的同胞在光禿禿的曠野中熬了四十年，最後交棒給約書亞。《聖經》說：「摩西死的時候年一百二十歲；眼目沒有昏花，精神沒有衰敗。」難怪他被稱為「神人摩西」。

約書亞率領百姓渡過約旦河，進入迦南，打下了一片安身立命之地。在一個接一個的士師領導更迭之後，大衛建立了以色列王國，並在所羅門統治時期達到顛峰。不幸的是，所羅門沒有處理好王位繼承人的事，他死後王國南北分裂，除了兄弟鬩牆打內戰，南國猶大和北國以色列都各自出了一些荒腔走板的國王，無論先知如何警告建言，國王和百姓依舊故我。最後，北國以色列於公元前七二二年亡於亞述帝國，南國猶大於公元前五八六年亡於巴比倫帝國。

當巴比倫亡於波斯，波斯王古列於公元前五三八年允許猶太人第一次歸回，隨後亞達薛西王在公元前四五八年第二次允許猶太人歸回，這些歸回的猶太人重建了耶路撒冷的城牆和聖殿。時移世易，馬其頓的亞歷山大大帝擊敗波斯，橫掃了西亞，征服了巴勒斯坦地區，隨後由敘利亞的塞琉古王朝（Seleucid Empire）接管，建立了猶大行省。面對異族統治，不堪信仰迫害的猶太人忍無可忍發動了革命，由馬加比家族建立了哈斯摩尼王朝[2]。

隨著羅馬人登場，哈斯摩尼王朝覆滅，猶大地區成為羅馬的行省。接著，耶穌降生。《新約》一開場的四卷福音書講述了耶穌的生平，尤其著重他在世最後三年，一邊傳講上帝之道，一邊行神蹟奇事，一邊打破各種僵化的傳統，一邊濟弱扶貧的言行蹤跡。耶穌因為得罪當時的權貴，最後被釘死在十字架上，但是他的門徒記載他在三日後復活。從此，信他的人絡繹不絕，基督宗教成了世界第一大宗教。

除了四卷福音書，《新約》其餘的部分，是使徒保羅、彼得、約翰等人所寫的書信及傳教行蹤的記載。房龍在本書中除了講述《新約》的人物事蹟，還一直說到羅馬帝國的衰亡和基督教的興起。他化繁為簡的本事的確了得。

不過，從他的敘述，我判斷他是屬於近代基督教神學中所謂的「新派」。馬丁．路德改教後的基督新教，隨著歷史發展衍生出許多派別，一般較為耳熟的有「新派」（或稱自由派）、「基要派」、「福音派」等，這些派別各有主張和淵源，在此不予討論。關於「新派」，是將《聖經》與理性並列，更多時候將理性架高到《聖經》之上，以理性檢驗《聖經》，批判《聖經》。所有《聖經》的啓示，必須接受理性科學的批判，凡經不起理性批判的，一概拒絕。因

2 哈斯摩尼王朝（Hasmonean Dynasty），又譯為哈希曼王朝，由馬加比（Maccabee）家族在西元前一三四年建立於耶路撒冷。西元前六十三年，羅馬征服巴勒斯坦地區後，王朝結束。

此，房龍在這本《聖經的故事》中，略去了所有《聖經》正典內有關神蹟奇事的記載。

儘管如此，我仍認為這是一本值得一讀的書籍。翻譯過程中，除了碰到神學問題時請教我的新舊約老師之外，我也在網路上（特別是維基百科）搜索了不少資料，寫成譯注，幫助讀者簡單認識龐雜的歷史人物與事件。

這本書是一座橋樑，幫助讀者從簡易的《聖經的故事》通往厚重的《聖經》。讀者有興趣的話，可進一步從歷史的知識走向信仰的認識。人除了物質需求，還有心靈需求，而《聖經》說：「你要保守你的心，勝過保守一切，因為一生的果效是由心發出。」

我深盼房龍寫此書的初衷，得以在讀者身上實現。

## 【前言】寫給漢斯和威廉

親愛的孩子：

這是《聖經》的故事。我寫這本書，是因為我認為你們應該要比現在更瞭解《聖經》才好，而我真的不知道哪裡才能找到我希望你們知道的訊息。當然，我可以要求你們讀原著，但我不確定你們會這麼做。多年來，你們這年紀的男孩總會被相信這本聖書的人嚇跑，因為那些人有嚴肅的臉和令人生畏的態度，認為這本聖書被慎重託付在他們手中。但是，如果你們不知道這些故事，就不算受過完整的教育。此外，你們人生中總會有一段迫切需要智慧的時候，而那些智慧就隱藏在這些古老的編年史裡。

數百個世代以來，這本書一直是人最忠心的夥伴。這書中有些篇章是在兩千八百年前寫下的，其他篇章則離我們近一點。許多世紀以來，《聖經》可說是你們的祖先唯一擁有或唯一在乎、願意去讀的書。他們將它銘記在心。他們將摩西的律法視為這世界上最高的律法。後來，隨著現代科學時代的來臨，認為這本書是上帝所寫的人，和認為這本書僅僅是一部特定歷史記錄的人，雙方發生了嚴重的衝突，進而導致殘酷的戰爭。有一段時間，許多男男女女打從心裡憎恨《聖經》，其程度不亞於他們的父輩和祖輩打從心裡熱愛與崇敬《聖經》。

所有這一切，我不會對你們多說。

我不是在對你們傳教，也不是在為《聖經》辯護，或攻擊它。我僅僅是要告訴你們，我認為你們該知道這本書（上天不容我強求他人認同！），因為你們的人生會因此充滿更多的理解、寬容和愛，這會使人生變得美善，進而變得聖潔。

《舊約》的故事寫起來相對容易一些。那是一個住在沙漠裡的特定部族的故事，他們在沙漠中漂泊了許多年，最後征服了西亞的一個小角落，在那裡定居下來，建立了自己的國家。接著，我們來到《新約》。這部分就很難寫了。《新約》集中在一個人物身上，講的是拿撒勒村子裡一個單純的木匠的故事，他對人生一無所求，卻獻出了自己的生命。這世界上可能有比耶穌更有趣的故事，可是我從來沒讀到。因此，我會按照我所見的，非常簡單地記述他的一生，一字不多，一字不少。因為，我確信他會喜歡我以這樣的方式來說他的故事。

亨德里克．威廉．房龍

古代近東地區
（今俄羅斯）
高加索山
裏海
50E
60E
40n
30n
20n
（今土庫曼斯坦）
（今亞塞拜然）
庫爾德山脈
伊爾布茲山脈
尼尼微
底格里斯河
米
亞
底河
札格羅斯山脈
（今伊朗）
伊朗高原
阿卡德
巴比倫城
書珊
吾珥
波斯灣
（今沙烏地阿拉伯）
（今卡達）
（今阿拉伯聯合大公國）
（今阿曼王國）
城市
山峰
0 100 200 300 400 英里
0 100 200 300 400 公里

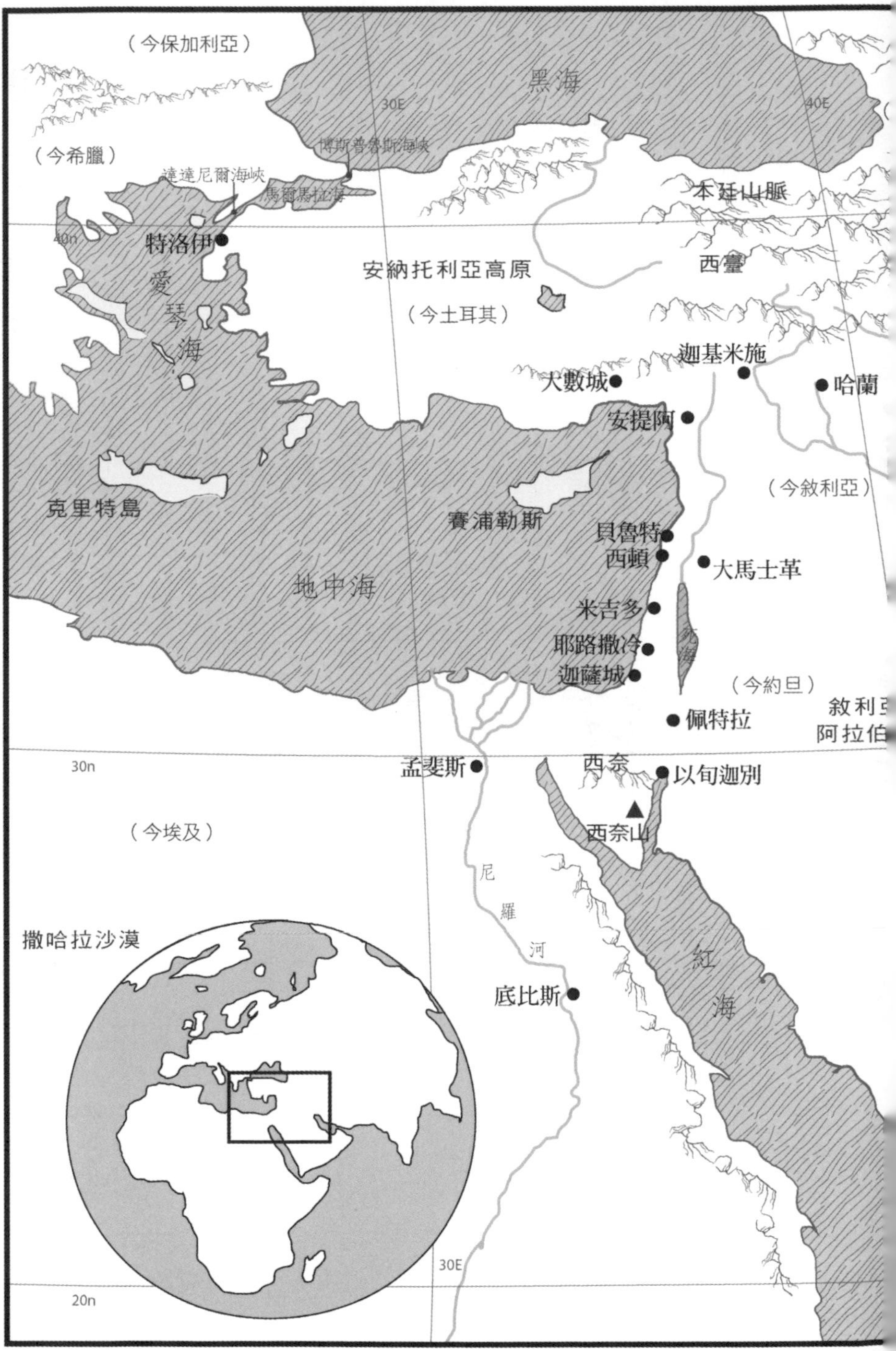

（今保加利亞）
黑海
30E
40E
（今希臘）
博斯普魯斯海峽
達達尼爾海峽
馬爾馬拉海
本廷山脈
40n
特洛伊
安納托利亞高原
西臺
愛琴海
（今土耳其）
迦基米施
大數城
哈蘭
安提阿
（今敘利亞）
克里特島
賽浦勒斯
貝魯特
西頓
大馬士革
地中海
米吉多
耶路撒冷
迦薩城
（今約旦）
佩特拉
30n
孟斐斯
西奈
以旬迦別
西奈山
（今埃及）
尼羅河
撒哈拉沙漠
紅海
底比斯
30E
20n

# 01 文學遺產

《舊約》和《新約》是如何寫成的？
《聖經》一書在千年歷史中經歷了怎樣的變遷？

那時，金字塔已經有上千年歷史。巴比倫和尼尼微也成了兩大帝國的中心。

那時，尼羅河谷以及遼闊的幼發拉底河和底格里斯河流域，早已充滿大量密集的忙碌人群。有一支在沙漠流浪的小部族，因著自身的理由，決定離開他們沿阿拉伯沙漠荒漠邊緣建立的家園，開始向北遷移，尋找更肥沃的田野。

這些流浪者，便是日後眾所周知的猶太人。

數百年後，他們為我們留下人類史上最重要的一本書——《聖經》。

再後來，他們的婦女當中有一人生了一位有史以來最慈愛也最偉大的教師。

不過，說來奇怪，我們對這支陌生民族的起源一無所知，他們不知道來自哪裡，卻在交由人類擔綱的歷史裡扮演過最偉大的角色，隨後又離開了歷史的舞台，轉而在世界各國之間流亡。[3]

因此，我在本章中要告訴你們的，整體來說有點含糊，在細節上也不盡可靠。

不過，眾多考古學家正在巴勒斯坦的土地上忙著挖掘，隨著時間過去，他們知道的會愈來愈多。

我將根據我們掌握的一些事實，盡量提供可靠穩妥的解釋。

## 美索不達米亞的生命力

有兩條寬闊的大河穿流過亞洲西部。它們從北部的高山上發源，最後注入了波斯灣。沿泥濘大河兩岸而居的人民，生活愜意，也十分懶散。因此，無論是居住在北方寒冷高山地區的人，或南方酷熱沙漠地區的居民，都想在底格里斯河和幼發拉底河的河谷占得一席之地。無論何時，只要一有機會，他們就會離開老家，漫遊到肥沃的平原去。

他們彼此交戰，互相攻打與征服，然後在前一個文明的廢墟上建立新文明。早在四千多年前，他們就建立了像巴比倫和尼尼微這樣的大城，把那個地區變成名符其實的人間樂園，其他地區的人無不羨慕那裡的居民。

不過，若看地圖就會發現，另一個強大有力的國家，也有數百萬忙碌的小農民在辛勤耕作。他們居住在尼羅河兩岸，他們的國家叫埃及。在他們與巴比倫和亞述之間，隔著一片狹長的土地。許多他們需要的東西，只能從那些位在遙遠的肥沃平原上的國家購得，而許多巴比倫人和亞述人需要的東西，也只有埃及才生產。因此，兩國[4]互通貿易，而通商往來的要道，就穿過

3 一九二三年房龍寫成此書時，猶太人尚未復國。以色列在一九四八年宣布建國，一九四九年被承認為聯合國成員國。

4 美索不達米亞平原又可大致分成兩個部分：北部是亞述，南部是巴比倫。房龍這裡所謂的兩國，指的應是埃及，以及統治美索不達米亞的阿卡德王朝。當時巴比倫或亞述應還未建立王國。

我們剛才提到的那片狹長土地。

那片地區在古代有許多名稱，今天，我們稱它敘利亞。那裡山嶺低矮，谷地寬闊，樹木稀少，烈日烘烤著大地。不過，其間有些小湖和許多小溪，為陰鬱又單調乏味的岩石山丘增添了美好的景致。

這條古老貿易要道所在區域，自古以來，就有自阿拉伯沙漠遷徙過來的不同部族居住。他們全都屬於閃族[5]，全都使用相同的語言，敬拜同樣的神祇。他們經常交戰，然後彼此立下和平協議，之後又打起來。他們會竊占彼此的城市、妻妾和牲口，一般而言，如果當地沒有勝過他們的意志暴力和刀劍武力的更高權威，他們的行為就是游牧部族會有的行為。

他們以一種含糊的方式承認埃及王、巴比倫王或亞述王的權威。當那些強大君主的稅官帶著全副武裝的隨員沿路走來時，那群爭鬧不休的牧民會變得十分謙卑。他們會深深哈腰鞠躬，自稱是孟斐斯的法老或阿卡德王的忠順的僕人。但是，當總督大人與隨行的士兵一走，他們便故態復萌，部族間的衝突繼續打得不亦樂乎。

請別把這些爭鬥太當回事。它們是古人能享有的唯一的戶外運動，通常損害也很輕微。再說，它也能讓年輕人保持強健。

## 他們在所到之處都是新到者

隨後即將在人類歷史上扮演重要角色的猶太人，也是這麼起家的——爭吵、毆鬥、遊蕩，竊占那些試圖在貿易大道所在地養家活口的小部族。遺憾的是，我們對猶太人最初的歷史真的幾近一無所知。眾多學者做了許多學術上的猜測，但是，貌似有理的猜測並不能填補歷史的空白。當我們讀到猶太人起源自波斯灣的吾珥[6]之地，這記載可能對，也可能錯。與其告訴你們許多可能不對的事，我寧可什麼都不說，只提少數幾個所有歷史學家都同意的事實。

猶太人最早的祖先大概生活在阿拉伯沙漠中。他們在第幾世紀離開故居，進入西亞的肥沃平原，我們無從得知。我們只知道他們漫遊了好幾世紀，試圖取得一小塊可以稱為自己所有的土地，但是他們走過的路已經不可考了。我們也知道，猶太人在某個時期穿過了西奈山[7]的沙漠，並在埃及居住了一陣子。

也就是從那時起，埃及和亞述的一些文獻，開始多多少少使《舊約》所列舉的一些事件清楚明白起來。

往後的故事就耳熟能詳了——猶太人如何離開了埃及，在沙漠中經歷沒完沒了的跋涉後，聯合成一個強大的部族——接著如何征服了貿易大道上一小塊稱為巴勒斯坦的土地，在那裡建國，又如何爭取獨立，並生存了數世紀之久，直到被馬其頓王亞歷山大的帝國併吞，隨後變成龐大的羅馬帝國的一個小行省。

不過，在我說起這些歷史事件時，請在心裡記住一件事。我這次寫的不是歷史書。我不打算（根據最好的歷史資料）告訴你們，實際上發生了什麼事。我只打算盡力讓你們看看，這支稱為猶太人的民族，如何看待某些發生的事。

5 閃族（Semite），泛指使用閃語的民族，包括阿拉伯人、阿卡德人、居住在迦南的人，以及部分居住在衣索比亞、美索不達米亞、阿拉伯半島等地區的人。

6 吾珥（Ur），應即蘇美時期的重要城市烏爾，位於美索不達米亞，遺址上的代表建築是烏爾納姆廟塔（Ziggurat of King Urnammu）。

7 西奈（Sinai），《聖經》裡譯為西乃，位於埃及東部西奈半島，右鄰阿拉伯半島。

你們都知道，「事實」和我們「相信是事實」的事，兩者之間有極大的差別。每個國家的每本歷史教科書，講述的都是過去的故事，並且該國人民都相信書中所述為真。但是，一旦跨越國界去看鄰國的教科書，你會發現大不相同的記述，而閱讀這些篇章的孩子，終其一生都會相信這些記述是真確的。

當然，世界各地總會有某位歷史學家、哲學家或某個怪人會通讀各國所有的書，或許他對某件事情的評估會接近絕對的事實。不過，如果他想過平靜快樂的生活，他會保留自己獲致的結論，不說為妙。

適用於世界各地的真理，也適用於猶太人。三千年前、兩千年前還有今日的猶太人，都是和你我一樣的普通人。他們沒有比任何人更好（他們有時會這麼斷言），也沒有比任何人更壞（他們的敵人經常如此陳述）。他們擁有某些非比尋常的優點，也有某些極其平常的缺點。但是，關於他們的論述極多，有褒有貶有中立，因此對於他們在歷史上的恰當地位很難有正確的評價。

當我們嘗試理解猶太人本身流傳的編年史的歷史價值時，也遭遇了同樣的困難。這份編年史對我們講述了他們在埃及的百姓、在迦南地的居民，以及在巴比倫眾民當中的冒險經歷。

新來者往往不受歡迎。在猶太人無休無止的漂泊旅程中，他們在大部分所到之國都是新來者。那些早就定居在尼羅河河谷、巴勒斯坦的山谷和幼發拉底河兩岸的原有居民，並未張開雙臂歡迎他們。相反的，他們說：「我們給自己子女住的地方都不夠了，讓這些外來者到別的地方去。」於是，麻煩就來了。

當猶太歷史學者在回顧那些古代歷史時，總是盡可能把自己的祖先放在最榮耀的位置。我們今天也做同樣的事。我們讚美早期定居在麻薩諸塞州的清教徒的美德，描述那些可憐的白人的恐怖遭遇，當時他們總是暴露在野蠻人的殘酷箭矢中。不過，對那些同樣暴露在白人殘酷槍林彈雨下的印地安紅人的命運，我們幾乎隻字不提。

一部從印地安人觀點來記述的誠實歷史，讀來肯定引人入勝。只是，印地安人已經消失殆盡，我們永遠無法知道，一六二〇年的那群外來者給他們帶來了怎樣的印象與震撼。這實在太遺憾了。

## 《舊約》和《新約》的出現

多少世紀以來，我們的先祖唯一能夠解讀和了解古代亞洲的史籍是《舊約》。但是，一百年前，我們開始得知如何閱讀埃及的象形文字，而在五十年前，我們發現了解開巴比倫地區神祕的楔形文字的關鍵。如今，我們知道，許多古代猶太編年史家提及的故事，都有迥然不同的一面。

我們看見他們犯了所有愛國歷史學家所犯的錯，也理解他們為曲解真相來增添自己民族的光榮與光彩。

儘管如此，我再次重申，所有這一切都不適於我的書。我不是在寫一本猶太民族的歷史書。我不為他們辯護，也不攻擊他們的動機。我只是重述他們自身對古代亞洲和非洲歷史的看法。那些學識淵博的歷史學家的批判文本，我也不研究。一本用一毛錢買來的袖珍本《聖經》，足以提供所有我可能需要的素材了。

如果你跟一個公元第一世紀的猶太人談話時使用「聖經」（Bible）一詞，他肯定不知道你在說什麼。這個詞相對新穎，是第四世紀君士坦丁堡的希臘教父[8]約翰．克里索斯托姆[9]發明的，他將猶太人總體收集的「聖卷」（Holy Books）稱為「Biblia」或「聖書」（the Books）。

這些書卷是在上千年的時光中逐步收集而成。所有的篇章都由希伯來文寫成，只有少數例外。但是，當耶穌降生時，阿拉米語（比希伯來語更簡單，也更廣為普通百姓所用）已取代希伯來語成為通用語言，而且《舊約》中有幾位先知的啟示也是以阿拉米文寫成的[10]。不過，別問我「聖經是什麼時候寫成的」，因為我無法回答。

每個猶太人的小村落和敬拜神的小會堂，都會保有一些屬於自己的文字記述，由對律法和預言這類事情感興趣的虔誠老人抄寫在獸皮或埃及的莎草紙上。有時候，這些不同的律法和預言會被蒐集彙編成小冊子，方便來會堂的人使用。

公元前八世紀，當猶太人在巴勒斯坦定居下來後，這些彙編的文獻變得愈來愈多。在大約公元前三世紀到一世紀之間，這些文獻被翻譯成希臘文，並傳入歐洲。從此之後，它們被譯成世界各國的語言。

至於《新約》，其歷史相當簡單。在基督死後的兩、三百年中，這位卑微的拿撒勒木匠的信徒，始終置身來自羅馬當局的危險麻煩。愛和施捨的教義，在靠強權暴力起家的羅馬帝國眼裡，對國家安全充滿了威脅。因此，早期的基督徒不能走進書店說：「給我一本《基督生平》和一本《使徒行傳》。」他們只能從互相傳閱的祕密小冊子裡獲知他們想要的訊息。數以千計的這類小冊子再三傳抄，直到人們無法查證抄本內容的真實性。

在此期間，教會取得了勝利。遭受迫害的基督徒成了古羅馬帝國的統治者。首先，他們為三百年來迫害所造成的書卷抄本的混亂帶來秩序。教會（領袖）召集了一群博學之士。他們通讀了所有流行的抄本，並且剔除了絕大部分。他們決定保留幾卷福音書，以及幾封使徒們寫給遠方一群會眾的書信。所有其他的故事都被棄絕了。

接下來是長達數世紀的討論和辯論。許多著名的教會會議在羅馬、迦太基（在著名古海港的廢墟上建立的新城市）和特魯洛（Trullo）召開。直到基督死後七百年，東西方教會才明確採納了（現今我們所知的）《新約》。從此以後，最初的希臘文本被翻譯成無數語言，但是經文本身沒有發生太重大的改變。

8 Patriarch of Constantinople，又譯為「君士坦丁堡大公宗主教」、「東正教普世牧首」。

9 約翰．克里索斯托姆（John Chrysostom）又稱約翰一世，是基督教早期重要的教父。他以出色的演講與雄辯能力、對當政者與教會內部濫用職權的譴責，以及嚴格的苦修聞名於世。後世稱他為「金口」，讚譽他絕佳的口才。

10 房龍寫這句話時，不知是站在基督教的觀點，還是猶太人的觀點。因為猶太人對《舊約》書卷的歸類和基督教不一樣。說來話長，在此只簡述有阿拉米語的書卷：〈但以理書〉和〈以斯拉記〉都有部分是阿拉米語寫成，〈耶利米書〉中有一節、〈創世記〉中有一個字是阿拉米語寫成的。

# 02 創世之說

## 猶太人如何相信世界乃是創造而來。

在人類所發出的所有問題中，最古老的一則當是：「我們從何而來？」有些人到死還在問這個問題，他們也不真期望得到答案，只不過是樂於在詢問中獲得面對現實生活的勇氣，就像勇敢的士兵面對無望的任務時，堅拒投降，至死都傲然問著：「為什麼？」

不過，這世上充滿各色男女。大部分人對自己不理解的事物都抱持著某種貌似有理的解釋。實在找不出解釋的時候，他們乾脆自己發明一個。

五千年前，西亞各族當中都流傳著一個故事——世界是在七天中創造出來的。以下是猶太人講述這故事的版本。

西亞人含混地將陸地、海洋、樹木、花朵、飛鳥，以及男女的創造，歸功給他們不同的神。但是，猶太人碰巧是所有民族中，第一個承認獨一上帝之存在的群體。等後文講到摩西時代時，我再告訴各位這是怎麼回事。

這支後來發展成猶太王國的閃族部落，起初也和所有鄰居一樣信奉多神，他們的鄰居無數

猶太人的創世故事

世代以來一直都是這樣。

然而，我們在《舊約》中所看到的創世故事，是在摩西死後一千多年才寫成的，那時猶太人已經接受了「一神」的概念，認為一神是絕對的既定事實，而懷疑他的存在，意味著流放或處死。

現在，你們就會明白，為什麼那個為希伯來人寫下萬物起始最終版本的詩人，會把創世的龐大工程，描述成一個單一、無所不能的意志的瞬間展現，並且這是他們自己部族的神做的，他們把這個神叫做「耶和華」，或「諸天之上的主宰」。

要有陸地

## 黑暗中出現了第一道光

對那些前來聖殿中敬拜的人，創世故事是這麼說的。

起初，地球漂浮在一片死寂和黑暗的太空中。那時地球上沒有陸地，只有浩淼無垠的深洋大水覆蓋著我們日後的各個龐大帝國。後來，耶和華的靈盤旋籠罩在水面上，周密構思著宏偉的計畫。耶和華說：「要有光。」於是黑暗之中出現了黎明的第一道曙光。耶和華說：「我要稱此為晝。」

但這閃爍的光很快就消逝了，一切又回歸到先

太陽、月亮和星辰

前的黑暗。耶和華說：「這將稱為夜。」然後他停歇了他的工作，如此第一天結束。

然後耶和華說：「要有天空，遼闊的天穹要橫跨下方的大水，要有地方讓雲飄浮，讓風吹過大海。」事就這樣成了。於是同樣有晚上有早晨，並且如此第二天結束。

然後耶和華說：「大水之中要有陸地。」隨即，崎嶇的山嶺從大洋中濕漉漉地冒出頭來，不一會兒便雄偉聳立，直入雲霄，山腳下是一望無際的遼闊平原和谷地。耶和華又說：「地要發生青草和結種子的菜蔬，並開花結果的樹木。」於是大地綠草如茵，各種大樹與灌木享受著晨曦的輕撫。同樣的，早晨之後接著是黃昏，如此第三日的勞動結束。

然後耶和華說：「讓天上布滿星辰，可以定節令、日子、年歲。讓太陽管白晝，但夜晚是歇息的時間，遲歸的遊蕩者在穿越沙漠時，只有沉默的月亮照明前往營宿之地正確的路。」事就這樣成了。如此第四天結束。

然後耶和華說：「讓水中有各種魚，天空有各種飛鳥。」於是他造了巨大的鯨魚和微小的米諾魚，還有鴕鳥和麻雀，他給牠們大地和海洋當作棲息之地，告訴牠們要滋生繁多，牠們與後代——小鯨魚、小米諾魚、小鴕鳥和小麻雀——都要享受生命的祝福。那天晚上，疲憊的鳥兒都把頭埋到翅膀下，魚兒都游到深暗的水中去，如此第五天結束。

然後耶和華說：「這還不夠。讓世界充滿各種生物，有爬蟲有走獸。」於是他造了乳牛和老虎，還有今天我們所知的一切野獸，以及許多已從地球上消失的生物。當這一切完成，耶和華取了一些地上的塵土，按照自己的形像鑄造它，給它生命，稱它為人，將它置於萬物之首。如此結束了第六天的勞動，耶和華對自己所造一切非常滿意，便在第七天停歇了一切的工作。

## 樂園裡的亞當與夏娃

接下來是第八天，人發現自己置身在新王國中。這人名叫亞當，生活在一個長滿美麗花朵的園子裡，園裡還有馴良的動物帶著自己的幼獸，他會和牠們玩耍，好忘掉自己的孤獨。即便如此，人還是不快樂。因為萬物都有自己的同類為伴，唯獨人孤孤單單。因此，耶和華從亞當身上取了一根肋骨，用這根肋骨造了夏娃。然後，亞當和夏娃四處漫遊，探索他們的家，這個家叫做「樂園」。

終於，他們來到一棵巨大的大樹下，耶和華在那裡對他們說：「聽好，這很重要。園中各樣樹上的果子，你們可以隨意吃。但是這棵是分別善惡知識的樹。當人吃了這棵樹上的果

第一個安息日

子，就開始領會自己的行為是正是邪。這意思是他的靈魂就此失去所有的平安。因此，你們必須遠離這棵樹的果子，否則就得接受可怕的後果。」

亞當和夏娃聽完，保證他們會遵守囑咐。不久之後，亞當睡著了，但是仍然清醒的夏娃開始四處蹓躂。突然間，草叢裡傳來一陣沙沙響，看啊！那裡有一條狡詐的古蛇。

那時，動物都說一種人類能懂的語言，因此那蛇可以毫無困難地告訴夏娃，自己偷聽了耶和華說的那些話，如果她把那些話當真，她就太蠢了。夏娃也這麼認為。當蛇把那棵樹的果子遞給她，她吃了幾口，而且當亞當睡醒時，她把剩下的給他吃了。

耶和華非常生氣，當下就把亞當和夏娃趕出了樂園。於是他們走進世界，盡自己所能謀生。

一段時日後，他們生了兩個孩子。兩個都是男孩，大的叫該隱，小的叫亞伯。

他們都會幫家裡幹活。該隱種地，亞伯幫父親牧羊。當然，他們也像一般兄弟一樣不時吵吵架。

有一天，他們都帶供物來獻給耶和華。亞伯殺了一隻羔羊，該隱也把一些穀物擺在粗石祭壇上，那祭壇是他們建造用來拜神的地方。

小孩喜歡吹噓自己的長處，往往也會互相嫉妒。

亞伯的祭壇上木柴燒得很旺，但該隱的燧石卻怎麼也打不著。

該隱認為亞伯在嘲笑他。亞伯說沒有，自己只是站在旁邊觀看而已。

該隱叫他走開。亞伯說不，為什麼他得走開？於是，該隱打了亞伯。

不過該隱出手過重，亞伯倒地身亡。

該隱嚇壞了，直接逃跑。

然而耶和華對發生的事知之甚詳。他找到躲在灌木叢的該隱，問該隱，你的兄弟在哪裡？該隱情緒正壞，不肯回答。他哪知道他兄弟在哪？他又不是保姆，必須照顧弟弟，對吧？

當然，撒這種謊沒給他帶來好處。正如亞當和夏娃違背耶和華的心意後，耶和華把他們逐出樂園，這時他也強迫該隱出走，遠離家園，儘管此後該隱還活了很多年，他父母卻再也沒見過他。

至於亞當和夏娃，他們的次子死於非命，長子逃亡在外，他們的生活自然很不快樂。

亞伯的死

他們後來又生了好些孩子，經過長年的勞苦和不幸，最後年邁而終。

**挪亞建造方舟**

亞當和夏娃的子孫開始繁衍增多，遍居在大地上。他們向東向西遷移，有的向北進入山嶺中，有的向南迷失在沙漠荒地裡。

但是該隱犯的罪已經烙在早期人類的骨子裡，人類從此總跟鄰居失和動手。他們互相謀殺，偷盜彼此的牲口。女孩不可獨自出門，以免遭鄰村男孩綁架。

世界處在一種悲慘狀態裡。錯誤的開頭已經無法挽回，一切必須重來。也許某個新世代能證明他們會更遵守耶和華的旨意。

那時，有個人名叫挪亞。挪亞是瑪土撒拉（他活了九百六十九歲）的孫子，瑪土撒拉是塞特的後裔，塞特是該隱和亞伯的弟弟，是在家庭悲劇發生之後才出生的。

挪亞是個義人，他努力憑良心行事，與鄰居和平相處。如果人類要重新開始，挪亞會是個很好的始祖。

於是，耶和華決定毀滅所有的人類，只留下挪亞一家。他來找挪亞，吩咐挪亞造一艘方舟。這艘船長四百五十英尺，寬七十五英尺，高四十三英尺。這尺寸幾乎和現代的遠洋渡輪一樣大，真難想像挪亞怎麼只用木料就造出這麼大的船。

然而挪亞和他兒子下了決心，開始造船。鄰居都來圍觀並笑話他們。方圓千里之內無河無海，造船的想法太可笑了。

建造方舟

不過挪亞和他忠心的夥伴們還是堅持自己的工作。他們砍伐許多巨大的柏樹，當作船的龍骨和兩邊的船舷，並在木料上塗滿瀝青，用來保持船艙乾燥。當第三層甲板鋪好之後，他們又用沉重的木料造了頂蓋，用來抵擋傾注在這邪惡世界的猛烈暴雨。

然後，諾亞和所有家人——三個兒子和兒媳——為啟航做準備。他們開始漫山遍野蒐羅所有能找到的動物，因為他們有可能拿動物充饑，還有，當他們重新踏上乾地時，有牲畜可以獻祭。

他們獵捕了整整一星期。於是方舟（人們這麼稱呼那艘船）裡充滿了各種奇怪的動物吵鬧聲。牠們一點也不喜歡困在狹窄的空間裡，不停地啃咬籠子的柵欄。當然，魚不用捕，牠們能照顧自己的。

到了第七天傍晚，挪亞和家人登上了船。他們收起跳板，關上艙門。

當晚深夜，開始下雨，一直連下了四十晝夜。等雨停時，全地已被大水淹沒，只有挪亞和他方舟中的旅客是這場可怕洪災的倖存者。

**尋找陸地的鴿子**

儘管如此，後來耶和華動了憐憫之心。一陣狂風吹散了烏雲。陽光如同世界初創時一樣，再次照耀在洶湧的波濤上。

挪亞小心翼翼地打開一扇窗朝外窺探，只見他的船靜靜漂在一望無際的海洋當中，放眼所及沒有陸地。

挪亞放出一隻烏鴉，但是烏鴉飛回來了。接著他又放出一隻鴿子。鴿子幾乎能飛得比任何鳥都遠，但這可憐的小東西找不到可以落腳的枝子，只好又回到方舟來，挪亞抓住牠，把牠放回籠子裡。

開始下雨

祭壇

彩虹

他等了一星期，然後再次放鴿子出去。牠去了一整天，直到傍晚，鴿子回來了，嘴裡叼著一片新擰下來的橄欖葉。大水顯然已經開始消退。

又過了一星期，挪亞第三次放鴿子出去。鴿子沒有回來，這是個好兆頭。不久之後，一陣突如其來的碰撞讓挪亞知道，他的船觸地擱淺了。方舟停在亞拉臘山的山頂，這山位在今日亞美尼亞境內。

## 來自耶和華的記號

第二天，挪亞登岸。他立刻搬石頭築了一座祭壇，並殺了一些飛禽走獸獻祭。看哪，一道巨大的彩虹照亮了天際。那是耶和華給他忠心的僕人的一個記號，一個幸福未來的承諾。

挪亞和他三個兒子，閃、含、雅弗並他們的妻子，開始生活，再次成為農民和牧人，並且子孫滿堂，牲口興旺，生活安寧。

不過，他們是否從剛經歷過的這場災難裡學得教訓，卻很值得懷疑。因為，挪亞種了一個葡萄園，給自己釀了美酒，當他喝酒過量，喝醉時的行為舉止也和所有醉漢一樣。

他兩個兒子為老父感到難過，很有分寸地照顧了父親，但第三個兒子含卻認為這是個大笑話，並且哈哈大笑，一點也不體恤。

當挪亞酒醒知情後非常生氣，便把含逐出家門。猶太人相信含去了非洲，成為黑人的始祖。因此之故，猶太人非常鄙視黑人，這實在很不公平。

在這之後，我們就很少聽到挪亞的事了。他有一個後裔名叫寧錄，是名聞遐邇的獵人，不過聖經沒有提到閃和雅弗後來的情況。

然而，閃和雅弗的子孫卻做了一件讓耶和華十分不悅的事。他們有段時間似乎遷到後來巴比倫城所在的幼發拉底河河谷。他們喜歡這片肥沃地區的生活，並決定要建造一座極高的高塔，做為自己同族各分支部族的聚集地點。他們燒磚，為巨大的建築打好地基。

但是耶和華不想要他們始終聚居在一處。人類應該遍佈大地，而不是全都待在一個小河谷裡。

正當眾人忙著建造巴別塔時，耶和華突然變亂他們口音，使他們說起不同的語言。他們

巴別塔

忘了自己的通用語，在建塔所搭的鷹架上，處處揚起彼此不知所云的聲音。

當工人、工頭、建築師突然分別說起漢語、荷蘭語、俄語和玻里尼西亞語時，你的房子是蓋不起來的。於是，人們放棄了聚集在一座高塔下建立單一國家的念頭。沒多久，他們便散居到了地球的各個角落。

簡單而言，這就是世界初創之時的故事。不過，接下來我們只講和猶太人這支民族有關的奇特經歷了。

# 創世人物關係表

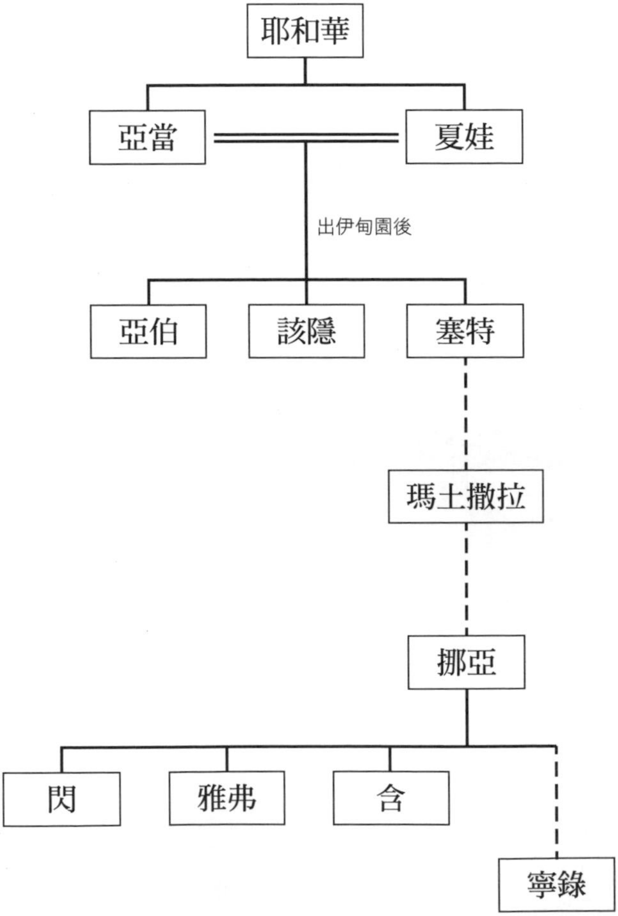
耶和華
亞當
夏娃
出伊甸園後
亞伯
該隱
塞特
瑪土撒拉
挪亞
閃
雅弗
含
寧錄

# 03 拓荒先驅

那時，金字塔已有上千年歷史。那時，猶太人在亞伯拉罕的帶領下，從粗礫的阿拉伯沙漠邊緣開始冒險西遷，為他們的牲口找尋新牧場。

亞伯拉罕是個先驅者。

他已經去世數千年了，但是他的生平故事讓我們想起，那些在十九世紀上半葉征服了美國西部大山和平原的英勇男女。

亞伯拉罕一家，來自幼發拉底河西岸一個叫吾珥的地方。

他們的先祖閃自從離開方舟之後，世代以來都以放牧為生，家道興旺。亞伯拉罕本人是個富農，擁有數千隻羊。他雇用了三百多個男人和男孩來照顧他的牲口。

他們對主人忠心耿耿，隨時願意聽從召喚赴死。他們組成一支私人小軍隊，當亞伯拉罕必須在靠近地中海沿岸的敵對地區爭奪新牧場時，他們的力量極為有用。

亞伯拉罕七十五歲那年，他聽見耶和華的聲音吩咐他離開本族父家，前往迦南——也就是今日的巴勒斯坦——找尋新家。

亞伯拉罕樂於從命。當時與他為鄰的迦勒底人非常好戰，而這個睿智的猶太老人愛好和平，認為這類無用的衝突毫無意義。

他下令拆帳篷，要家中的男人把羊群聚攏，女人收拾鋪蓋並準備好穿越沙漠一路所需的食物。如此，猶太人的第一次大遷徙開始了。

亞伯拉罕有家室。他妻子名叫撒拉。不幸的是，撒拉沒有孩子。因此，亞伯拉罕挑選姪兒羅得擔任這次遠征的副領隊。然後他下令開拔，踏上一條直奔落日之路。

## 前往迦南

亞伯拉罕的遷徙隊伍並未進入廣大的巴比倫河谷地，而是緊挨著阿拉伯沙漠邊緣前進，以避免殘忍凶猛的亞述軍隊發現，導致他們的羊群和婦女遭竊盜。他們如此一路平安順利地抵達了西亞的牧場。

亞伯拉罕築了一座祭壇。

他們在示劍村莊附近一個叫摩利的地方停下來，亞伯拉罕在一棵橡樹旁給耶和華築了一座祭壇。然後，他繼續往前，來到了伯特利，他在那裡休息了一段時間，考慮未來的計畫。唉！因為迦南地不如他期望的那般肥沃豐饒。

當亞伯拉罕和羅得帶著所有的牲口突然來到，周圍山坡上的青草很快就被吃光了。於是，亞伯拉罕的牧人和羅得的牧人，開始為誰能取得最好的牧

亞伯拉罕與羅得來到約旦河。

場彼此爭鬥，這支遠征隊伍很快就面臨因為常見的爭吵而分崩離析的結局。

這完全違反了亞伯拉罕的天性。他把姪兒叫到自己的帳篷裡來商談，提議他們分地而居，和平共處，好親戚之間向來都這麼做的。

羅得是個通情達理的年輕人，因此他與叔叔毫無困難地達成了協議。

做姪兒的比較喜歡留在約旦河谷地，而亞伯拉罕取了剩餘的鄉野，也就是如今一般稱為巴勒斯坦的地方。亞伯拉罕大半輩子都住在熾熱的沙漠烈日下，難怪他急於找個有大樹提供遮蔭的地方。

他在希伯崙[11]舊城附近幔利的橡樹林中紮營居住，並在那裡築了新祭壇，向平安領他來到這快樂新家的耶和華表示感謝。

但是，他安居的時間並不長。他姪兒已經和鄰居起了衝突。亞伯拉罕為了保護自己的家族，被迫出戰。

## 所多瑪和蛾摩拉

當地的統治者中，強大的以攔王最危險，他只憑自己的武力就足以和亞述統治者抗衡。那時，他試圖從所多瑪和蛾摩拉兩座城徵收貢賦，但兩城拒絕納貢，以攔王便率兵前去攻打。

不幸的是，戰鬥就發生在羅得居住的那個河谷。打得興起的士兵，通常不會停下來問明狀況。他們圍攻所多瑪和蛾摩拉的男女，將他們當作俘虜帶走，也把羅得和他的家人一起抓走了。

一個設法逃脫的鄰居將這事告訴了亞伯拉罕。亞伯拉罕召集了手下所有牧人，自己一馬當先，率隊出發，在半夜抵達了以攔王的營地。他攻擊睡夢中的以攔人，那些睡眼惺忪的守衛還沒搞清楚狀況，亞伯拉罕已經救出羅得一行，並且打道返回約旦河了。

當然，亞伯拉罕此舉讓他在四鄰部族的眼中成為了不起的人。

逃過屠殺的所多瑪王出來迎接亞伯拉罕，陪同他前來的，還有撒冷王麥基洗德。撒冷也就是耶路撒冷，是一座位於迦南的古城，早在猶太人西遷之前數百年就已經存在。

麥基洗德和亞伯拉罕成了摯友，兩人都承認耶和華是全世界的主宰。不過，亞伯拉罕不喜歡所多瑪王，因為他膜拜奇怪的異教諸神。所多瑪王打算將亞伯拉罕從以攔人手中奪回的大部分戰利品分給亞伯拉罕時，亞伯拉罕拒絕了。他饑餓的手下只宰了一些羊來吃，其餘的全都物歸原主，還給了所多瑪城的人。

亞伯拉罕在沙漠中的最後一個家。

11 希伯崙（Hebron）位於耶路撒冷南方三十二公里，是猶太人最古老的群居地。目前希伯崙分為兩區，分別由巴勒斯坦人和猶太人控制，人口約有二十多萬巴勒斯坦人及數百名猶太人。希伯崙大學和巴勒斯坦理工大學也位於此地。

唉！可惜所多瑪人沒有善用這些財物。

所多瑪和蛾摩拉兩城的百姓在西亞一帶聲名狼藉。他們懶惰、遊手好閒、無惡不作，並且從來不將謀殺犯繩之以法。

他們經常遭到警告——這樣的情況不會長久，但他們都是一笑置之，繼續我行我素，西亞一帶的正直人士都討厭他們。

一天傍晚，火紅的太陽已經消失在藍色的山脊後方，亞伯拉罕坐在自己的帳篷前，對眼前的生活感到心滿意足。當年耶和華在吾珥給他的承諾，終於就要實現了。一直沒有子嗣的亞伯拉罕，正等著撒拉給他生個孩子。

就在他想著這事和其他事情的時候，三個陌生人沿著道路走了過來。他們風塵僕僕，十分疲憊，亞伯拉罕請他們進帳篷休息，並喚來撒拉，她很快做了些晚飯待客。隨後他們坐在樹下吃了飯，開始聊天。

夜色漸深，陌生人說他們必須上路了。亞伯拉罕為他們指引最近的路。然後他才知道他們要去所多瑪和蛾摩拉。突然間，他認出了自己招待的是耶和華和兩位天使。

他一下就猜想到他們的任務是什麼。向來忠於自己族人的亞伯拉罕，便懇求耶和華饒過羅得與他的妻女。

耶和華答應了。不只這樣。耶和華還承諾，若我能在其中一城找到五十或三十甚或十個義人，我就饒了兩城的人民。

看來耶和華連十個都沒找出來。

那天深夜，羅得接到警告，他必須立刻帶著家人逃往安全之地，因為所多瑪和蛾摩拉將在黎明前被燒成灰。他被告知要盡全力逃跑，無論發生什麼事都不可浪費時間回頭觀看。

羅得聽從吩咐，叫醒妻子和孩子，然後盡他們所能連夜趕路，希望能在黎明前逃到小村莊瑣珥。

但是，就在他們抵達安全之地以前，羅得失去了妻子。

她有點太好奇了。看見天空一片火紅，她知道她的鄰居都被燒死了。

她只回頭偷看了一眼。

但是耶和華看見了，遂將她變成一根鹽柱，羅得也成了一個帶著兩個年輕女兒的鰥夫。大女兒後來生子取名叫摩押，是後來摩押部族的始祖；小女兒生子取名叫便亞米，他成了眾所周知的亞捫部族的始祖。

羅得的妻子變成一根鹽柱。

## 邁進菲利士人的地界

羅得的悲傷經歷，令亞伯拉罕十分沮喪。他也決定遷離那時居住的地方，遠離兩座邪惡之城的焦黑廢墟，遠離它們的穢惡往事。

他離開幔利的樹林和平原，再次往西走，直到幾乎抵達地中海海岸。

這處沿海地區住著一支遠從克里特島而來的種族。早在亞伯拉罕的時代一千多年之前，不知名的敵人摧毀了這支種族位於克里特島的首都克諾索斯。那些逃出來的人曾經嘗試在埃及定

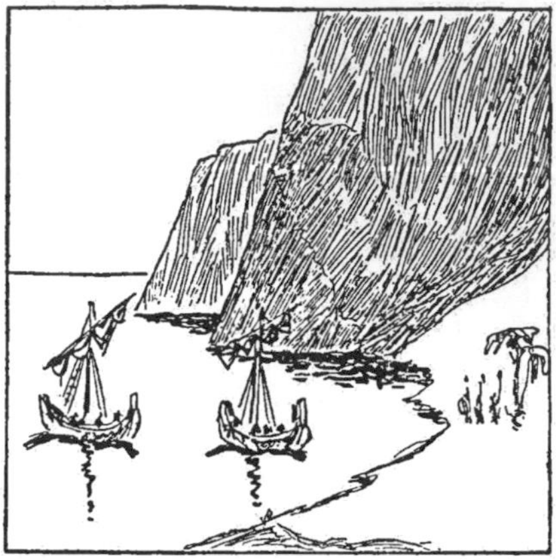

非利士人在巴勒斯坦沿岸登陸。

居，卻遭法老的軍隊驅離。於是，他們向東航行過海，以較先進的武器征服了大海沿岸那片狹長地區的迦南人。

埃及人把這群人叫做非利士人，他們把自己的國家稱為非利士，也就是我們今天所說的巴勒斯坦。

非利士人和鄰邦始終征戰不休，他們與猶太人之間的紛爭從未平息，直到羅馬人來，才徹底終結了他們的獨立之爭。他們的祖先曾是西方世界中最文明的一支，彼時猶太人還是一群放羊的粗漢。當美索不達米亞的農民還用棍棒和石斧互相砍殺時，他們已經知道如何鑄造鐵劍。這也解釋了為何非利士人的數量不多，卻能穩守故地，和成千上萬的迦南人和猶太人對抗數百年。

儘管如此，亞伯拉罕和他家中成員組成的軍隊，仍勇敢邁進了非利士人的地界，在別是巴附近定居。他們在那裡給耶和華築了一座壇，又挖了一口深井，如此就能隨時有新鮮的水喝。他們還種植了一片小樹林，讓他們的孩子可以享受樹下乘涼之樂。

這裡舒適宜居，亞伯拉罕和撒拉的兒子便在此地出生。做父母的把他取名以撒，意思是「喜笑」。這個當父親和當母親的在早已不抱希望的情況下竟然得了子嗣，這肯定是人生的大喜事。

事實上，在多年盼子卻始終無法如願的等候中，亞伯拉罕按照當時那地方的風俗，娶了第二個妻子。即便今日，許多篤信伊斯蘭教的亞洲人和非洲人，仍允許娶兩個或三個妻子。

## 夏甲和以實瑪利出逃

亞伯拉罕的第二個妻子不是猶太人，是個埃及女奴，名叫夏甲。撒拉自然一點也不喜歡她。當夏甲生了名叫以實瑪利的兒子，撒拉就開始妒恨她，想要滅了她。

當然，以實瑪利很自然會和異母弟弟一起在田間玩耍，很可能不時吵吵嘴，我也相信他們有時候會打打鬧鬧。

撒拉對這一切全都懷恨在心。

撒拉比夏甲老得多，容貌更不及夏甲一半。她想擺脫這個總是跟自己爭寵的危險對手，要將對方一除而後快。

她去找亞伯拉罕，堅持要他把夏甲和以實瑪利逐出家門。亞伯拉罕拒絕了。畢竟，以實瑪利是他的親骨肉，他愛這個兒子。那麼做太不公平。

然而撒拉堅決不容，最後，耶和華親自告訴亞伯拉罕，最好還是按他妻子的意願，爭吵是無用的。

為了家庭和睦，個性隱忍的亞伯拉罕在一個悲傷的早晨告別了忠心的女奴和自己的兒

亞伯拉罕在新的地方為自己建了新的家。

夏甲出逃。

子。他要夏甲返回娘家。但是從非利士地到埃及是一條漫長又危險的旅程，夏甲和以實瑪利才走不到一星期，就差點渴死。他們母子二人在別是巴的曠野完全迷了路，若不是耶和華在最後一刻救了他們，告訴他們哪裡有新鮮的水，他們早就乾渴而死了。

最後，夏甲抵達了尼羅河邊。她和以實瑪利受到親族的歡迎，定居下來，孩子長大後也成了一個戰士。至於孩子的父親，他再也沒見過以實瑪利，而且不久之後還差點失去了第二個兒子。不過，那事的經過完全不同。

## 獻祭以撒

遵從耶和華的旨意，永遠是亞伯拉罕的第一要務。他為自己的正直和虔誠感到驕傲。最後，耶和華決定再考驗他一次，這次的結果幾乎致命。

耶和華突然向亞伯拉罕顯現，告訴他，帶著以撒到摩利亞山上，然後殺了以撒，將他的屍體獻為燔祭[12]。

這位垂垂老矣的先驅者始終忠心不二。他吩咐兩個僕人準備好短程旅行，讓驢子馱上木柴，帶著水和乾糧，便朝沙漠邁進。他沒告訴妻子自己要做什麼。耶和華已經吩咐。這就夠了。

走了三天之後，亞伯拉罕和以撒抵達了摩利亞山。以撒一路上玩得很開心。

亞伯拉罕吩咐兩個僕人在山下等著。他手牽著以撒，爬上山頂。

到了這時候，以撒開始覺得奇怪了。他經常看見父親獻祭。不過，這次事情有點不一樣。他認得獻祭的石頭祭壇，也看見木柴。他父親還帶著用來割斷獻祭羔羊喉嚨的長刀。但是，他問父親，羊羔在哪裡？

「時候到了，耶和華會準備好羊羔的。」亞伯拉罕回答。

然後他抱起兒子，放在石頭祭壇上。

然後他拔出刀來。

他將以撒的頭往後拽，如此一來他能更容易割斷頸動脈。

這時響起了一個聲音。

耶和華再次開口了。

這時，耶和華知道亞伯拉罕是他最忠心的跟隨者，不再堅持要這老人進一步證明自己的忠誠。

以撒下了祭壇。此時旁邊的灌木叢中出現一隻犄角被小樹纏住的黑公羊，亞伯拉罕抓住牠，以牠代替兒子獻了祭。

12 把祭物在祭壇上燒掉，稱為燔祭。

亞伯拉罕獻以撒為祭。

埋葬撒拉。

三天後，父親和兒子回家和撒拉團聚。

不過，亞伯拉罕似乎對這個令他經歷許多痛苦的地方起了厭惡的心。這裡的一景一物都讓他想起夏甲和以實瑪利，還有可怕的摩利亞山之行。他離開了別是巴，回到古老的幔利平原，那是他初抵西部時居住的地方。他再次建立了新家。

撒拉太老，經受不住另一趟長途跋涉。她去世了，亞伯拉罕將她葬在麥比拉洞穴，那是亞伯拉罕花了四百舍客勒[13]銀子從西臺人[14]農夫以弗崙那裡買來的。

## 為以撒找妻

隨後，亞伯拉罕感到非常的寂寞。

他一生發憤有為，羈旅各地，辛勤勞作，又浴血奮戰，如今他累了，想要休息了。

然而以撒的未來令他擔心。這男孩當然得結婚，但是周圍鄰邦的姑娘都屬於迦南各族，亞伯拉罕不想有個教他孫子去拜異教神明的兒媳婦，他不認可那些神明。他聽聞自己的兄弟拿鶴在他西遷之後仍居住在舊地，並且人丁興旺，成了一個大家族。他覺得讓以撒跟表親成婚是個好主意。這能保持家族團結，也不用擔心娶外族女子所招來的各種麻煩。

於是，亞伯拉罕召來負責管理他全部產業多年的最老的老僕人，吩咐他去辦件差事。亞伯拉罕說明他要給以撒找什麼樣的姑娘，她必須精通持家之道，她必須幫忙農事，最重要的是，她必須慷慨仁厚。

老僕人說他明白了。

他帶上十二匹滿載禮物的駱駝去了。因為他主人亞伯拉罕在迦南地打拚有成，他必須讓故鄉的人明白他們以前的老同鄉亞伯拉罕的分量。

老僕人沿著大約八十年前亞伯拉罕走過的路，向東走了許多時日。當他抵達吾珥，他放慢腳步，設法打聽拿鶴一家住在何處。

一天傍晚，當白晝的高溫消退，沙漠涼爽的夜晚來臨之時，他發現自己來到了哈蘭城附近。婦女們正出城來打水，將水罐裝滿，好預備晚飯。

老僕人讓駱駝跪臥下來休息。他又熱又累，便向其中一個打水的姑娘要些水喝。她說：「當然可以。」並十分樂意將水給了老人。等老人喝夠了，她又要老人等一會兒，讓她把他那些可憐的駱駝也都餵些水。當老人問她知不知道他可以在哪裡過夜，姑娘對他說，她父親會非常樂意接待他，給他的駱駝餵上糧草，讓他休息到繼續上路為止。所有這一切好得令人難以置信。老僕人想，眼前這姑娘正是亞伯拉罕對他描述的，而且她年輕、活潑又美麗。

還有一個問題要問。她是誰？

她名叫利百加，是拿鶴的兒子彼土利的女兒。她有個兄弟叫拉班，她聽過自己有個名叫亞伯拉罕的親戚，早在她出生之前許多年，就遷居到迦南地去了。

13 舍客勒（shekels），古希伯來的重量及錢幣衡量單位，一舍客勒約相當於十一．二五克。

14 西臺人（Hittite），位於今土耳其安納托利亞的古國，善於征戰，曾建立西臺王國。

於是，老僕人知道自己已經找到要找的姑娘了。他去到彼土利家，說明了自己的差事。他述說了主人的故事，述說亞伯拉罕如何在地中海鄰近地區成了最有錢、有權勢的人之一。當他及時取出從希伯崙帶來的各種地毯、銀耳環和金杯時，吾珥的人無不留下深刻的印象。他要求利百加隨他一同回去，給年輕的以撒做妻子。

利百加的父親和兄弟對這樣的結盟求之不得。在那個時代，女孩對婚姻大事是沒有置喙餘地的。不過，彼土利是個通情達理的人，他希望自己的女兒快樂幸福，他問利百加是否願意去到遙遠的異鄉，嫁給她從未謀面的堂兄弟。

她回答：「我願意。」並立刻準備好啟程。她的老奶媽和許多使女陪同一起上路。他們全騎著駱駝，好奇想著那個帶口信的老僕人描述得那麼輝煌的地方，會是個什麼樣新奇的地方？

第一個印象讓人很開心。

利百加的井

時近黃昏。

駱駝在塵土飛揚的路上緩步前進。遠遠的，有個人在田間散步。當他聽見駝鈴的叮噹聲，他停下腳步。

他認得自己家的駱駝。他急忙上前，看見了那位蒙著面紗，將要嫁他為妻的姑娘。

老僕人言簡意賅向少主人報告了自己所做的事，以及利百加是如何的內外皆美。

以撒和利百加結了婚，他覺得自己太幸運了（他的確很幸運）。不久之後，亞伯拉罕去世，葬在麥比拉洞穴他妻子撒拉旁邊。以撒和利百加繼承了亞伯拉罕的田地、牲畜等所有一切財物，他們年紀還輕，生活幸福，每到傍晚，他們便坐在帳篷外陪雙胞胎兒子玩耍。大兒子名叫以掃，意思是「渾身有毛」，小兒子叫雅各，兄弟倆將有許多不尋常的奇特經歷，我們這就告訴各位。

## 以掃和雅各

很少見到像以掃和雅各這樣迥然不同的兩兄弟。

以掃是個粗獷又坦誠的年輕小夥子，膚色棕黑如熊，雙臂健壯多毛，奔跑快如駿馬。他成天流連野外，跟飛禽走獸生活在一起，不是打獵，就是設陷阱捕獸。

雅各正好相反，他是母親的心肝寶貝，很少遠離家門，利百加寵溺他的方式非常愚蠢。

以掃高大壯碩、粗手大腳，總是滿身駱駝和山羊氣味，老是把幼畜從畜棚帶回家裡，完全不討利百加喜歡。她覺得這兒子很魯鈍，只對平庸的事感興趣。但是雅各溫和文雅，笑容可親，做母親的覺得這個兒子非常聰明。她很遺憾雅各沒有先以掃出生，否則就能做他父親的繼承人。如今，所有以撒的財富，將落在一個比牧場上放羊人好不到哪去的鄉巴佬所有，這鄉巴佬討厭精美的地毯和家具，討厭自己生於家產豐厚的名門望族，覺得這些很煩人。

然而，事實就是事實，雅各只能甘居次子的卑微角色，而粗魯又漫不經心的以掃卻遠近聞名，是當地最重要的人物之一。

利百加和雅各母子如何暗中策畫、最後從長子那裡騙到繼承權的故事，讀起來令人不快。由於這事對我們後續所有記載影響重大，因此非說不可，不過我很樂意幫你們省掉一些細節。

如前所述，以掃是個獵人、農人和牧人，大部分時間都在野外。這種人的個性多半大剌剌的，他也是。生活對他來說很簡單，就是風吹、日曬和放羊——事物都是自然運行，不必費什麼心思。他對與學問相關的談論不感興趣。當他餓了，他就吃；渴了，就喝；睏了，就去睡覺。有什麼事好操心的呢？

雅各正好相反，永遠都是坐在家裡盤算。他貪心，想要擁有一些東西。他要怎樣才能拿到真正屬於他哥哥的東西？

有一天，他的機會來了。

以掃打獵完返家，整個人饑餓如狼。雅各正在廚房裡忙，給自己做美味的燉扁豆。以掃央求說：「給我一點吃的，現在馬上給我。」

雅各假裝沒聽見。

「我快餓死了。」以掃說：「給我一碗你煮的燉扁豆吧。」

「你要拿什麼來跟我換？」弟弟問。

「什麼都行。」以掃回答。這時候他只想吃，他覺得要同時思考兩件事太困難。

「你肯把你長子的所有權都讓給我嗎？」
「當然。我要是坐在這裡餓死，那些權利對我還有什麼用？給我一碗你的燉扁豆，長子的名分都歸你。」
「你發誓？」
「我對一切發誓！快給我一些燉扁豆。」
很不幸，當時的猶太人非常一板一眼。其他民族的人也許會認為年輕人之間這種對話也就是開玩笑——一個餓極了的小夥子，為了吃上一頓像樣的飯，隨口承諾什麼都肯換。
但是，在雅各眼裡，承諾就是承諾。
他把發生的事告訴母親。以掃為了一碗燉扁豆，自願出讓他與生俱來的權利。這時，他們必須找個辦法取得以掃的正式同意，如此一來契約就正式有效了。

**雅各竊取以掃名位**

機會很快就來了。
以撒患了一種病，是沙漠居民常見的病症。他逐漸失明了。此外，他才剛剛熬過一段苦日子。當時幔利的平原持續乾旱，以撒不得不把他家的牲口往西趕，最後進入了非利士土地的中心地帶。
非利士人當然想盡辦法要把他趕出去。他們把上一代亞伯拉罕在別是巴曠野所挖的井全部填死。艱辛勞頓的跋涉使以撒衰老，他渴望看見熟悉的舊家園。
此時，他終於回到了希伯崙。他感覺自己來日無多，便想把自己的事都安排好，讓自己能

以掃失去長子的名分。

以掃回家時，雅各逃走了。

夠安心離世。因此，他找來長子以掃，要他到林地去獵一隻鹿，做他喜愛的烤鹿肉吃。然後他會祝福長子，按照律法的規定將產業分給他。

以掃說「好」，他會照辦。他取了自己的弓箭，出門去了。未料，利百加聽到了這段父子對話，這時趕忙去告訴雅各。

「快點！」她低聲說：「時機到了。你父親今天覺得自己不行了，害怕自己快要死了，他要在今晚睡前祝福以掃。我要你喬裝打扮一下，讓老頭子相信你就是以掃。這麼一來，他會把他所有的都賜給你，而這正是你我所要的。」

雅各不喜歡這個主意。這計畫似乎風險太大。他的皮膚光滑，聲音高亢，要怎麼假扮渾身是毛的以掃？但是利百加已經都想好了。

「這很簡單。」她告訴他：「你看我的吧。」

她迅速宰了兩隻羊羔，按以掃平常烤肉的方式把羊給烤了。接著她將剝下來的羊皮綁在雅各的雙手和手臂上。她又把一件以掃滿是汗臭的舊衣服披在雅各肩上，吩咐雅各壓低嗓子粗聲說話，模仿以掃過去在這類場合會有的行為舉止。

以撒被徹底騙倒。他聽見熟悉的聲音，嗅到以掃外衣上總有的野外的氣味，摸到長子那強壯又多毛的雙臂。等他吃過之後，他叫偽裝者跪下，給他祝福，使偽裝者成為他所有產業的繼承人。

當雅各一離開父親的房間，看啊！以掃回來了。那場面真可怕。以撒的祝福已經給出去了，說出去的話是收不回來的。他告訴以掃自己有多愛他，但是大錯已經鑄成。雅各是個賊。他竊取了所有一切該屬於哥哥的東西。

以掃對此暴怒不已，發誓只要一有機會就馬上殺了雅各。這嚇壞了利百加，她知道自己嬌慣的心肝寶貝本來就不是這怒漢的對手，而此時有充分理由暴怒的以掃更顯強大。

她告訴雅各快逃，往東逃到她哥哥拉班居住的地區。他最好在那裡住下，直到家裡的事平息再說。與此同時，他還可以娶個表妹為妻，在舅舅的家眷中先安頓下來。

雅各的夢

**雅各重返迦南**

雅各從來不是英雄的料，只能聽從母親的吩咐。不過，他那味壞的良心跟著他，使他歷經多種磨難之後，才敢回家，面對被他殘酷欺騙的哥哥。

他沒費什麼事就找到了舅舅家，不過他在半路上作了一個夢。一日，他在鄰近伯特利的沙漠過夜睡覺。按他事後所說，天突然開了，他看見一架梯子從地面直通到天上。梯子上有許多耶和華的天使上上下下的。耶和華自己站在梯子頂上，開口對他說話，承諾做這個逃亡者的朋友，會在他流亡期間幫助他。

可是這夢是否屬實，我不知道。我寧可相信這是雅各為了減輕內心的愧疚，在事後編的故事，好讓人相信他沒他們想的那麼壞，因為他保有如此強大有力的神的友誼。

至於那些從天上而來的幫助，我們所知甚少。雅各來到吾珥之後，發現舅舅願意給他一個住處，但是當他要求娶年輕貌美的表妹拉結時，拉班先要他為自家無償工作七年，然後將雅各不喜歡也不想娶的長女利亞嫁給他。當雅各抗議時，他舅舅說，本地的風俗是先嫁大女兒，然後才能嫁小女兒，如果雅各還想娶拉結，他得答應再白白做七年工，這樣他才能娶拉結。

雅各還能怎麼辦？如果回家，以掃拿著棍子在等他呢。他沒有可以稱為自己家的地方。再說，他愛拉結，覺得一定要娶到她才會快樂。他又老老實實地為舅舅牧養了七年的羊，覺得自己履行了契約。

即便如此，他還是得受母親家的親戚擺布。他沒有自己的牲口，無法自立門戶。他再次與拉班達成協議。他會為拉班再做七年，以此換取拉班領地內所有黑色的綿羊和帶斑點的山羊。這項交易為他的自立門戶帶來好的開始。

這是一樁奇特的交易。拉班知道黑綿羊和帶斑點的山羊都很少見，因此，他預期自己不會有太多損失。不過，為防萬一，他把所有帶條紋和斑點的山羊，無論公母，全抓起來送到另一個牧場去，讓自己的兒子看管，一隻都不能落入雅各的手中。

這是一場甥舅之間的智力遊戲，結果，外甥更勝一籌。

雅各真是個好牧羊人。他對牧羊很在行，並且懂得許多竅門。他知道怎麼改變羊群的食物和飲水，以此來增加花色特別的山羊和綿羊的數量。

另一方面，拉班把大部分的農牧活兒交給自己的兒子和奴隸去做，自己卻不熟悉這些農牧的新方法。因此，在他明白發生什麼事以前，雅各已經擁有了他大部分的羊群。拉班儘管大怒，卻為時已晚。雅各離開了，帶走所有黑綿羊、有斑點條紋的山羊，以及兩個妻子與十一個孩子。此外，他還闖入拉班空無一人的家，偷走了岳父的家用品。

拉班和雅各從未公開宣戰，這是事實，否則，這就是甥舅鬩牆的內戰了。然而雅各永遠離開了吾珥，由於無處可去，他決定冒險返回迦南。也許以掃會原諒他，何況萬一以撒已經過世，他還有家產可繼承呢。

## 兄弟言和

如果我們要相信雅各的故事，那麼，和上次一樣，在他穿過沙漠的旅途中，他又作了幾個奇怪的夢。雅各發誓，有一次他在夢裡確實與耶和華的天使角力，在他把天使摔倒時，天使弄斷了他的大腿，告訴他，他要改名為以色列，並在自己的出生之地成為聲名顯赫的王侯。

然而，隨著他接近幔利，他對自己益發沒把握。當他聽見以掃帶著許多人和駱駝朝他而來時，他恐懼萬分，算帳的日子終於來了。

他竭盡全力獲取哥哥的好感，主動把自己所有的一切都送給哥哥。他將牲口分成三隊，每天派一隊先他而行，當作送給以掃的禮物。儘管以掃是個粗人，卻心地善良。屬於雅各的東西，他分文未取。他早就原諒了這個弟弟。當他見到雅各，他體貼地擁抱他，並說過去的事就讓它過去吧。以掃告訴雅各，他們的父親還健在，儘管已經很老了，他看到這些不曾見過的孫子一定會很高興。

雅各抵達希伯崙時有十一個孩子，可是在他回到老家的牧場之前，已經變成十二個。長久以來，拉結和利亞之間一直彼此怨恨。雅各不愛相貌平庸的利亞，但她卻生有十個兒子和女兒。可憐的拉結只有一個兒子，名叫約瑟。她在生第二個兒子便雅憫時過世了。

這趟歸家的路真悲傷。拉結被葬在伯利恆，隨後雅各趕著牲口往西行，直到抵達希伯崙。當時以撒還夠硬朗，還能出門迎接終久歸來的兒子。不過，不久之後他便過世了，與他父親亞伯拉罕、母親撒拉一同葬在麥比拉的山洞裡。

此時，自稱以色列的雅各繼承了父親的家產，並安頓下來，享受那份基本上全靠偷矇拐騙得來的事業結果。不過，這樣的人生很難說是成功的。過不多久，雅各又再次被迫離開老家，在遠離先祖埋骨處的遙遠的埃及度過人生最後的歲月。

關於這事，且聽我下文分解。

# 拓荒人物關係表

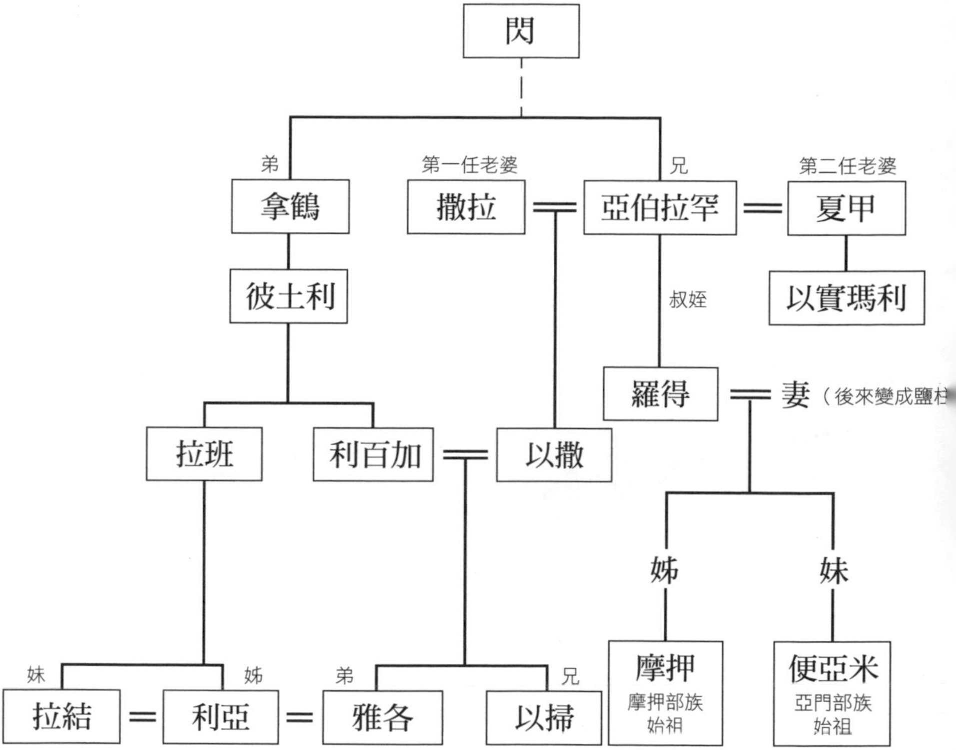
閃
弟
拿鶴
第一任老婆
撒拉
兄
亞伯拉罕
第二任老婆
夏甲
彼土利
叔姪
以實瑪利
羅得
妻（後來變成鹽柱
拉班
利百加
以撒
姊
妹
妹
姊
弟
兄
拉結
利亞
雅各
以掃
摩押
摩押部族
始祖
便亞米
亞門部族
始祖

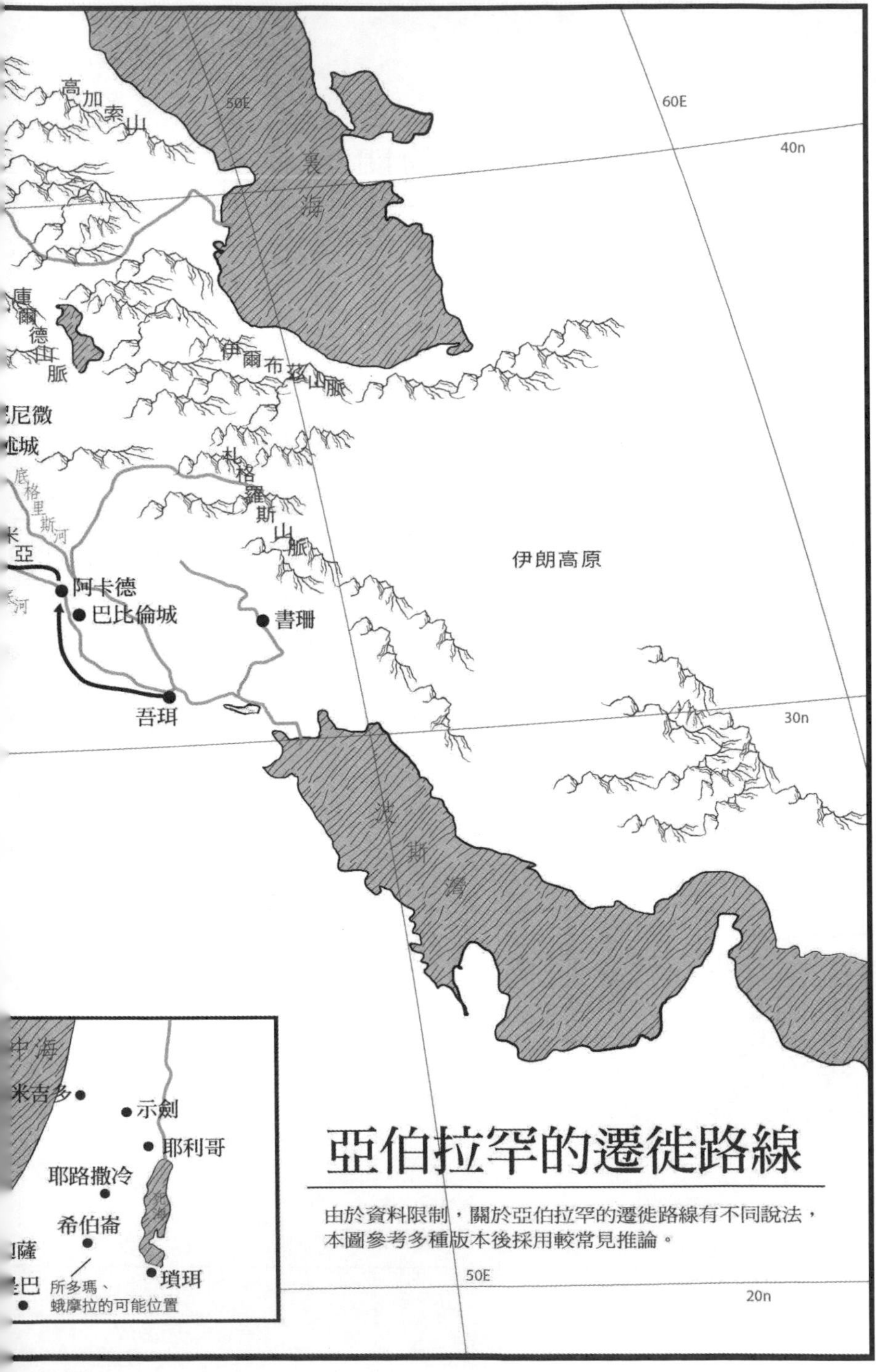


# 亞伯拉罕的遷徙路線

由於資料限制，關於亞伯拉罕的遷徙路線有不同說法，本圖參考多種版本後採用較常見推論。

黑海
30E
40E
達達尼爾海峽
本廷山脈
40n
特洛伊
安納托利亞高原
西臺
愛琴海
迦基米施
哈蘭
克里特島
賽浦勒斯
西頓
大馬士革
地中海
米吉多
死海
耶路撒冷
迦薩
敘利亞
阿拉伯沙
西奈
30n
孟斐斯
以旬迦別
西奈山
尼羅河
撒哈拉沙漠
紅海
底比斯
30E
20n

# 04 繼續西行

經過多年漂泊之後，猶太人在埃及建立了新的家園，他們的族人約瑟在埃及做了高官。

你們必須記得，《舊約》實際上是在猶太人開國先祖們死了近千年之後，才以許多簡短、互不相關的歷史片段彙編成書的。亞伯拉罕、以撒和雅各是這本編年史的創始英雄。他們敢於深入曠野，他們的勇氣、毅力和忠於自己理想，很像我們美國早期的清教徒先祖一樣。不過，在他們生活的年代，猶太人尚未學會使用文字。他們的冒險事蹟靠父子口耳相傳，每一代人都會添入一點細節，好為自己的祖先增添更大的光榮。

在這些事件紀錄中，要一直保持一條敘述主線並不容易。不過，有件事我們一定要注意。三千年前的猶太人被迫面對一個問題，這問題是所有閱讀美國歷史的學生都熟悉的。他們是牧羊人，因此必須不斷找尋新的放牧地。亞伯拉罕離家西行，是為了幫自己愈來愈多的牲口找新的牧草地。他經常以為自己已找到一個可以支持他放牧的家園，我們見他建房子，挖水井，整地開闢一些小農場。但是，唉！過不了幾年，總會碰上一段時期的乾旱，於是亞伯拉罕拆了帳篷，再次成為在西亞地表上漂泊的人。

在以撒生活的時代，迦南地愈來愈被視為是猶太部族的居住地，但這段和平繁榮的時代並未持續很久。雅各自己從來沒在一個地方久待過。在他晚年時，漫長無盡的乾旱讓巴勒斯坦幾乎無法住人，猶太人被迫離開亞洲，遷往非洲。這次，他們離開自己所選之地的時間非常長。不過，他們從未忘記自己的家鄉，一旦機會出現就立刻起身回歸。

當老人聚集在猶太小鎮的城牆下，講述他們祖先的豐功偉績時，故事就這麼流傳了下來。

**約瑟的夢**

你記得吧，雅各娶了一對姊妹。姊姊叫利亞，生了十個兒子。妹妹叫拉結，只生了兩個兒子：便雅憫和約瑟。

雅各非常喜愛拉結，不大在乎利亞。因此，雅各自然喜愛拉結的孩子勝過利亞的，而且，無論是在飯桌上或在田野間，他都會在所有的孩子面前公開流露出這種偏愛。這非常不明智。讓小男孩知道爸爸疼愛自己超過所有的哥哥，並不是好事。這會把他們寵壞的。

約瑟關於禾捆的第一個夢

約瑟是個特別聰明的孩子，比他同父異母的哥哥都機靈，他很快就成為整個家庭的討厭鬼。他知道自己不管做什麼說什麼都不會受罰，當然善用自己所有的機會。比如，有一天早上吃早飯時，他告訴所有人，自己做了個精彩絕倫的夢。

「什麼夢？」其他人問他。

「噢，沒什麼。」他回答：「我只是夢見我們都在外面田間捆禾稼，我的禾捆立在中間，你們的禾捆在四周圍成一個大圈，對我的禾捆下拜。就這樣。」

這些哥哥或許不大聰明，但還是聽得懂約瑟的意思，並且更加討厭他了。

約瑟有關星辰的第二個夢

幾天之後，約瑟又故技重施。通常，雅各認為約瑟的一言一行都很有趣，只是聰明的表現。不過這次約瑟太過頭了，連雅各都被惹惱了。

「我又作了一個夢。」約瑟說。

「這次又夢到什麼啦？」另一個家庭成員不耐煩地問：「更多禾捆嗎？」

「噢，不是。這次是夢到星星。我夢到天上有十一顆星星，還有太陽和月亮，全都對我鞠躬禮敬。」

十一個兄弟聽了可沒感到高興，做父親的也一樣。雅各想起約瑟已過世的母親，警告這個幼子，做人謙虛一點沒有壞處。

可是雅各仍不由自主寵著約瑟，過沒多久，就給

約瑟對自己的新衣十分洋洋得意。

約瑟買了一件漂亮的彩衣，當然，約瑟馬上就穿上彩衣，到處去跟哥哥們炫耀，讓他們看看自己多麼出眾。

嗯，結果會發生什麼事，你也不難理解了。

## 約瑟成為奴隸

起初，哥哥們只是取笑約瑟。漸漸的，他們開始火大了。最後，他們痛恨他。有一天，他們兄弟一行全在示劍附近的野地裡，而父親遠在他處，於是他們抓住約瑟，剝下他身上那件漂亮的外衣，將拳打腳踢的小夥子扔進一個空蕩蕩的深坑裡。

然後他們坐下來思考。不管怎麼說，他們不能把自己的弟弟給殺了。那麼做太過分。

可是他們全都不想讓約瑟繼續待在家裡。

猶大想到了一個好主意。

那時猶太人住在尼羅河谷地通往美索不達米亞谷地的大道附近，一天到晚都有商旅隊穿過他們的領地。

「我們把約瑟賣了，把錢分一分。」猶大提議說：「然後我們把他這件外衣撕破，上面染些血，拿回去告訴父親說是獅子或老虎把約瑟吃了，沒有人會知道的。」

沒多久，一群從基列來的米甸商人經過那裡，帶著香料和沒藥，準備前往埃及賣給尼羅河畔的防腐師。

那些哥哥告訴這群商人，他們有個奴隸少年要賣。一陣討價還價之後，他們把弟弟賣了二十舍客勒銀子。

就這樣，約瑟往西去了埃及，哥哥們也回了家。他們一口咬定自己編的故事，十一個人眾口一詞，毫無破綻。

此後二十年，雅各一直在哀悼這個尚未成年就遭野獸咬死的小兒子。與此同時，在家人毫無所知的情況下，約瑟經歷了一番有史以來最不尋常的奇遇，統治了整個埃及。

**無妄之災**

如前所述，約瑟非常聰明。不幸的是，有時他聰明過頭，伶牙俐齒給自己惹來各種麻煩。

示劍的經歷給了他一個教訓。他依舊能察人所不察，見微知著，卻不再逢人就說自己知道的事了。

米甸商人買下這個猶太奴隸，當作投資。當機會一來，他們立刻把他高價賣給埃及軍隊

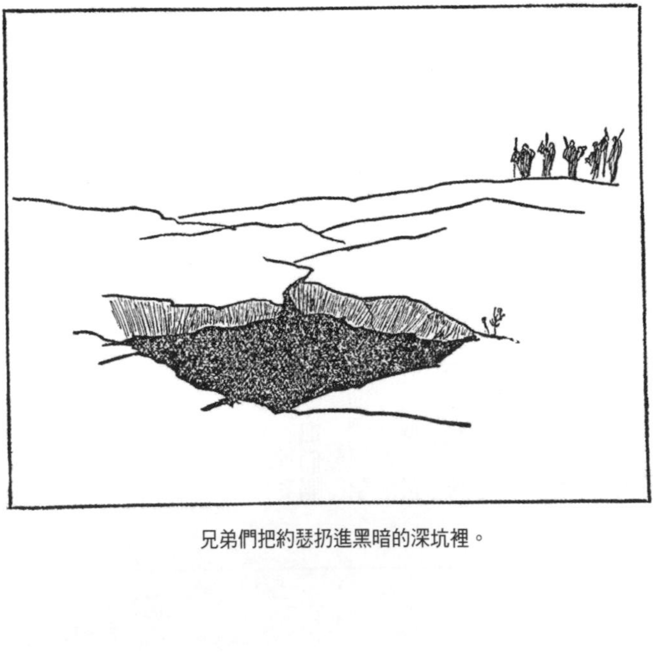

兄弟們把約瑟扔進黑暗的深坑裡。

的一個護衛長——波提乏。

就這樣，約瑟成為波提乏的家奴，沒多久就做了波提乏的左右手，為波提乏管帳，監督整個家業中所有其他工人。

不幸的是，波提乏的妻子認為，這個英俊的黑髮少年比自己木訥的埃及丈夫會是更好的伴侶。不過約瑟明白，主僕之間關係太過親密，肯定要惹禍上身，因此總是對女主人敬而遠之。護衛長波提乏的妻子是個不正派的人。她的虛榮心受到了傷害，不久就開始向丈夫告狀，說那新來的總管是個非常張狂無禮的小子，她很懷疑他是否誠實等等之類的。

在古代埃及，奴隸就是奴隸。波提乏沒費神去調查這些指控，召來警察逮捕約瑟。儘管約瑟沒有被控罪名，還是被關進監牢，但他蓬勃的朝氣和令人愉快的態度，再次讓自己逢凶化吉。有個忠誠可靠的人替自己辦事，典獄長再高興不過了。約瑟在牢裡可說是個自由的人，只要不跨出監獄大門，他有自由做任何想做的事。然而監獄裡太無聊，因此，他大部分時間都跟獄友泡在一起。

關在牢裡的犯人中，有兩個最令他感興趣。一個是王宮總管，一個是法老的麵包師傅。這兩人不知為何惹惱了法老，在國王被當成神明的年代，這是不得了的冒犯。埃及人極度敬重自己的統治者，以致於從來不直呼其名。他們稱他「法老」，意思是「龐大的宮殿」，就像我們提到「白宮」的時候，通常實際上指的是美國總統。

這兩個人都是「大宮殿」的臣僕，正在牢裡等候判決。他們成天無所事事，只好挖空心思打發時間。他們最喜歡做的事之一，是把自己的夢講給對方聽。古代人很敬重人所作的夢。會解夢的人，在大家眼裡就是個大人物。

## 為獄友解夢

約瑟這時善用了他從前的聰明。當麵包師傅和總管來找他並述說自己作的夢，他欣然同意為他們解夢。

「我作的夢是這樣。」總管說：「我站在一棵葡萄樹旁邊，葡萄樹突然長出三根枝條，枝條上結滿了一串串葡萄。我摘下葡萄，把葡萄汁擠進法老的酒杯，再把酒杯放進主人的手裡。」

約瑟想了想，然後回答說：「這很簡單。你將在三天之內被釋放，官復原職。」

麵包師傅急忙打斷他說：「聽聽我的夢，我在夢裡看見許多奇怪的事。我頭頂著三籃子的麵包，朝王宮走去。突然間，一大群鳥兒從天上俯衝下來，把我的麵包全吃光了。這是什麼意思？」

「這也很簡單。」約瑟回答：「你在三天之內會被絞死。」

看啊！到了第三天，法老慶祝生日，大宴臣僕。他想起了還關在監牢裡的總管和麵包師傅。他下令把麵包師傅處以絞刑，這事就這麼辦了；他又下令把總管放了，讓總管返回王宮。

總管當然非常高興，出獄時，向預言自己好運的約瑟保證，會送他金山銀山，會向法老和百官述說此事，好讓約瑟獲得公正的判決，得以釋放，而他永遠也不會忘記約瑟的恩德。但是等他一回王宮，官復原職，站在法老王座後方隨時聽命為法老王斟酒時，這個善心的飲食總管就把那陪伴自己數月的猶太少年給拋在腦後了。他對約瑟的事隻字未提。

這可苦了約瑟。要不是法老作了一個讓自己寢食不安的夢，約瑟恐怕還要在牢裡多蹲兩年，說不定還老死獄中。

## 法老的夢

法老作了夢，那是莊嚴神聖的大事。眾人議論紛紛，個個都在猜，眾神要給沉睡中的法老什麼啟示。這有點像如今我們的總統得到某個消息一樣。

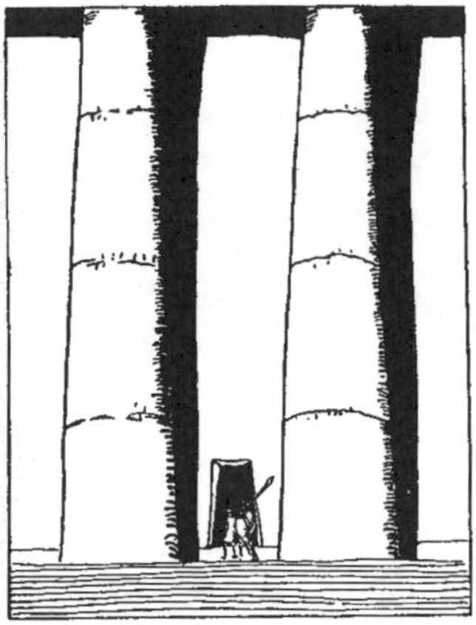

約瑟被帶到法老面前。

約瑟為法老解夢。

法老所作的噩夢內容是這樣的：他看見一棵麥子長了七個飽滿的好穗子，突然間，這七個好穗子被七個枯槁的壞穗子吞掉了。隨後，他又夢見七頭又瘦又醜的母牛，突然朝七頭在尼羅河邊安靜吃草的肥母牛衝過去，把肥母牛吞了，連皮帶骨一點都不剩。

夢就這樣，卻足以讓陛下寢食難安。他把全國的智者都找來解夢，但是，唉！他們全都茫然不解。這時，飲食總管想起那個非常擅長解釋這類事情的猶太少年，於是向主人提議，把約瑟召來。他們發現約瑟還在牢裡，於是安排他沐浴、剃鬚、修剪頭髮，然後給他換上一套新衣服，才把他帶進王宮。

無聊的獄中生活並未讓約瑟的頭腦變遲鈍。他輕輕鬆鬆就解了法老的夢。這是他的解說。

「七頭肥母牛和長在一棵麥子上的七個飽滿好穗子，代表七個豐收年。接下來是七個饑荒年，所

埃及遍地饑荒。

約瑟修建巨大的糧倉儲糧。

有在豐年儲藏下來的穀物，會在這七個饑荒年中消耗殆盡。因此，陛下當任命一個智者來管理全國的糧食，因為饑荒年間將會需要大量的糧食。」

法老大為賞識，認為這年輕人說得很有道理。此時應該迅速採取行動了。

於是，法老當場任命這個年輕的外鄉人擔任他的農業部長。

隨著時間過去，約瑟的官愈做愈大。當七個豐收年過完時，雅各的這個兒子已是埃及的宰相，統管埃及全地。他向法老證明自己是個忠心的臣僕。他建造了眾多巨大糧倉，倉裡儲滿了豐餘的糧食，以備即將來臨的饑荒年頭。

當饑荒終於降臨所有土地之時，約瑟早就準備好了。

自古以來，埃及的百姓就是種多少吃多少，從來不儲存糧食。這時候，他們為了給自己和家人有糧可吃，先給法老自家的房子，接著又給了牛，最後被迫連土地都交出去了。

等到這七個饑荒之年過完，他們已經失去了一切，而法老則取得了從地中海沿岸到月亮山脈的所有土地。

就這樣，埃及人自古擁有的自由民時代到此結束，從此開始了延續將近四千年的奴隸制度，這制度最終造成的禍害，遠超過十次以上的饑荒。另一方面，糴糧也讓百姓有一條活路，並且讓埃及成為文明世界的商業中心。因為各國都遭逢了這次饑荒，而埃及是唯一有所準備的國家。

## 對哥哥的考驗

巴比倫、亞述和迦南全地都同樣遭遇了旱災、蝗災和其他昆蟲災害，每個地方都有成千上萬人餓死，人口大量減少，許多父母為了存活，將子女賣做奴隸。

老雅各和兒孫整個一大家子，很快也嘗到了饑餓的痛苦。最後，他們在絕望中決定，派人去埃及買些糧食回來。約瑟的弟弟便雅憫留在家，另外十個兒子帶上驢子和空袋子，西行前往埃及求助。

他們穿過西奈沙漠，最後到達尼羅河畔。他們被埃及官兵攔下，一行人被帶到宰相面前。

約瑟立刻認出了這群衣衫襤褸如流浪漢一般的人是他哥哥，但是他沒有戳破這

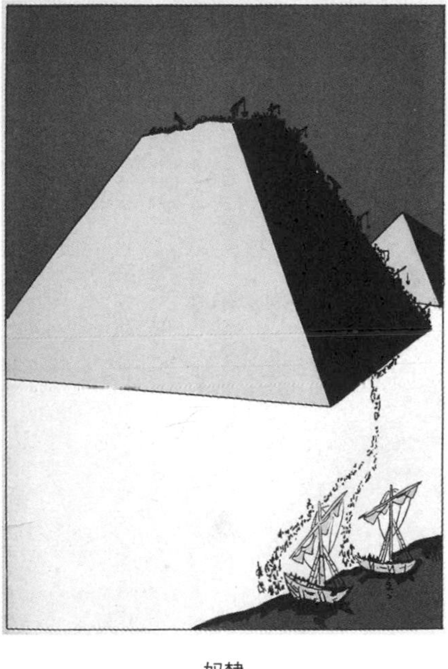

奴隸

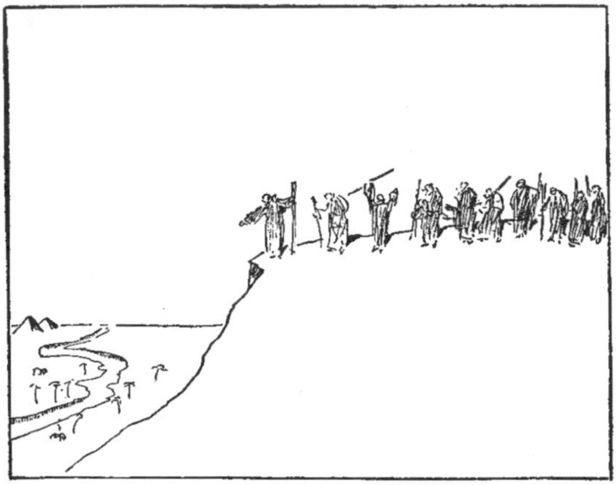

約瑟的哥哥跋涉來到埃及買糧。

事。他假裝自己不懂猶太人的語言，讓翻譯官問這群新來者是誰。

他們回答：「我們是從迦南地來的愛好和平的牧羊人，來為老父親找糧食。」

「他們能保證自己不是被派來刺探埃及國防的間諜，好讓外國的侵略者可以前來攻打埃及嗎？」

他們發誓自己所言句句屬實，絕對清白無辜。他們來自一個和平的牧羊人家庭，兄弟十二個人和老父親住在迦南地。

「另外兩個在哪裡？」

「唉！有一個已經死了。另一個留在家裡照顧父親。」

約瑟裝作不信。他們最好回家去把另一個兄弟帶來，證明所言屬實。因為埃及宰相對他們所說故事的真實性有些懷疑。這故事怎麼聽就是不大對。

十個兄弟非常憂愁苦惱。他們聚在約瑟的帳篷外商量，用希伯來語迅速地交談。從前犯下的罪行沉沉地壓在他們的心上。把他們的弟弟約瑟賣給外國的奴隸販子這件事，實在太可怕。現在，他們顯然又要失去自己的小弟了。他們的父親雅各聽到這事會怎麼說？

他們懇求約瑟發點慈悲，別這麼要求，但約瑟拒絕了。約瑟偷聽到他們的對話，對他們的悔悟感到十分高興。過去三十年的歲月似乎給了他的哥哥們一個嚴厲的教訓。不過，他還不能完全肯定。他們對年輕時的自己造成那麼大的傷害，他必須在原諒他們之前，再考驗他們一次。

因此，他決定留下西緬做為人質，其他人回去把便雅憫帶來。

這事沒那麼容易。雅各傷心極了。但是他的家人在挨餓，他的僕人都快餓死了，而明年連種地的穀種都沒著落。就這樣，他被迫屈服。便雅憫和哥哥們返回埃及，雅各獨自留在家中。

上次，他們一跨過邊界就被抓了起來。不過，這一回所有官員都很禮遇他們。他們兄弟一行人直接被帶到宰相的府邸。府裡不但給他們準備了住處，還以上賓之禮對待。

他們一點也不喜歡這種情況。

畢竟，他們不是真乞丐。他們雖然窮，卻是有備而來，無意白吃白喝。他們不想要施捨。當他們拿出金子要換糧食，卻被告知，想要什麼就儘管拿，不用給錢。當他們堅持付了錢，返鄉途中卻發現，錢都被退回來了，藏在他們的糧食袋裡。

## 兄弟重逢

那天晚上，當白晝酷熱中的跋涉停歇，他們一邊休息，一邊談起了這趟的奇怪經歷。突然間，一陣喧鬧聲傳來，同時一隊埃及士兵從黑暗中冒了出來。士兵被派來追趕這些猶太人，拘捕他們。

這些兄弟詢問士兵，他們到底做錯什麼，並且斷言自己的清白。但是，埃及隊長乃是奉命前來，因為宰相的酒杯被偷了。當天除了他們這些作客的猶太人，沒有人接近過宰相。因此，所有外國人都要接受搜查。眼看無可辯解，他們兄弟一行只好屈從。他們一個接一個打開糧袋接受搜查。看啊！就在最後一個打開的便雅憫的糧袋袋底，士兵搜到了約瑟的酒杯！

罪證確鑿！這群猶太人被視為罪犯押回了埃及，並被帶到宰相面前。他們絕望地辯解這不可思議的一切，發誓他們是清白的，但是約瑟神情嚴厲，鎖著眉頭，指責他們忘恩負義。最後，他們崩潰了。他們把所有發生的事都告訴了約瑟，他們曾經做過一件非常邪惡的事，這時他們願意付出一切來消除自己所犯的罪。約瑟聽著，直到再也控制不住自己內心的情感，開口說明是自己下令要人把酒杯放進便雅憫的糧袋裡。

接著約瑟遣退所有埃及人，當他們都離開房間後，他走下寶座，上前擁抱了便雅憫，這群驚魂未定的雅各的兒子，這才知道面前這位埃及最有權勢的人竟是自己的兄弟，是他們曾經想要殺害，後來又出於貪心而賣給米甸奴隸販子的親兄弟。

雅各被安葬在先祖的墓地麥比拉洞穴裡。

當然，這麼離奇的故事，在埃及舉國上下引起了轟動。法老派了好幾輛自己的馬車將雅各接到埃及來，約瑟也將自己新得的封地（在歌珊省）劃贈一部分給自己的家人。

就這樣，猶太人從迦南遷到了埃及，但他們內心始終忠於故鄉。雅各在臨終前要求把自己歸葬到麥比拉洞穴，與他的父母和祖父母同葬在一起。

事情就這麼辦了。約瑟親自將父親的遺體送回迦南，然後返回埃及，在埃及又生活了許多年。他始終仁愛寬厚，百姓都愛戴他。

# 西行埃及人物關係表

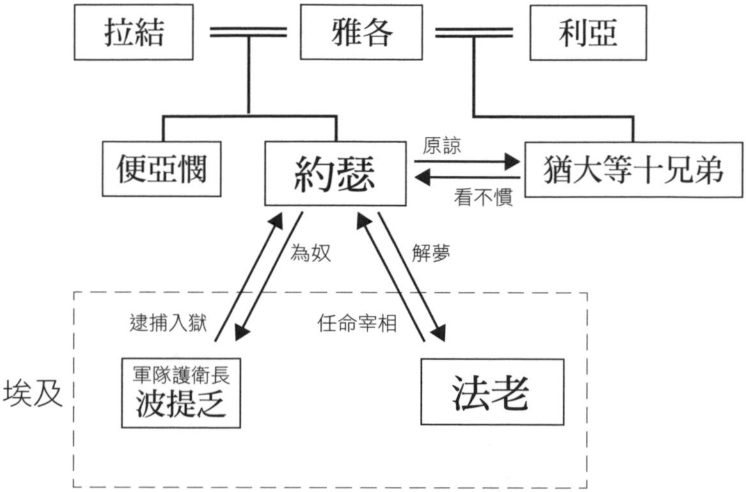
拉結
雅各
利亞
便亞憫
約瑟
猶大等十兄弟
原諒
看不慣
為奴
解夢
逮捕入獄
任命宰相
埃及
軍隊護衛長
波提乏
法老

# 05 安家埃及

猶太人原本是一群單純的牧羊人，異鄉的城市生活並未給他們帶來好處。他們迅速被埃及人同化，不但沒有獲得自由和獨立，反而成為埃及法老賣力的勞工，被當成了奴隸。

古埃及語直到一百多年前[15]才被破譯，我們才能讀懂這個語言。找到解讀埃及象形文字（又稱「聖字」）的方法後，一座巨大、嶄新的史料倉庫隨即在我們面前開啟，我們對這段歷史的知識，也不再只依靠《舊約》的記載了。

在基督降生前第十五世紀，埃及被一個叫做希克索斯[16]的阿拉伯游牧部族所征服。他們和猶太人一樣同屬閃族。希克索斯人統治整個埃及地區後，立刻在距離埃及舊都底比斯數百英里遠的地方建立新都，然後安定下來享受他們的生活。此後將近三百年，他們一直是尼羅河流域公認的主人。

約瑟在亞庇巴當法老時來到埃及。亞庇巴也是希克索斯王朝最後一位法老。埃及人經過多次功敗垂成的反抗後，最終成功推翻了他們的壓迫者。他們在自己國王阿赫摩斯（埃及舊都底比斯人）的帶領下，趕走了希克索斯人，再次掌握了自己國家的統治權。當然，這使猶太人的

猶太人開始喜歡大城市忙碌奢華的生活。

處境變得相當辛苦。猶太人曾是外來異族統治者的好朋友，約瑟在牧人王朝[17]的宮廷裡一直是個顯貴人物。他官居高位，對自己的親族十分慷慨，卻因此犧牲埃及人的利益。時移事往，埃及人一直記得這件事，卻早已忘了約瑟曾讓他們的先祖免於饑餓。因此，在他們和猶太人往來時，當然也就待之以憎恨和輕蔑。

至於亞伯拉罕的後裔，在舒適的尼羅河流域長期定居的結果是禍福參半。

## 為離開或歸化舉棋不定

一直以來，猶太人以牧羊為生，習慣野外的簡單生活。此時，他們和喜歡城市生活的人來往，見識到底比斯、孟斐斯和塞伊斯等城市奢華又

15 尚－法蘭索瓦·商博良（Jean-François Champollion, 1790~1832），法國歷史學家、語言學家、埃及學家，投入羅塞塔石碑（Rosetta Stone）研究多年，是第一位破解古埃及文字結構並完整譯出羅塞塔石碑的學者，因而成為埃及學的創始者。古埃及文字由表音和表意符號構成，商博良編制出完整的埃及文字符號和希臘字母對照表，為後來解讀大量古埃及莎草紙文書提供非常有用的工具。

16 希克索斯（Hyksos），西元前十六到十七世紀統治埃及的第十五王朝。Hyksos有「外來統治者」之意，據說來自西亞；亦有人認為此字為「牧人王」（king-shepherds）之意，意指他們可能是猶太人。

17 牧人王朝（the Shepherd Kings），希克索斯王朝的另一個稱呼。

舒適的宮殿，很快就開始瞧不起自己祖先世代居住生活的簡陋帳篷。

他們賣了自己的牲口，離開歌珊地的農場，搬遷到城鎮裡。

不過城鎮已經人滿為患，不需要新來者。埃及人把他們視為搶奪自己飯碗的外人。

很快的，猶太人和埃及人彼此厭惡。沒多久，這就演變成不愉快的種族暴動。

猶太人面臨選擇：歸化做埃及人，或離開埃及。

當然，猶太人和所有的人一樣，在這種情況下設法妥協和解。這麼做讓事態更為惡化，雙方變成水火不容。

一開始，一場饑荒讓約瑟的兄弟來到埃及。他們的後代經常談論返回迦南地的可能性，但旅途遙遠又困難。埃及不愁吃穿的生活令人心滿意足。沙漠的生活會很可怕，相對的，城市的生活非常愜意。

因此，猶太人舉棋不定，難以決定。

他們對未來的不確定因素所懷抱的恐懼，更甚於當下的危難。因此，他們什麼也不做。眼前，他們停留在原處，住在埃及城市中的貧民窟裡。

就這樣，日復一日，年復一年，幾百年過去了，一切照舊。

終於，有一位偉大的領袖出現。他將不同的猶太部族結合成一個民族，帶領他們離開埃及肥沃的田野。儘管埃及的生活舒適（但安逸的日子不利於塑造堅毅的性格），他仍帶領他們返回迦南地，那是亞伯拉罕、以撒、雅各所認定的他們真正的家。

# 06

# 逃離奴役

情勢每況愈下，似乎沒有改善的希望。
睿智的領袖摩西決定帶領他的同胞離開埃及，
尋找一個可以建立自己國家的新家園，
因為在埃及，他們只是寄居的「異鄉人」。

在基督降生前第十四世紀，拉美西斯二世統治整片尼羅河流域，當時埃及人和猶太人之間的關係已到了劍拔弩張的地步，公開起衝突早已無法避免。

在數百年前受到歡迎的客人，此時卻處處遭受打壓。埃及的法老們一向熱中於建造巨大的宮殿和公共建築。金字塔已不再時髦，最後一座金字塔的修建是兩千年前的事了。但是，他們還有道路、兵營和堤壩要築，王室階層對勞力的需求一直源源不斷。這些勞工的工資並不好，因此埃及人總是極力避免。他們自己不做，就強迫猶太人去做這些苦差事。

即便如此，許多經商的猶太人仍設法住在城裡。這卻引來埃及本地人的嫉妒，因為他們競爭不過這些外來的猶太人。他們去見法老，請求把猶太人全部根除。這事非常棘手，但偏愛自己臣民的法老，試圖用其他方式來解決這個問題。

他下令，猶太人的新生嬰兒若是男的，一律處死。這辦法簡單，卻很殘酷。

**法老女兒收養的嬰孩**

那時有個男人名叫暗蘭，和妻子約基別育有一雙兒女，男孩叫亞倫，女孩叫米利暗。當他們的第三個孩子出生，是個男孩，他們決定不計一切代價保住他。

他們費盡心思把小摩西藏在家中，藏了三個月，沒讓法老的手下發現。

不過鄰居開始說長道短，還有人聽到了嬰兒的哭聲。繼續把嬰兒藏在家裡已經不安全了。

於是，約基別抱著兒子來到尼羅河畔。她編了一個小籃子，用黏土糊在籃子上防水，然後把孩子放進小搖籃裡，讓他獨自隨水漂向廣闊的世界。

這個臨時編造的小舟沒漂很遠。河裡有小小的湧動水流，河水很淺，這個脆弱的搖籃很快就被岸邊茂密的蘆葦擋住了。幸好，法老的女兒正好來到這裡游泳，她的侍女們發現了這個奇怪的包袱，將它從水裡撈了上來。四個月大的小寶寶通常很討人喜歡。法老的女兒決定收留孩

小摩西在河上漂流。

子，但是她對嬰兒一無所知，於是差人去找個保姆來。

嬰兒的姊姊米利暗在附近看到了事情經過，這時走上前去，說自己知道適合照顧這年紀的嬰兒的人選。她跑回家把母親帶來了。

就這樣，一個猶太嬰孩逃過了這場屠殺，並且在自己母親的祕密照顧之下，在王宮中接受了最好的教育。

對原本注定死亡的人而言，這的確是奇特的命運。摩西的哥哥必須在磚廠做工，稍有懈怠就會遭到工頭毒打，與此同時，摩西卻穿著錦衣華服四處走，過著貴族青年的生活。

然而，在他內心深處，他認為自己是個猶太人。有一天，有個埃及人毒打一個屬於亞伯拉罕一族、手無寸鐵的猶太老人，摩西上前制止。他還進一步打了那個埃及人，豈知他出手太重，那個埃及人倒地身亡。這件事如果傳出去，摩西面臨的是立即被處死的危險。

這祕密沒能守住太久。

不久之後，摩西走在街上，碰見兩個猶太人在吵架。他要他們別吵了。其中一人奚落這個和事佬說：「誰讓你管我們的事？難道你想像那天打死那個埃及人一樣打死我們嗎？」

消息迅速傳開。法老下令捉拿摩西歸案，處以絞刑。

摩西聽到了風聲。他是個聰明的青年，決定逃為上策。

## 在沙漠中領悟自己的使命

後來證明這是聰明之舉。如果摩西留在埃及，就算逃脫牢獄之災，也會徹底成為埃及人。

然而，這個曾經是公主養子的男孩，此時成了為逃避審判而流亡他地的可憐逃犯。

他漫無目的地穿過了環繞紅海的沙漠，來到一座水井旁停下。那時，幾位女孩趕著羊群前來飲水，她們是附近一位名叫葉忒羅的祭司的女兒。所有牧羊人都會在傍晚趕羊來飲水，也因而常起衝突。這天傍晚，有個牧羊人硬要搶在葉忒羅的女兒之前，摩西像往常一般見義勇為，上前協助那幾位姑娘。她們為了表示感謝，邀請他到父親家裡吃晚飯。

就這樣，摩西結識了葉忒羅，並像前人亞伯拉罕、以撒、雅各那樣成了牧羊人。他娶了葉忒羅的一個女兒西波拉為妻，跟所有其他沙漠居民一樣過著簡單的生活。

在古老荒漠的孤寂中，摩西找到了自己的靈魂。

在孤寂的沙漠荒野裡，摩西領悟了自己人生的真正使命。他的同胞已經背離曾經保護他們祖先度過許多危險的真理原則，已經忘記了他們的神——耶和華。他們很快就失去了啟發他們父祖輩在未來建立一個大國的信念。簡而言之，他們已面臨關鍵時刻，城市的生活和奢華（連同前所未有的貧困），正威脅著要摧毀他們這支民族的獨特性與獨立性。

摩西決定要做自己同胞的拯救者。他回到對全能耶和華的信仰當中。

他宣稱自己是卑微的跟隨者，跟隨上帝偉大的指引。當他知道自己從燃燒的荊棘中聽見的是耶和華向他說話的聲音，當他感到徹底信服自己的使命，他啟程返回埃及，展開艱鉅的任務——帶領所有同胞穿過無邊無際的西奈沙漠，從埃及遷往另一個國家。

## 願率猶太部族返鄉

然而，還有其他困難。法老拉美西斯已經去世，他的繼任者麥倫普塔[18]大概從未聽過摩西打死埃及人的事，摩西因而可以安全返回埃及，不必擔心執法者逮捕他。但是，這時反而是猶太人（他自己的同胞）不願意相信他。

奴隸生活毒害人的心靈，使人變得懦弱。猶太人在埃及雖然生活艱苦，但一日三餐不愁。談論在一個新國家過輝煌自由的生活，無疑是件非常愉快的事，但那片「應許之地」遠在千里之外，還掌握在充滿敵意的異教徒手裡，或許會有戰爭，而且還必須跋涉穿過炎熱的西奈沙漠，遠行最後能否成功也還是未知數。不巧的是，摩西不擅言詞。他是個具有無比勇氣、無盡耐心和毅力的人，但他就像許多聰明又勇敢的其他領袖一樣，在試圖說服不相信他的論點多麼合理的人時，也會變得非常不耐煩。

因此，他明智地將初步討論工作交給哥哥亞倫，自己專心處理許多細節，只有安排妥當，才有把握完成所有的事。

他大膽求見法老，希望獲得法老准許，讓這支在偉大宰相約瑟治理時期自願來到埃及的猶太部族得以平安離開。

他的請求被斷然拒絕。結果在皇家磚廠裡工作的可憐猶太工人最倒楣，他們從此被當作企圖越獄的犯人對待。（他們受到嚴密監管，工作也比以前更辛苦。）以前，他們燒磚需要的稻草由廠裡提供，如今他們必須自己張羅稻草，但每人每天該燒出多少磚頭，數量卻不得減少。

這意味著必須多做幾個小時的苦工。這項新規定讓猶太人對摩西非常生氣，都是因為他插手才會發生這種事。摩西最好回到他原本所在的沙漠，讓他的同胞能平靜過日，以免法老在盛怒之下把他們全部消滅了。

摩西終於開始清楚意識到，自己的處境極其危險。

他先把陪伴自己回來的妻兒送回遠在米甸的岳父家，然後開始嚴肅地為接下來的日子做準備。他再三告訴猶太人該做什麼，但少有成效。他設法說服他們，這是耶和華在對他們說話。耶和華曾應許亞伯拉罕，以色列將成為大國，但想成就這個應許，他們就必須立刻離開這個奴役他們的國家。

猶太人聽在耳裡，嘴裡卻嘀嘀咕咕的，不肯採取行動。多年的奴役生活已經摧毀他們的信心。他們對自己古老的上帝的力量充滿懷疑。他們願意一輩子受人奴役。

## 十場災禍，讓法老同意猶太人離開

摩西明白，如果不用強制手段，法老和猶太人雙方都不會有任何改變。他獨自一人的力量既不足以說服自己同胞，也沒有希望說服法老。唯獨耶和華能做這件事，而耶和華在祂忠心的僕人有需要的時刻，也沒有拋棄他。祂告訴摩西再去找法老，警告法老，如果他不聽猶太人的上帝的警告，將會大難臨頭。摩西和亞倫第二次進宮，請求法老准許他們的同胞安全離開埃及。

18 麥倫普塔（Mirneptah，亦作 Meneptah、Merenptah），古埃及新王國時期第十九王朝第四任法老，約於西元前一二一三年即位，因父親拉美西斯二世長壽，他繼承王位時已接近六十歲。其重要功蹟為抵抗來自利比亞的侵襲，保住埃及。

他們再次遭到拒絕。
於是，亞倫舉起自己的手杖擊打尼羅河的河水，水變成紅色，無法飲用，人們被迫挖井取水，以免渴死。
法老聽見乾渴人民的呼號，但是他拒絕讓猶太人離開。
這是第一個災禍。
接下來是第二個。

災禍降臨埃及全境的寧靜村莊。

尼羅河岸經常到處都是青蛙，但這次有數百萬全身黏膩的青蛙爬出棲息的沼澤，在埃及全境亂跳。牠們進入住家，跌進新挖的井裡，讓所有人都極不舒服。法老看著自己王宮的地板布滿綠色的活青蛙，他猶豫了，並要求摩西把青蛙弄走。他保證，只要青蛙一走，災害消除，猶太人就獲准離開埃及。於是，摩西一聲令下，青蛙都死了，但法老忘了自己說過的話。猶太人的惡劣處境一如既往。
接下來是第三個災禍。
令人噁心的蒼蠅嗡嗡作響，如雲霧般籠罩全國。牠們到處散播疾病，埃及人的食物都被糟蹋了，開始有人死亡。
法老想要妥協。他向摩西提議，猶太人可按照自己的習俗前往沙漠一段時間，向他們的神獻祭。只要他們保證獻祭結束後就回來，那麼他們可以有個簡短的假期。

摩西終止了蒼蠅的肆虐，法老很高興能擺脫這場噩夢，當最後一隻蒼蠅被趕離他的飯桌之後，他便將自己的承諾忘得一乾二淨。

接下來是第四個災禍。

埃及所有的牛都染上致命的神祕怪病。沒多久，新鮮的肉類不足。法老還是拒絕。

接下來是第五個災禍。

男人和女人身上長滿膿瘡，沒有醫生知道該怎麼治療。

接下來是第六個災禍。

一場冰雹把田裡的莊稼全毀了。

接下來是第七個災禍。

閃電擊中儲存著亞麻和來年穀種的穀倉。

接下來是第八個災禍。

成群結隊的蝗蟲湧入這個可憐的國家，一天內吃光所有樹木和灌木，連一片葉子都不剩。

這下法老徹底嚇壞了。他召見摩西，提議讓猶太人離開，但他們必須留下孩子當人質。

摩西拒絕了。他曾宣布，他的同胞必須帶著自己的兒女一起走，否則就會繼續留下來。

接下來是第九個災禍。

從沙漠颳來一場可怕的沙暴，連續三天遮天蔽日，伸手不見五指，埃及全境籠罩在一片黑暗之中。

法老召摩西速速進宮。「我會讓你的百姓離開。」他發誓：「但是他們得把牲口留下來給我。」

「我的同胞會離開，並會帶著他們的兒女、牲口和所有家當一起走。」摩西說完就離開了。

接下來是第十個災禍。

居住在尼羅河流域的每個家庭，長子都死了。

唯獨猶太人逃過了這可怕的命運。他們事前接獲警告，用小羊羔的血塗在門框和門楣上做記號。當死亡天使奉耶和華之命穿行過這個不幸的國家時，他擊殺了所有埃及人的子女，但當他看見有羔羊血做記號的人家，就會「越過」那住著亞伯拉罕後裔的家庭。

終於，法老明白自己被一個比自己更強大的力量擊敗了。他不再拒絕讓猶太人離開，反而求摩西盡快帶著自己的同胞走，以結束這些可怕的天譴。

## 摩西率十二部族渡過紅海

那天傍晚，流便、利未、猶大、西緬、以薩迦、西布倫、但、拿弗他利、迦得、亞設、以法蓮和瑪拿西這十二個部族，在埃及之地吃了他們最後一頓晚餐。當夜幕降臨，他們趕著牲口踏上了前往約旦河畔的故鄉的路。

然而，因長子死亡而暴怒的法老對自己說出的話再次反悔。他率領軍隊追擊逃亡者，打算將他們抓回，為眾多無辜喪命的孩子報仇。

他們在接近紅海海岸時看見猶太人的隊伍，但是一大團雲（摩西相信那就是耶和華）遮住了猶太人的營地，讓埃及的軍兵看不見他們。
隔天一早，在摩西一聲命令下，紅海的海水分開，所有部族順利抵達對岸，一個人都沒少。
接著，那團濃雲散開，法老看見敵人紛紛攀上陡峭的對岸，立刻一馬當先躍入淺淺的海水中。未料，海水像先前突然分開一樣，又突然合攏。隨著一陣滔天大浪打來，法老和所有將士兵卒全都葬身海底。
沒有人回去述說始末。
這時，猶太人進入了沙漠。他們自由了，但是在接下來漫長的四十年裡，他們一直在曠野中漂流。

可怕的大浪吞沒了法老和他的軍隊。

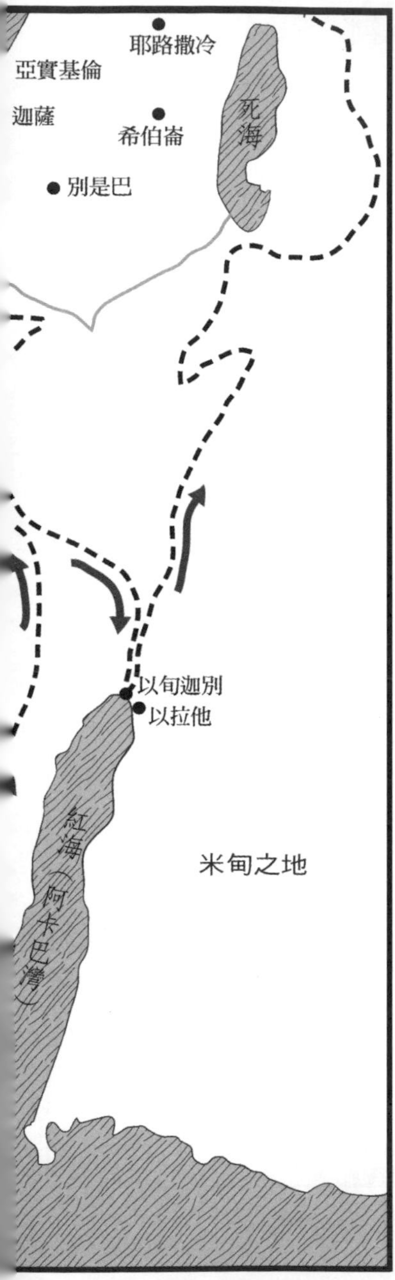


# 摩西率族人離開埃及返回迦南地的路線

關於摩西與族人遷徙經過之地點有不同說法，本圖只繪出重點路線。

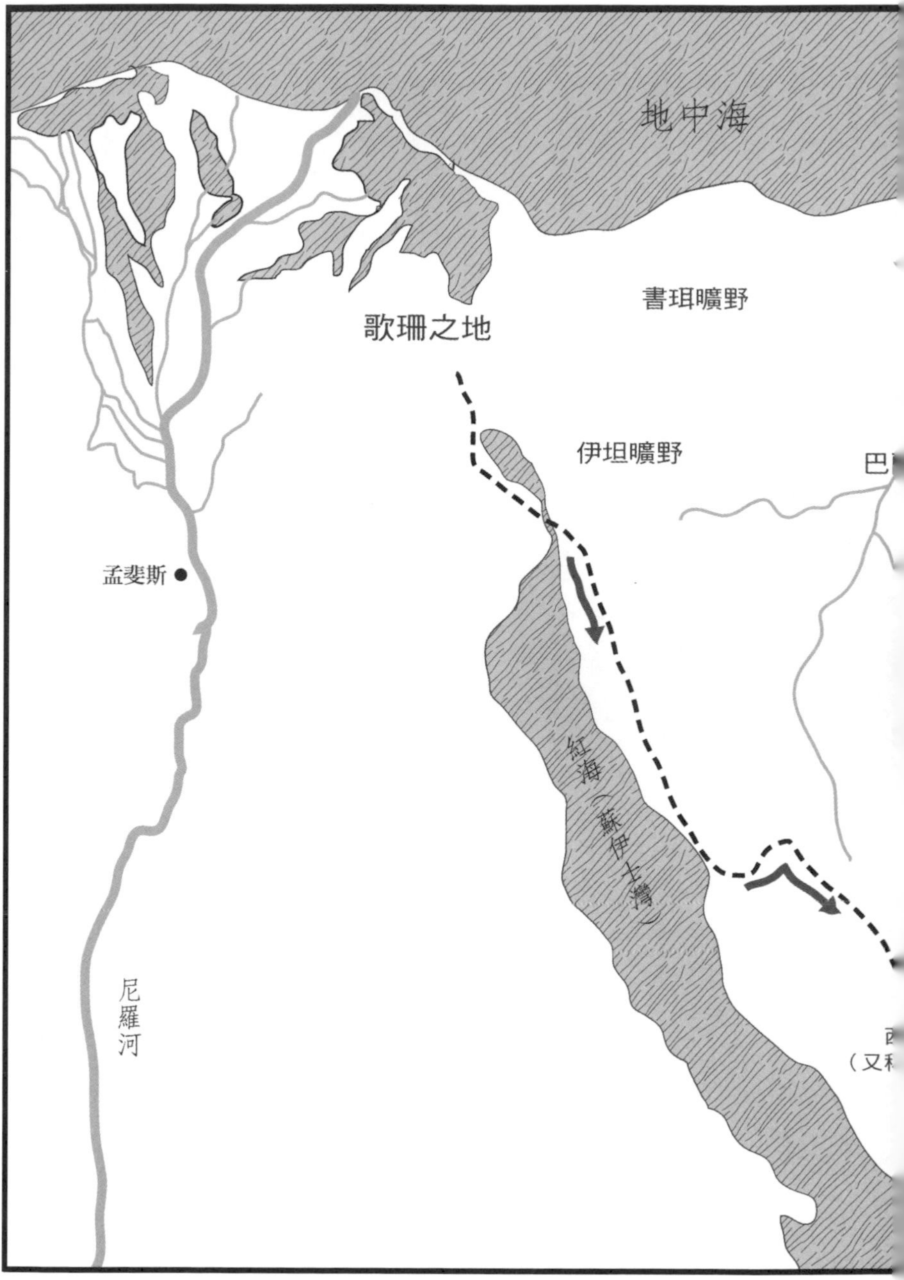
地中海
書珥曠野
歌珊之地
伊坦曠野
巴
孟斐斯
紅海（蘇伊士灣）
尼羅河
（又

# 07 曠野漂流

猶太人再次在沙漠中度過許多年。他們經常灰心喪志，

但摩西以看見應許之地的異象來維持他們的勇氣。摩西教導他們許多有用的事物。

但是，就在摩西即將把他們帶進那片有望找到自由和獨立之地時，他過世了。

人們常問，我們那些住在貧民窟裡的人為什麼不離開他們悽慘的家，遷到遼闊的西部？在那裡他們可以自己當家作主，還可以讓自己的孩子有機會長得健康又強壯。

答案很簡單。

這些可憐的人已經習慣了相對舒適的城市生活，他們懼怕前往一個未知之地，因為在那裡他們必須靠自己維持生計。

住在城裡，諸多事務都由政府那雙看不見的手幫我們處理了。就算是最窮的市民，打開水龍頭也就有想要的水可用。一個剛從埃利斯島[19]遷進城裡的人，要是肚子餓且口袋裡有幾毛錢，他能跑到雜貨店裡買一堆乾乾淨淨裝在方便的罐頭裡的熟食。

但是在杳無人煙的野地裡，拓荒者必須自己從鄰近的河裡打水，自己宰牛來吃，自己種植穀物和馬鈴薯。

許多人不知道怎麼做這些。他們也害怕冒險去學。

因此，他們出生、成長、死亡都在同一個地方，除非真的鬧饑荒，否則沒有什麼能使他們離開原地。

**穿過沙漠**

人類向來本性難移。三千年前的猶太人和今天的我們沒多大差別。他們在埃及遭受可怕的奴役，過得並不幸福。這時他們自由了，卻再次怨聲載道。他們厭惡沙漠，厭惡沙塵和酷熱；過沒多久，他們全都責怪摩西，是摩西將他們帶離埃及人的住處，讓他們突然陷入一種比皇家工頭的鞭子更令他們害怕的生活。

四十年的曠野生活，是一部說不盡的怨恨紀事。若不是摩西無比過人的毅力，這些部族恐怕不到一年就全部返回埃及接受奴役了。

不過，當猶太人看見他們的埃及敵人在眼前全軍覆沒，他們當下欣喜若狂，嘗到了勝利和喜悅的片刻。

他們唱道：「耶和華啊，誰能像祢？在世上眾神之中誰能像祢？至聖至榮，可頌可畏。」

沙漠

19 埃利斯島（Ellis Island）是位於美國紐約州紐約港內的一個島嶼，與自由女神像所在地自由島相鄰。

猶太人在西奈山下紮營。

但是，當他們在西奈無盡的丘陵中折騰數月之後，他們已經想不起那個曾經光榮擊敗埃及軍兵、既是他們的力量也是他們的倚靠的上帝了。他們把上帝忘得一乾二淨，只要求返回埃及，返回上帝費盡周折才把他們解救出來的地方。

他們咒詛令人無法忍受的曠野，公然表示厭惡摩西，厭惡他這個愚蠢的計畫。隨著存糧日益減少，他們說所有人必定都要餓死，並且紛紛去找領袖摩西，要求說：「給我們吃的，不然就讓我們回去。」

信心堅定的摩西告訴他們，耶和華會在他們有需要的時刻供應他們。

看啊！隔天早晨，他們發現荒漠的地表上覆蓋著無數雪白的小薄片，收集起來可以揉成麵團，做成風味絕佳、香甜如蜜的餅。知道這種植物的埃及人稱它「瑪努」，而猶太人稱它「嗎哪」，並相信是耶和華使它們在一夜之間生長，讓他們有食物吃。他們每天收取新鮮的嗎哪，只有第七天除外，因為這天他們要守安息日，他們吃前一天多收的嗎哪過活。

這類神蹟展現出上帝對猶太人支持，使他們又順服了一陣子。不過，這種心情向來無法持久。很快又出現了缺水的問題。各部族的族長再次來找摩西，要求返回他們在尼羅河畔的舊家園。於是摩西舉起手杖（依照耶和華告訴他的那樣）擊打岩石，只見一股泉水從堅硬的花崗岩中噴湧而出，他們把水罐、碗、鍋子都裝滿了，喝到心滿意足為止。

然後，他們再等新的理由來抱怨。有一支凶猛的阿拉伯部族叫做亞瑪力人，他們總是不停設法盜取猶太人的牛群。當然，猶太人可以抵禦這些盜賊，他們夠強，足以保衛自己。但正如我前面說過的，他們在城市城牆的保護下住了太久，以致於懼怕刀劍和弓箭。他們寧可損失一些羊群和驢子，也不肯挺身而戰。這當然使亞瑪力人變本加厲，益發騷擾猶太人的隊伍，直到摩西決定採取行動終止亞瑪力人這種大規模的偷盜。他把約書亞召來。他知道約書亞年輕又勇敢，過去曾多次託付約書亞執行特殊任務。

「把那些亞瑪力人趕走。」摩西告訴他。

約書亞聽從吩咐，帶著一些志願者離開營地。約書亞一走，摩西便向天高舉雙臂。只要摩西高舉著手，約書亞和他所率的隊伍便在耶和華的幫助下打勝仗。但是，當摩西累了手臂垂下來時，亞瑪力人便捲土重來，攻打並殺害許多猶太人。

猶太人看見這種情況，亞倫和戶珥便上前扶住他們領袖的雙臂。直到日落時分，亞瑪力人被徹底擊敗，耶和華將勝利賜給忠心跟隨祂

摩西擊打岩石，泉水噴湧而出。

在西奈山頂的閃電雷鳴中，摩西接獲神聖的十誡。

的人。

這事之後不久，猶太人的隊伍抵達米甸，摩西的岳父就住在這裡。老人很高興再次看見女婿，他向耶和華獻祭表達感謝之意。如今他也敬拜耶和華，承認祂是天地間獨一的主宰，當猶太人向北前進時，他允許兒子何巴加入猶太人，擔任他們的嚮導。

## 迷失的族人

就這樣，這些漂流的部族離開沙漠，進入了山區，這些山脈環繞著一座名叫西奈的石山，至於「西奈」這個名字，則源自亞洲的月亮女神「欣」[20]。此時摩西已經清楚明白，除非他讓這群跟隨者承認耶和華是他們唯一的神，否則他永遠也別想完成目標。亞伯拉罕、以撒、雅各都知道耶和華是他們唯一的神，但是他們的子孫已在一群信奉數百個神明的百姓當中生活了太長時間，早已失去從前那種個人與天地間獨一全能主宰之間的親密聯繫。

摩西吩咐他的族人在西奈山腳下紮營，告訴他們待在原地等他回來。他會給他們帶回最重要的消息。

摩西只帶著約書亞，爬上了那座古老的石山（亞倫留下來做為最高統領）。接近山頂時，他吩咐約書亞留下，他獨自往上，聆聽耶和華傳達的消息。

他一去就是四十晝夜。

這段期間，整座山都籠罩在濃厚烏雲中。

然後，摩西回來了。看啊！他帶著兩塊巨大的石板，石板上鐫刻耶和華的律法，也就是後來我們所說的十誡。

不幸的是，猶太人在領袖走了之後，開始胡作非為。亞倫是個軟弱的領導人。他無法讓百姓服從紀律，整個營地很快就變成一個地地道道的埃及村莊。婦女和少女摘下她們的金飾，用這些金子造了一尊讓眾人追憶起聖牛的金牛。從遠古開始，聖牛就是尼羅河畔百姓崇拜的對象。當摩西進入營地時，人們正圍著金牛載歌載舞。

摩西大怒。他遠遠就聽見眾人唱歌歡呼的聲音，這時他知道是怎麼回事了。他在盛怒中將手裡的石板猛摔在地，石板就此碎裂。接著，他把金牛推倒並搗毀。完成這些後，他召集志願者平定這場危險的叛亂。

摩西發現猶太人正在拜一頭黃金牛犢。

20 欣（Sin, 阿卡德語，可能源自表示滿月的 Su'en），蘇美語稱為「南納」（Nanna），是美索不達米亞地區的月神。南納或欣的崇拜中心主要有二個，分別是位於美索不達米亞南部的烏爾，以及北部的哈蘭（Harran）。

只有利未一族支持他。利未族是眾部族中最強的一支。他們起來攻擊同行的夥伴，毫不手軟地殺了拒絕承認耶和華的人、發起反對摩西的叛亂領導者，以及趁摩西不在惹是生非的人。

那天晚上，和平降臨整個猶太部族的營地。被殺的男人就有兩千，他們失神的雙眼瞪著西奈山頂。在那山上，耶和華親口向偉大的眾先知中的第一位說過話，此後眾先知一直設法向人類表明，怯懦和不義是何等愚蠢。

## 重新帶回十誡

因此事深受失望打擊的摩西，再次採取嚴厲的行動。他意識到，他的同胞需要的不僅是領袖，他們還需要成文的法律，並且必須強迫他們遵從族中長老的話，否則整個遠征之舉將以混亂無序告終，而猶太的男男女女也永遠不會成為團結統一的民族。

他再次登上西奈山頂。當他從山上回來，他臉上的神情清楚顯示他見過從來沒有人見過的事物。他的雙眼目光如炬，沒有人可以直視他。

他帶回了兩塊新的石板，上面鐫刻的誡律和前兩塊相同。摩西在返回營地發現族人敬拜金牛犢時，把原本那兩塊摔碎了。

以下就是耶和華交給摩西用來管理猶太人的十誡：

除了耶和華以外，你不可有別的神。

不可像埃及地的人一樣，為自己雕刻偶像。

不可妄稱耶和華的名。

六日要勞碌做工，第七日當守安息，用以敬拜上帝。

當孝敬父母。

不可殺人。

不可姦淫，男子不可與有夫之婦通姦，女子不可與有婦之夫通姦。

不可偷盜。

不可作偽證陷害鄰里。

不可貪戀他人的房屋、僕婢、牛驢，並他一切所有的。

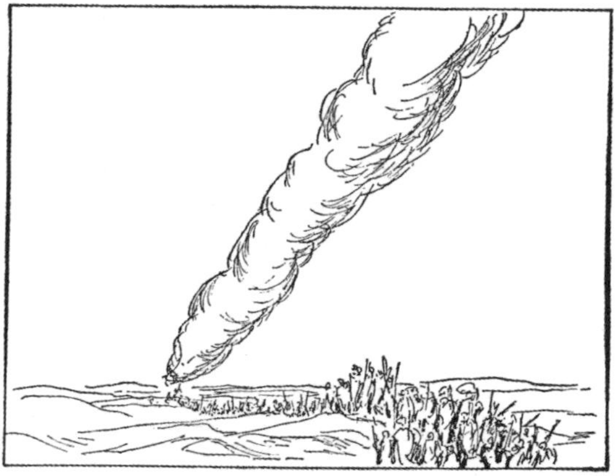

高高的雲柱引導猶太人穿過沙漠。

## 建會幕，任命士師

如今猶太人有自己的法律了，但他們需要一個能聚在一起敬拜耶和華的地方。因此，摩西下令建造會幕[21]。它實際上就是一所教堂，四壁為木造，上方覆以頂棚。多年後，當這群漂流的人再次在城市中定居，他們用磚、大理石和花崗岩重建了這座最早的會幕，那便是舉世聞名的耶路撒冷聖殿。

接下來需要的，是在會幕中根據既定規章供職的祭司。由於利未一族在摩西鎮壓金牛犢崇拜時站在支持的一方，他們獲選擔任祭司一職。我們往後會聽見「利未人」這個詞貫穿了整部

21 會幕（Tabernacle），亦稱「聖幕」、「帳幕」，指古猶太人的移動式神堂。

猶太人的歷史。摩西自任無冕之王，領導倖存的猶太人。他依照岳父多年前給他的建議，規定每當上帝要將命令傳達給信徒時，只有他能進入會幕面見耶和華。

此外，他任命哥哥亞倫在他死後接任祭司職務，這份工作將由亞倫的子孫世世代代繼承。

在沙漠跋涉的旅程中，不同家族不知該把誰當作自己的直屬領袖，經常令摩西煩惱。因此，摩西把族人分成明確的固定群組，為每一組任命一個可靠的長老，稱這長老為「士師」，負責聆聽各種雞毛蒜皮的抱怨，解決各種小糾紛，讓百姓能夠一起和睦相處。

等這一切都完成之後，他才指示拔營。一年多來，這群漂流者的頭頂上方一直飄著一道高高的雲柱，為他們在沙漠中指路。此時，雲柱落在聖櫃（又稱為「約櫃」[22]）上，櫃中裝著鐫刻了十誡的神聖石板。利末人抬起始終放在聖殿中心的約櫃，族中其餘七千男女孩童[23]隨著一同繼續上路。

雲柱前來籠罩著約櫃。

不過，隨著他們愈來愈靠近祖先居住的故土，他們的麻煩也隨之增加。摩西的妻子西波拉已經過世，他又娶了一個古實部落的女子。在其他猶太人眼裡，她是異族人。他們討厭她，並且毫不掩飾自己的厭惡。摩西在最困難的時候，連他哥哥姊姊都不支持他。他在這個新成立的國家裡讓兄姊擁有很高的職位，但他們嫉妒他，想獲得更多榮譽。他們對摩西直言不諱，摩西在反感之餘直接帶亞倫登上何烈山[24]頂，剝奪他原有的所有官職。

死海

### 耶和華發怒

終於，迦南遙遙在望，他們卻遭到該地成群出沒的毒蛇襲擊。於是，摩西造了一條巨大的銅蛇，將銅蛇高掛在木樁上，讓所有人都能看見。此後，凡被蛇咬的，一望這銅蛇就活了。

然而這些部族愈接近約旦河，他們敵人的態度愈咄咄逼人。猶太人的營地裡很快就謠言四起，據說有一支稱為亞衲人後裔的巨人，如今占據著從前

22 約櫃（Ark, 希伯來文 Ārôn Habbərît），古代以色列民族的聖物，又稱「法櫃」。約櫃中的「約」，指上帝和以色列人所訂立的契約，因此約櫃就是放置上帝與以色列人所立契約的櫃子。櫃長一百一十公分，寬、高和為六十六公分，用金合歡木做成，內外覆以純金，上方四周都鑲上金邊。

23 不知作者從何得來七千這個數字。按《聖經》〈民數記〉第四章最後所載，利未家族從三十歲到五十歲的男丁共有八千五百八十人。

24 西奈山的別名。

探子回報，他們發現了一塊最富饒的土地。

亞伯拉罕的農場，這農場是摩西打算收回給他的百姓居住的地方。

為了平息這些謠傳，摩西從十二個部族中各選一人，派他們去偵察他們打算征服之地。不久之後，約書亞（他總是參與要事）和迦勒（一個猶大部族的少年）便扛著一串巨大的葡萄回來。這些葡萄是他們在以實各山谷中發現的。他們回報，那地非常肥沃，盛產奶和蜜。當然，若不打上幾場仗，是不可能從現有居住者手裡把地奪過來的。不過，他們很有把握猶太人能擊敗敵人，並且建議立刻向敵人進軍。

但是恐慌已經席捲所有部族。他們已經前進、前進又前進，飽受饑餓、炎熱、乾渴和毒蛇攻擊之苦，這時又要求他們挺身對付凶猛致命的西臺人、耶布斯人、亞摩利人、迦南人和亞瑪力人，這太過分了。於是他們再次發動叛變。

許多狂熱分子公然鼓吹返回埃及。他們四處叫囂，發表演說。摩西和這時已經恢復一些勇氣的亞倫，還有勇敢的約書亞，試圖說服他們的同胞，在這種情況下是不可能退回埃及的，但他們的勸說完全徒勞。所有人已經失去了理智。他們已經厭倦了這場無休無止的旅程。他們想要和平度日，哪怕是遭受奴役的和平。

於是，耶和華發怒了。祂的耐心已經耗盡。祂的聲音從會幕的圓頂上傳來，說猶太人一再違背祂的旨意，由於他們缺乏信心，將受罰在曠野中漂流四十年。

即便如此，一些愚蠢的猶太人依舊脫隊一意孤行。他們全遭迦南人和亞瑪力人殺害。

但其他人接受了自己的命運。他們轉身背向應許之地，在曠野中漂流了四十年，和他們的先祖亞伯拉罕及以撒一樣，成了牧羊人。

漸漸的，他們的子女忘記了所有父輩在埃及所過的日子，因情勢所逼，回到祖先所過的簡單生活。

這正是摩西一開始就設法想達成的。他有理由感到滿足。他的任務完成了。

這位偉大的先知將特定的律法交給雅各的子孫，這律法直到今天依然存在。他年紀已大，非常非常疲憊。當他感覺大限將至，他指定約書亞做他的繼承人，而不是同樣年邁衰弱的亞倫。然後，摩西登上了位於死海東岸的毘斯迦山山頂，從那裡俯瞰整個約旦河谷。

他獨自去世，沒有人知道他葬在哪裡。[25]

摩西最後獲准看見應許之地。

25 按《聖經》〈申命記〉最後一章的記載，摩西死在摩押地，耶和華將他葬在伯毘珥對面的谷中，沒有人知道他的墳墓。摩西死時一百二十歲，眼目沒有昏花，精神沒有衰敗。

# 08 找尋新牧場

數千年來，西亞一直有人定居，
猶太人想在那裡謀得一片土地，勢必有許多仗要打，
然後才能建立自己的國家，在自己所選擇的法律下生活，
並遵照摩西的教導敬拜他們自己的神。

這時候，猶太人贏得新家園的大戰開始了。三、四十年前那一小群逃離埃及奴役、驚魂未定的猶太人，此時已經團結起來，組成一支強大可畏的四萬人軍隊。

在夜空映襯下，猶太營地的營火紅光漫山遍野，遠遠就可望見。難怪居住在約旦河對岸的人民驚恐不安，開始舉國備戰。

但是，曾經身為摩西副手的約書亞，從導師那裡繼任了統帥一職。他是個謹慎的領袖，做事從不碰運氣，在渡河踏進敵人領地之前，先深思熟慮制訂了周詳的計畫。

他將指揮部設在什亭的村裡，並暗暗派了兩人進入迦南探查地勢，然後回報。

兩名探子離開猶太人營地，前往耶利哥城。此城是該地區最重要的要塞，猶太人若想有更多進展，都必須先拿下耶利哥。

這兩個猶太士兵溜過城門，進入耶利哥。他們與當地人聊了一天，打探城牆的堅固程度、城市的管理方式，還有士兵的士氣等。到了晚上，他們來到一個名叫喇合的女人家裡。喇合在交朋友方面向來不怎麼挑剔，她給兩個陌生人一個房間，什麼也沒問。

但不管怎樣，城裡來了兩個外國長相的人，這件事當權者還是知道了，巡查人員立刻追查闖入者的行蹤，並且立刻對喇合起疑。喇合的名聲不好，只要城裡一有事，總是先搜查她的家。

不過喇合比任何人預料的更可靠。當她聽見敲門聲，立刻將兩個猶太人帶到屋頂平台，將他們藏在一朵亞麻下。城裡家家戶戶都用屋頂來曬乾亞麻，巡查人員沒發現任何異常，只得離開，前往城中搜查其他地方。但是他們到處找不到可疑分子，於是認定情報有誤（這種事常發生），返回營房，不久整座城便寧靜入夢了。

然後，喇合帶著一根新麻搓成的紅繩子回到屋頂。

遍野都是猶太人營火的火光，遠遠可見。

她對那兩個被迫躲藏的人說：「我用這根繩子把你們垂到底下的街上，現在沒有人看守城牆，你們很容易就能逃出去。一旦出城就往山丘走，再等機會過河。不過，請記得：今天我救了兩位的性命。改天你們的人攻下耶利哥時（他們有可能攻下），我希望你們保證我、我的家人朋友都能安全。這是我的條件。」

兩個探子當然什麼都答應。他們告訴喇合，當約書亞的大軍進城時，把這根紅繩子綁在她家的窗

約旦河的渡口

兩名探子從喇合家逃出來。

戶上，做為記號，這樣猶太士兵就知道在這屋子裡的是朋友，並且會放過屋中的人。

喇合覺得這很公平。她將繩子綁在屋頂的一根樑木上，兩個探子順著繩子往下來到空無一人的街道。我不知道他們是怎麼出城的，但他們一到城外空曠的地方又被發現了。他們拚命跑，逃到山丘上去。三天之後，他們找到機會游泳渡過約旦河。

接下來的路程都很順利。他們很快就回到族人當中，並把所經歷的一切向領袖報告。

**攻下耶利哥**

約書亞得知耶利哥城人民都處於懼怕中，決定己方的大軍一旦過河就立刻進攻。

渡河出乎意料地容易。祭司們像往常一樣抬著約櫃走在軍隊前面，當他們抵達約旦河邊時，河水停止流動。祭司們抬著約櫃走到河中央站定，直到所有士兵都安全抵達對岸。幾分鐘之後，河水重新流動，一切如舊。猶太人終於回到他們祖先居住過的家鄉。

短途行進之後，軍隊在吉甲附近的村落停了下來。這天是逾越節。

自從在西奈大沙漠中度過第一個神聖的節日以來，過去三十年[26]可說是一言難盡。他們有理由感謝上帝恩待他們。

不過還有很多事等著完成。在士兵們歡慶節日的這片原野另一頭，坐落著耶利哥城。不經過長期圍城，似乎不可能攻下這樣一座城市。

向來行事謹慎的約書亞，知道靠自己的力量是辦不到的。他禱告。

他懇求耶和華幫助他。耶和華派了天使來告訴這位猶太將領該怎麼做。

接下來，連續六天，軍隊每天早晨都繞著耶利哥城牆緩慢肅穆地行軍。

走在隊伍最前面的是七個祭司。他們肩上高抬著約櫃，一邊走，一邊吹著用公羊犄角做成的號角。

到了第七天，他們繞城走了七圈。

突然間，他們全部停下腳步。

祭司拚命吹響號角，額頭的血管幾乎都要爆了，所有的士兵全都大聲高喊讚美上帝的話。

26 按《聖經》記載，以色列人在曠野漂流四十年而非三十年。

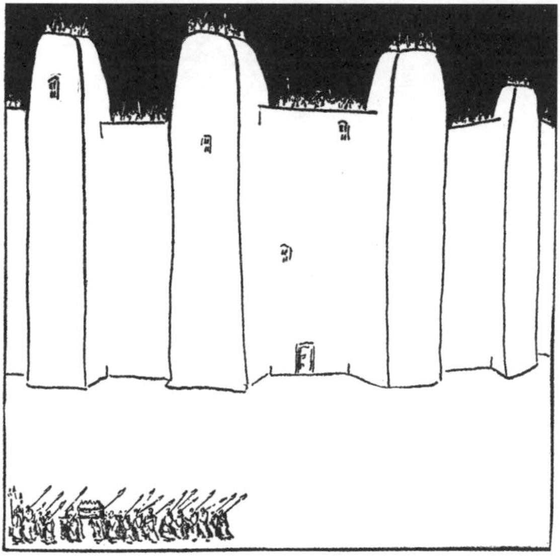

猶太人的軍隊圍繞著耶利哥的城牆行軍。

耶利哥的城牆倒塌。

那一刻，耶和華實踐了祂的應許。

耶利哥的城牆就像春天第一道熾熱陽光下融化的雪，轟然倒塌。

這座雄偉的城市落到了猶太人的手中。

除了喇合並其親友，猶太人殺了城中所有居民和一切有氣息的牲畜，無論男女老少，雞犬牛羊。然後他們占領廢墟，為下一仗做準備。此時，從他們所在之處一直到地中海，其間的土地似乎都已成為他們的囊中之物

## 艾城之戰

但是，唉！約書亞陣營裡也不是諸事順遂。這場起頭順利的遠征，突然面臨失敗的威脅。就在進攻之前，約書亞下過幾道最後的指令，明確禁止士兵夾帶私藏任何的戰利品，所有一切必須上呈到會幕。

大部分人都遵守了這些命令，但有個猶大部族的士兵名叫亞干，私下偷了幾百個金幣銀幣和一些衣服，藏在自己帳篷下。

約書亞當然不可能知道這件事。他繼續往西前進，滿心期待耶和華會繼續賜給他勝利。與耶利哥相鄰的艾城百姓雖然對耶利哥城剛發生的事懼怕不已，卻未投降。猶太人一進攻，他們立刻突圍，並打亂了進攻者的陣腳，進攻者不得不狼狽撤退，而且傷亡慘重。

約書亞於是明白，必定有人沒遵守命令。他召集了潰敗後所有倖存的士兵，告訴他們自己的懷疑，要求那位有罪之人自己認錯，以免連累他人。然而，本該上前自首的亞干卻未出聲，只暗暗希望自己能躲過這場麻煩。

等了一陣子後，眼看沒有人願意主動認罪，約書亞決定用抽籤來找出這個賊。抽籤的結果抽出了亞干，他被迫說出自己將所偷的東西藏在何處。那些金銀和衣服被搜出來扔進火裡。等東西燒掉之後，士兵們轉向亞干，殺了他。

此後有很長一段時間，亞割谷一直堆放著一小堆石頭[27]，提醒過路者第一個違背耶和華律法的猶太士兵的下場。

艾城的百姓看見了耶利哥城的命運。

約書亞撤回軍隊，然後對這個蔑視他們的城市制訂新的進攻計畫。

他將軍隊分成兩路。一路由三萬人組成，趁夜埋伏在艾城後方的伯特利山上。隨後，又有五千人來加入他們。

約書亞領著另一路五千人，大膽朝艾城的城門邁進。當守城的士兵看見這一小群猶太士兵，以為他們是幾天前被打敗的殘餘兵力。

他們放聲大笑，紛紛離開城牆要塞，打算到更易於殺敵的空曠處嚴懲這群不知死活之輩。

27 按《聖經》記載，亞干被帶到亞割谷，以色列眾人拿石頭打死他，並在他的屍體上堆了一個石堆。

不過約書亞沒待在原地等他們。他率領士兵朝山嶺奔去。這時艾城的人將臨敵的謹慎拋得一乾二淨。他們拚命狂追，不久便發現自己來到一個狹窄的山谷。約書亞在谷中停了下來。

他揮動頂端綁著布條的長矛，向埋伏在西邊山上的伏兵示意。他們衝出埋伏的壕溝，從後方攻擊艾城人。這些遭到前後夾擊的異教徒全數落在猶太人手裡。

幾個小時後，他們全部遭到殲滅。猶太人不費吹灰之力便占領了艾城，因為艾城的門還大開著。

艾城人的命運如同耶利哥城的百姓一樣，無論男女老少，悉數被殺，整座城被放火燒毀。那天晚上，迦南上空通紅的火光再次訴說了這支新入侵者的到來和勝利。他們宣告迦南為他們所有，膽敢不聽命令違抗者都將遭到毫不留情的對待。

## 逃過死亡命運的基遍人

迦南有幾個城懷抱著恐懼，試圖運用策略逃脫自己的厄運。

其中一個幾乎成功了。那就是基遍城。

基遍人爭論說：「猶太人要來這裡永久定居。他們太強大了，我們打不過他們。我們應該盡力和他們達成協議。他們很快就會變成我們的鄰居。假使我們能讓他們相信基遍遠在千里之外，他們或許會和我們立約。如此一來，他們永遠不會發現我們的村就在大道邊上。」

這推斷很聰明，而且起初很成功。一天傍晚，一群基遍城的代表來到猶太人的營地，求見約書亞。

這群可憐的傢伙看起來精疲力竭，幾乎連路都走不動了。他們一身塵泥，似乎因為缺水而疲憊不堪，身上只帶著一點食物，還都發霉了。他們解釋，為了前來猶太人的營地，他們跋涉了許多日子，以致於食物都壞了。

約書亞信了他們所說的故事。

他問他們從哪裡來，這些人回答從基遍來，說基遍離猶太人的營地非常遙遠，他們幾個代表差點死在路上云云。

然後他們告訴這位猶太統帥，自己的同胞希望和新來者和平相處，盼能簽定友好條約。他們一再指出，要和居住在千里之外的人和平相處是很容易的事。

這些話聽起來很合情理，於是約書亞上當了。等他發覺基遍城就在他預定行進的路線上，為時已晚，他已經答應放基遍人一條生路，神聖的承諾是不能收回的。但是他在憤怒中譴責基遍人，罰他們永世做猶太人的奴隸。

基遍人佯裝疲憊不堪來見約書亞。

從此，基遍人和其子女雖然逃過一死，卻變成為猶太人劈柴挑水的僕役，而且永遠沒有報償。這是個悲慘的命運，但隨後聽見發生何事的其他迦南部族，命運更悲慘。

## 成為迦南地的主人

其他部族並非懦夫，為了保衛自己都不惜一戰。

耶利哥和艾城都遭摧毀，一個強大的城市，一個可以一起作戰自衛的盟國，如今不發一箭一矢就投降，真是太可恥了。基遍這種行為必須嚴懲，以免其他城群起效尤。

在耶路撒冷王亞多尼洗德的率領下，五位國王很快締結盟約，互相承諾共同抵抗猶太人，以及那些接受猶太人統治的部族。他們集合兵力，朝基遍進軍，準備懲罰這座城市的背叛行為。

腹背受敵的基遍人派使者去見約書亞，向他求援。

五位國王被囚禁在山洞中。

約書亞知道這是關鍵的一戰。他以急行軍的方式，在敵方盟軍尚未察覺之前，已來到基遍附近。他想要攻其不備，未料戰爭根本沒打成，因為五王的軍隊聞風而逃，五位國王則自行設法躲入一座山洞，希望追趕的猶太人在匆忙中會錯過他們。

但是，他們被發現了。

猶太人立刻滾來幾塊大石堵住洞口。如此一來，山洞變成了監牢，約書亞的大軍繼續追趕敵人，等忙完再來處置這五位國王。

不過，敵方聯軍也趁此重整士氣。他們也明白，這是他們為自由和獨立的最後一場大戰。他們停下來不再逃，誓死反擊。如果他們能再撐過幾小時，就能在夜色保護之下逃過追擊。約書亞必須速戰速決，取得勝利，以免功虧一簣。他再次呼求耶和華的幫助。耶和華立刻命令太陽在基遍上空靜止不動，命令月亮停在亞雅崙谷。

就這樣，明亮的白晝又持續了十二小時。猶太軍隊能夠繼續攻擊，並取得了勝利。當太陽終於下山，以色列的子民已經成為整個迦南地的主人。

即便如此，他們也未休息。他們返回監禁敵方聯盟領袖的山洞，擒住並處死耶路撒冷王、希伯崙王、耶末王、拉吉王、伊磯倫王。迦南地區其他三十幾個統治者看到猶太人的殺雞儆猴後，不久就按照約書亞開出的條件紛紛投降了。

## 回歸祖先單純的生活方式

就這樣，約書亞志得意滿。

約書亞在位於示劍和吉甲之間的示羅搭建了會幕，期許那城成為新建立的猶太國的屬靈中心。

至於征服得來的土地，則由各宗族部族均分。他們曾在沙漠中患難與共，他們的英勇和堅忍，如今應當同得獎賞。

就這樣，猶太人終於覓得自己的家園。經過數百年城市生活和沙漠中彷彿永無止境的跋涉後，正如摩西所盼望的，他們終於回歸祖先單純的生活方式。

太陽靜止不動。

他們不再被迫居住在埃及城鎮的貧民窟裡。他們再次成為牧羊人。每個人都擁有一小塊自己的地，每個家庭都擁有一間房子做為保護家人的城堡。過去世世代代以來各自散居的部族，如今屬於一個強大的國家。他們認可一個共同的理想，都敬拜天地的主宰耶和華。祂領他們脫離了奴役，建立一個自由、獨立的強大國家。

舊約時期的迦南
先知的故鄉
地中海
西頓
腓尼基
亞蘭
大馬士革
何曼山
推羅
巴珊
拿弗他利
亞設
西布倫
加利利湖
迦密山
耶斯列谷
以薩迦
米吉多
伯珊
瑪拿西
瑪拿西
基列雅比
以色列（王國）
提比斯
撒瑪利亞城
約旦河
示劍
迦得
以法蓮
但族
便雅憫
示羅
亞捫
伯特利
耶利哥
基色
基比亞
耶路撒冷
伯利恆
非利士
亞實基倫
東部沙漠
拉吉
希伯崙
死海
流便
迦薩城
猶大（王國）
猶大（部族）
摩押
別是巴
西緬
亞瑪力
曠野
以東
舊約時期的近東地區
西臺
亞述
哈蘭
尼尼微
底格里斯河
幼發拉底河
地中海
波斯
大馬士革
以攔
西奈
巴比倫城
埃及

# 09 征服迦南

猶太人在幾位精力充沛的領袖的帶領下，
終於在原本屬於迦南人的領土上建立了猶太國。

迦南地被征服了。原來的居民若不是被殺，就是被迫淪為奴隸。但是猶太人要成為巴勒斯坦——也就是我們今日所說地中海沿岸的西亞地區——全境認可的主人，還有很多事要做。

年老的約書亞壽終正寢，安然去世。猶太眾部族為他舉行了莊重的葬禮，隨後，他們決定不指定繼承人。

如今戰爭已經結束，似乎沒有必要設立統帥一職。無論何時，若有什麼需要，示羅的大祭司會解釋耶和華的律法，這點無庸置疑。同時，選舉新的軍事領袖只會挑起各大望族之間的宿怨。此外，過去數年來戰事頻頻，此時眾人只想遠離所有與軍事相關的事。他們夢想和平的生活，只談論農事耕作。

不過他們很快就意識到，在眾敵環伺之下，一個新興國家若連名義上的領袖都沒有，恐怕很難生存。

對摩西和約書亞訓練有素的軍隊而言，要擊敗迦南那些小王輕而易舉，但西部邊界另一頭

猶太人懼怕亞衲人的堡壘。

的美索不達米亞谷地裡盤據著幾個強大統治者，其中的巴比倫王從一開始就嚴重威脅著年輕的猶太國的安全。

當巴比倫王進軍迦南，攻占了幾個偏遠的外圍地區後，猶太人被迫重新審視自己原來的決定。他們不太願意把自己的國家轉變成正規的王國，但他們心照不宣地支持他們稱為「士師」的單一領袖的絕對權威。（兩、三百年後，士師的權力大增，從這個擁有大權的職位逐漸演變出猶太王國，你們在接下來的篇章會更瞭解此事。）

## 士師俄陀聶和以笏

第一位士師名叫俄陀聶。他因為率軍攻下亞衲族巨人的首都基列西弗城而揚名。正是這些身高力大的亞衲族巨人，讓摩西率領的上一代猶太人畏懼不已，但如今他們若不是全已死亡，就是人數銳減，就像我們的印地安人一樣，無法構成威脅了。俄陀聶還有另一件榮耀之事，那就是娶了迦勒的女兒為妻。四十年前，到以實各谷為摩西打探敵情的，正是迦勒和約書亞。

俄陀聶將巴比倫軍隊成功逐出猶太人的領土，隨後三十年，他是這個國家的無冕之王。

俄陀聶去世後，猶太人又陷入對上帝置若罔聞的舊習。他們娶異教鄰居的女兒為妻，也從少數倖存的迦南原住民中物色妻子。這種婚姻中誕生的孩子，傾向學習母親的語言和崇拜母親

亞衲族巨人的墳墓。

那邊的神靈。總之，猶太人忘記了耶和華曾是他們在困苦流離時的領導者，若沒有祂，他們不過是一支閃族的小部落，完全得聽那些強大鄰國的擺布。

結果，他們很快就失去了身為命運共同體的感覺，而這是摩西民族復興大計中首要且最重要的一點。他們開始互相爭吵。當這種內部失和的消息傳到虎視眈眈的鄰邦耳裡，摩押人、亞捫人以及更令人懼怕的亞瑪力人便結為同盟，在短時間內便奪回了幾年前被約書亞攻占的土地。

猶太軍隊遭擊敗後，接著就是新的遭人奴役時期，前後持續了將近二十年。這段期間，希伯來各部族承認摩押王伊磯倫為他們的主人。

後來，是便雅憫部族中一個名叫以笏的人，將人們從奴役中拯救出來。以笏是個左撇子，這給他帶來意想不到的好處。他將匕首藏在斗篷下身體右側。伊磯倫的護衛當然不會搜查右邊，因為一般人不會把刀藏在右側。

一切準備妥當後，以笏求見伊磯倫，說自己帶來一些祕密消息，必須單獨稟報陛下。伊磯倫就像所有東方暴君一樣多疑，他預期自己會聽到即將發生的叛亂消息，於是遣退身邊所有的人。房門才一關上，以笏便拔出匕首。伊磯倫從王座上一躍而起，試圖自衛，但太遲了。以笏匕首刺中伊磯倫的心臟，伊磯倫倒地身亡。

這件事成為猶太人大舉起義對抗摩押人的信號。摩押人被趕走之後，猶太人為了肯定以笏的功勞，推選他為以色列的士師，他們再次享有一段和平並相對獨立的短暫時光。

## 與非利士人的爭戰

此後，士師一個接一個，迅速更替。不變的是，他們都是性格強悍之人，多半終其一生都在邊境與異教徒作戰。如果探險家約翰·史密斯[28]和丹尼爾·布恩[29]生在那個時代，我敢肯定，他們也會名列偉大的猶太士師當中。

很不幸的，邊境戰爭往往非常殘酷。只要非利士人燒毀一座希伯來村莊，猶太人就會摧毀兩座非利士村莊做為報復。接下來，非利士人會認為自己有責任洗劫三座猶太村莊，而猶太人為了報復，會更進一步掠奪四座非利士村莊。這樣的相互廝殺沒完沒了，其間也做不成重要的事。

非利士人在非利士（或稱巴勒斯坦）登陸。

28 約翰·史密斯（John Smith, 1580~1631），英國探險家，在北美洲建立第一個英屬永久殖民地詹姆斯鎮（Jamestown），位於今維吉尼亞州。

29 丹尼爾·布恩（Daniel Boone, 1734~1820），美國著名拓荒者與探險家。一七七五年，布恩通過坎伯蘭峽（Cumberland Gap），打開荒野之路（Wilderness Road），建立美國位於阿帕拉契山區西部第一批居地。布恩的拓荒與探險經歷，讓他成為美國的民間傳說英雄。

然而，幾乎每個國家在開疆拓土的初期，都經歷過這種流血的痛苦。因此，譴責猶太人犯了我們所有祖先都犯過的罪行，未免愚蠢，因為這不是某個民族所特有的。

我們對《舊約》的研究極其仔細，所以我們對猶太人歷史的瞭解，比對巴比倫人、亞述人或西臺人歷史的瞭解更多。主要的差別就在這裡。其他這些西亞居民，肯定比他們的希伯來鄰居好不到哪裡。說完這點題外話，我們繼續回到《聖經》的記載。

隨著時間的推移，邊境戰爭愈演愈烈，甚至連婦女都被動員參戰。迦南地區的小城已經不再是威脅。它們一個接一個遭到征服和摧毀。不過，有個敵人一如既往，依然危險又充滿威脅，那就是非利士。

接下來的章節，我們會一直提到非利士人。非利士人和猶太人及其他西亞居民不同，他們不屬於閃族。

猶太人和非利士人之間的邊界。

他們是克里特人，在著名古城克諾索斯被毀之後，他們離開了自己國家所在的島嶼。在將近千年的歷史當中，克諾索斯一直是世界文明的中心。

那座古城如何被毀，為什麼被毀，以及被誰所毀，我們都不知道。我們只知道這場悲劇的倖存者經由海上逃離。起初，他們嘗試在尼羅河三角洲定居，但埃及人把他們驅離了。

於是他們沿著亞洲的海岸向西航行，最後占領了地中海和猶大地西部丘陵區之間的一塊狹長地帶，而這塊地方不久之前剛被約書亞征服。

當然，猶太部族想要擁有幾個自己的海港，非利士人則想把從沿海到約旦河之間的所有土地據為己有。困在內陸的猶太人和善於航海的鄰居非利士人之間，因而引發了接連不斷的戰爭。但是，由於克里特人在治國方略（和兵法作戰）都遙遙領先他們的亞洲鄰國，因此，粗魯不文的以色列部族想戰勝敵人非利士（又稱非利士納，或我們如今說的巴勒斯坦），是不可能的事。

《舊約》所記載的八百年來的衝突中，許多最著名的戰役都發生在這兩個地中海沿岸的強大爭奪者之間，幾乎每次戰役都是這些出身克里特的人獲勝，因為他們擁有銅盾、鐵劍和鐵甲戰車（一種古代的坦克車），而猶太人的木盾、石矢和彈弓只能讓他們免於大敗。

不過，有幾次希伯來人意識到他們是在為耶和華而戰，這時他們就會獲勝。其中一場勝利發生在女先知底波拉的時代。

## 底波拉和雅億

士師珊迦剛去世，耶賓王的軍兵立刻跨過邊界，偷牛、殺人、擄奪婦女和孩童。這些攻擊喚起復仇的念頭，但是誰來領導猶太人？

指揮耶賓軍隊的是一個名叫西西拉的外國人，似乎是到北方來拓展事業的埃及人。他就像所有的職業軍人，精通當時最新的戰術，並建立了一支專門用馬拉動的鐵甲戰車軍隊。這支軍隊勢如破竹，輕易衝破了猶太人的戰線。據說，西西拉擁有不下九百輛的戰車，這數字或許有幾分誇大，但這個埃及人確實強大到足以完全摧毀年輕的猶太國，以致於約旦河谷地和兩岸山

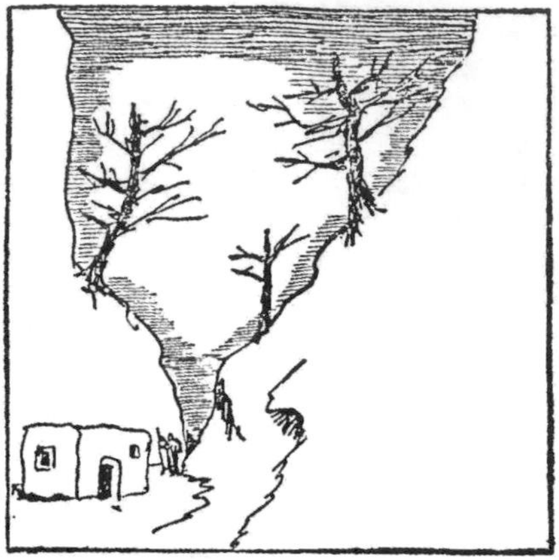

女先知底波拉孤立的房子。

區的居民都陷入了巨大的恐懼之中。

那時，伯特利的村莊附近住著一位名叫底波拉的女子。

她享有奇特的恩賜，也就是約瑟幼年時得以成名的天賦。她能預測未來。

無怪乎整個西亞地區的人，無論旅行、出征、開業或結婚，都會先來找她求問一番。

於是，猶太人來找她，求她出謀策畫。幸好底波拉是個有膽識的女子，她沒有建議同胞投降，相反的，她要他們出戰。

她傳話給拿弗他利部族，請他們當中一個叫巴拉的人來見她。巴拉是個在當地頗有名氣的軍人，但是當底波拉告訴他大膽進軍對抗西西拉時，他卻遲疑說：「我們的軍隊根本抵擋不住他們那些鐵甲戰車，一定會大敗的。」

底波拉回答，只要猶太人採取反攻，耶和華必與他們同在，並且會讓敵人看不見他們，但巴拉腦子裡滿是那九百輛鐵甲戰車，因此婉拒了擔任猶太人統帥的榮譽。

絕望之下，底波拉提議，如果她的陪同能讓巴拉有勇氣的話，她就和他一起上戰場。她同時也警告他，如此一來，即將到來的勝利將屬於一個女人，而不是他。巴拉終於同意出兵，下令他的軍隊離開安全的他泊山要塞。

西西拉在耶斯列平原上將鐵甲戰車一字排開，攻擊從山丘上下來的猶太人。但是，耶和華與猶太人同在。耶賓的軍隊絕望苦戰，卻注定要被摧毀。只有少數殘兵逃跑，就連趾高氣昂的西西拉也被迫拋下戰車，徒步逃命。

西西拉朝西逃，但他不習慣這平常少做的運動，很快就疲憊不堪。他看見路邊有一間房子，進去討東西吃。

那是基尼人希伯的家。

希伯不在，但他的妻子雅億在家。

她聽說了這場戰鬥，知道面前這個人必是西西拉，因為他看起來像外國人，頭戴黃金頭盔，而且指使她這個女人就像一個慣於發號施令的人。因此，雅億給這位不受歡迎的客人一些東西吃喝，見這人顯然精疲力竭，便告訴他可以躺在地毯上休息。同時她還保證，她會幫他把風，如果有猶太士兵來到附近，她會叫醒他讓他逃跑。

西西拉相信雅億說的每一句話，不一會兒就睡著了。

於是，雅億拿起一根大長釘（當時這種長釘是用來當作釘帳篷的樁），朝西西拉的眼睛扎下，將這敵人殺死在自家地板上。然後她跑到巴拉的士兵那裡，自豪地將自己的壯舉告訴他們。

故事到此告一段落。耶賓失去他信賴的將領，被迫與猶太人言和。猶太人再次獲得自由，他們為雅億和底波拉的貢獻感到無比高興，並給她們極高的榮譽。

## 巴力神壇的摧毀者——基甸

不幸的是，這種相對安寧的時期，似乎對猶太人整體的精神信仰非常不利。摩西曾經制訂好一切規矩，要求他們時刻警醒敬拜耶和華。不過，當我們生活舒適，對整個廣大的外界毫不在意，只關心怎麼花錢能更爽快時，要對精神上的信仰繼續保持興趣就不容易了。

擊敗西西拉後，緊接而來的一連串故事讓我們清楚看見，那位在飛沙走石中帶領他們的偉大上帝已完全被遺忘，年輕一代的猶太人蔑視祂的律法，只知吃喝玩耍，找樂子度日，根本不去想明天的問題。

就拿米迦令人厭惡的故事當作例子好了。米迦是以法蓮村一個富裕寡婦的獨子，他偷了母親的銀錢，母親發現後不但原諒他，還把銀子拿去熔了，造一尊偶像送給寶貝兒子當禮物。

米迦很喜歡這個銀閃閃的玩意，他在自己家中建了一個小神堂，還雇了一個利未人（世世代代擔任真正會幕的守護者）來當他私人的祭司，為他主持祭祀，這樣他想拜神的時候就不用出門去教堂了。

所有這一切作法都嚴重觸犯了上帝啟示摩西的古老律法。

米迦修建了一座神堂來供奉偶像。

就連當時對信仰不怎麼虔誠的猶太人都大感震驚。

但是米迦有錢，他為所欲為。

不過，有一天，幾個為了幫自己的牛找尋新牧場而往西走的但族人闖進米迦的家。他們偷走米迦的神像，帶回自己的村子。

至於原本應擔任米迦的祭司的利未人，在神像被盜之後就跑了，跑到盜他主人神像的人那裡繼續效勞。

耶和華當然有理由感到生氣，並且很快就顯示了祂的憤怒。

祂派米甸人侵擾以色列人的領土。每年夏天，米甸人頻頻來偷猶太人地裡的大麥和穀子。他們在猶太村莊散布恐慌，以致於猶太人一看見米甸匪幫出現，就逃往山上的山洞裡躲藏，並且躲上一整個冬天。最後，他們因為無比絕望，甚至連莊稼都不種了。於是，猶太之地很快就鬧起饑荒，人們開始餓死。

基甸搗毀巴力的神壇。

只有零星幾個猶太人仍在耕種，其中包括基甸的父親約阿施。約阿施自己不怎麼信奉本國的律法，他也敬拜當地原居民信奉的異國神明。但是，他的兒子基甸依舊忠於古老的信條，而且和底波拉、約瑟一樣也有預言能力。

當他父親約阿施為巴力[30]建立祭壇，年少的基甸（夢見有個天使讓一塊岩石吞了他擺在岩石前的食物，因而有了勇氣）在半夜起來，拆了那個醜陋的舊偶像祭壇，並在同一地點建了一座為耶和華獻祭的祭壇。

到了早晨，約阿施居住的村子裡的人發現被搗毀的石壇，弄清楚發生了什麼事，跑到約阿施家大聲叫喊，要約阿施懲罰兒子褻瀆神明的惡行。

30 巴力（Baal），古代迦南等地區的生育之神。

幸好，約阿施還算頭腦清楚。他說，如果巴力像大家所說那樣神通廣大，肯定會因為基甸所做的事殺了他。不過基甸繼續活得開開心心的，幾個星期後，鄰人見什麼事也沒發生，於是改變了想法。就這樣，基甸成為眾所周知的耶路巴力（意思是巴力神壇的摧毀者），一個受人歡迎的英雄，名聲傳到其他許多城市。

## 基甸突襲米甸人

後來，當米甸人的攻擊日益大膽，猶太人不得不起而反抗，否則就要全體滅亡。這時，基甸自然而然被猶太人推舉為領袖。他在古老的耶斯列平原上召集了一支隊伍，設法將他們訓練成可以打仗的軍隊。然而，他的這支軍隊士氣很差，他們對戰爭不感興趣，而且貪生怕死，只想回到溫暖舒適的山洞，就算挨餓也不想勞動身體。

當基甸公開問他們是否想回家，大部分人都喊道：「對，愈快愈好！」

他讓他們回家，只留下幾千個看似可靠的人，但連這些人他也信不過。他求耶和華給他一個證據，當作贊成他行動的依據。他將一些羊毛放在自己的帳篷外，隔天早晨，他拿起羊毛，整團羊毛都被露水濕透了，但羊毛底下和周圍的草地卻全是乾的。這表示，在接下來的戰鬥中，耶和華將與基甸同在，他可以按照自己的計畫行動。

基甸的人馬發動攻擊。

猶太人看著米甸人離開自己的家。

於是，基甸帶領士兵長途遠征。當眾人都很累時，他把他們帶到河邊。在這數千人中，只有三百人有足夠的作戰知識，他們用手捧起水來喝，並觀察河對岸的情勢，其他人什麼都不管，就只是（像許多乾渴的動物）彎下身子從河裡舔水猛喝。

基甸留下這三百人，其餘的都解散，因為他們在面臨戰鬥時只會添麻煩。

隨後，這三百個忠信之士接受了指示。

基甸配給他們每人一個公羊角號角和一束火把。火把藏在陶罐裡，這樣火光就不會被敵人發現。

午夜時分，基甸率領這三百人對米甸人發動攻擊。

他們一邊奔跑，一邊吹響號角，然後依照信號打破陶罐。眾多火把突然發出的光照得米甸人睜不開眼睛，他們陷入恐慌（東方人經常發生這樣的情況），接著四處潰逃。戰場上留下數千傷亡的人。

至於基甸，他被猶太人公認是無冕之王，並且擔任他們的士師許多年。

## 內憂外患不斷

基甸死後，麻煩更多了。基甸結過幾次婚，留下一個大家庭。他才剛下葬，兒子們就開始爭吵由誰繼承父位。他們當中名叫亞比米勒的兒子非常具有野心，他想當所有猶太人的王，也認為自己有這個資格。這樣的年輕人在熟識者當中很難獲得賞識，因此，亞比米勒離家前往示劍的村莊，那是他母親的老家。他在示劍開始密謀奪位。他沒有資金，但示劍人明白，如果他奪位成功，他們將有利可圖，因此他們借錢給他。亞比米勒拿這筆錢雇了幾個職業殺手，要他們去謀殺他的親兄弟。

基甸所有兒子在一夜之間全部被殺，只有最小的約坦逃過一劫。

約坦逃到山裡躲藏起來。

示劍人擁護亞比米勒成王，並大肆慶祝。

隨後四年，亞比米勒和他的得力助手西布勒鞏固了自己的統治，並強迫其他村莊和城市承認他們的統治。他們偶爾會聽到約坦的消息。那男孩經常出其不意出現在市集，譴責他邪惡的哥哥。不過，亞比米勒一點也不在乎。約坦身無分文，又沒有追隨者，他對這個嗜殺的兄長的劇烈譴責，純粹是白費口舌。那些說詞只會逗樂群眾而已。

然而，亞比米勒在示劍的光彩日子沒有持續很久。他是個自以為是的蠢才，臣民很快就對他感到不滿。有個名叫迦勒的人起來領導叛變。在接下來的戰鬥中，亞比米勒和西布勒取得勝利，迦勒和同伴被逼進一座高聳石塔中。

亞比米勒攻不下這座要塞，便派兵去森林中伐木取柴，在塔下將木柴堆成一大垛，放火將迦勒及

亞比米勒火燒示劍的高塔。

其跟隨者全部燒死。

幾年後，提備斯城又有一樁起義的事。亞比米勒再次擊敗叛軍，他的敵人又躲進了塔裡。然而，當亞比米勒傲慢地走上前，準備點燃那個火葬敵人的柴堆，打算像上次在示劍一樣把他們全都活活燒死時，有個女人從塔的高處探出身子，朝他扔了一塊石頭。石頭打斷了他的背脊，愚蠢的亞比米勒不願死於婦人之手，命令一個手下在他傷重身亡前先結束他的性命。

之後的一小段時間裡，所有想聯合以色列各部族成為一個王國的努力，都以失敗告終，但邊境的戰爭和部族內部的衝突卻愈演愈烈。首先是米甸人威脅要征服約旦河兩岸所有的土地。幾年之後，亞捫人也想這麼做。

亞捫人掠奪和燒毀了許多猶太人的村莊，猶太人不得不長期擱置自己內部的紛爭，一起打擊共同的敵人。他們推舉瑪拿西部族的耶弗他為統帥。耶弗他是個敬畏上帝的人，不久，亞捫的勢力就被攻破了。

## 耶弗他屠殺四萬以法蓮人

不過，就在猶太人取得勝利的時刻，各部族間又舊怨重提，並且變本加厲。有些士兵指控其他人（來自以法蓮部族的士兵）沒有盡忠職守。很不幸的，以法蓮人在敵人開始撤退時才抵達戰場參戰，儘管對此感到抱歉，卻也無能為力，因為他們必須大老遠從河對岸過來，路途遙遠。然而耶弗他是個偏執狂，他既不接受道歉，也不聽解釋。

他派兵把守所有約旦河的渡口，下令不許任何人通過。

然後，他將所有疑似屬於這個不忠部族的人全部聚集起來。要從這群人當中查出哪些是以

以法蓮人被要求說「示播列」這個詞。

耶弗他回到家，遇見前來迎接的女兒。

法蓮人很簡單，因為以法蓮部族的人無法流利發出「示」這個音，他們會把希伯來語的「示播列」（意思是「河流」）說成「西播列」。只要看起來像以法蓮部族的就要他說「示播列」，如果他說出來的是「西播列」，就把他吊死。

就這樣，按《舊約》記載，被處死的以法蓮人有四萬。處理完這件事之後，耶弗他騎馬回家。他曾在擊敗亞捫人之前對耶和華發誓，只要戰勝，他就把回到家第一個遇見的生靈拿來獻祭。他當時想的大概是他的愛犬或馬，但不幸的是，第一個奔出來迎接他的是他的獨生愛女。

耶弗他守住了誓言。

他將女兒殺了獻在耶和華的祭壇上做為燔祭，以色列再次恢復了和平。[31]

## 參孫娶親未成

故事至此變得單調乏味。沒多久，非利士人和猶太人再次交手。

這次的戰鬥比過往都殘忍，整個猶太人的聚落都被夷為平地。

接著，猶太的民族大英雄參孫出現了。他像海克力斯[32]一樣強壯，像羅蘭[33]一樣勇敢，但是智謀比不上歷史上著名的偉大領袖。

參孫是瑪挪亞的兒子，從小就以雙臂力大無窮聞名。

他看上去不像和善之人。他從來不梳頭髮，鬍子長得亂七八糟[34]，很少換乾淨的衣服，但他的雙手就像一對鐵鎚，而且他從來不知道「危險」是什麼意思。

他給父母惹了許多麻煩。當他十八、九歲時，愛上了一個非利士女子，堅持要娶她為妻。當然，他的親友和所有鄰居都認為娶外國人的想法太可怕了。然而，參孫還是自顧自地前往亭拿迎娶他的新娘。

往西行的路上，參孫遭遇一隻獅子攻擊。他赤手空拳搏獅，雙手就像抓小貓一樣抓起獅子，把獅子打死，並把屍體扔進路旁的灌木叢裡。隨後，當他再次經過同一個地點，發現蜜蜂在死獅子嘴裡築了巢，忙碌地釀蜜。參孫取蜜吃了，然後繼續上路。

最後，他抵達新娘居住的村莊，當地人為這對新人辦了許多宴會。參孫在這種喜宴場合裡顯得笨手笨腳，遠不如在家鄉打仗來得靈活，但他還是盡力而為，設法扮演好快樂新郎的角色。

31 按〈士師記〉的記載，耶弗他獻女兒為祭在先（第十一章），聚集基列人殺以法蓮人在後（第十二章）。

32 海克力斯（Hercules），希臘神話中的大力士英雄。

33 羅蘭（Roland），法國英雄史詩作品《羅蘭之歌》（*La Chanson de Roland*）中的主角。

34 按〈士師記〉第十三章的記載，瑪挪亞的妻子遇見耶和華的天使對她說，你必懷孕生一個兒子，不可用剃頭刀剃他的頭，因為這孩子一出胎就歸神做拿細耳人。拿細耳人是古代希伯來人中一批經過潔身歸聖的人，他們不可剃髮，不可飲酒，不可觸摸屍體。

一天晚上，當所有賓客都在互相猜謎取樂，參孫也說了個自己的小故事當謎語。他還答應，誰猜中了，就送誰三十套衣服。大家猜了又猜，卻沒有人猜中。

參孫出的謎語是這樣的：「吃的從吃者出來，甜的從強者出來。這是什麼呢？」亭拿的人猜來猜去，都猜不出參孫的謎底。他們痛恨猶太人，不想在這個來自猶太敵國的粗野漢子面前顯得愚笨，因此他們去找參孫的新娘，說：「這人愛你，他會為你做任何事情。設法讓他把謎底告訴你。」

這女子不聰明，否則她能預測這麼做會有什麼後果。她天天在參孫面前哭，直到參孫受不了，生氣地說，謎底是那隻死獅子，牠的屍體成了其他動物的食物，牠的口變成了蜂窩。於是，得知答案的非利士人開心大笑。他們去找參孫，大喊道：「你的謎題很容易啊。我們當然知道答案，還有什麼比獅子更強壯？還有什麼比蜂蜜更甜？」

參孫知道自己被耍了。勃然大怒的他二話不說，離開喜宴，撇下新娘走了。

他去到亞實基倫城，在那裡遇到一群沒惹事的非利士人，他把他們全殺了，一共三十人。他脫了他們的衣服，拿去送給婚宴上猜中謎語的客人。然後他返回父母家，坐著生悶氣。

他深愛那個非利士姑娘，無法割捨對她的思念。最後他忍受不了分離之苦，回去找她，希望能重修舊好。

但是他來遲了。那姑娘在幾天之前嫁給同族另一個人。參孫發現自己被遺棄，自尊心十分受傷，決定要報復。

他進山裡捕了三百隻狐狸。

他把一對對狐狸的尾巴綁在一起，將火把捆在兩條尾巴中間，接著點燃火把，放牠們亂竄。

可憐的狐狸當然疼痛難當，在田野間四處奔跑，衝進立著的禾捆和尚未收割的麥地裡打滾，想撲滅火焰。

曬乾的禾稼全著了火。火焰接著蔓延到葡萄園和橄欖林，僅僅一夜，非利士的領地就被一把大火燒毀。

憤怒的非利士人做了一件蠢事。他們把自己的不幸全部怪罪參孫原本要娶的新娘，闖進她家，將姑娘和她父親都殺了。

參孫聽到噩耗後，召集所有支持他的人，侵入非利士的領地，殺了數百人。他這麼做只是為了開心。

那時，邊境地區正處於和平狀態，參孫私人的小戰鬥令猶大部族某些人非常不滿。他們就住在邊界地區，而且想和非利士鄰居維持友好關係。他們抓了參孫，綁起他的雙手，將他扛到非利士。他們不想承擔殺害同胞的罪名，因此決定讓非利士人殺參孫，自己當旁觀者就好。

當非利士人看見猶大的人押著犯人沿路走來，個個欣喜若狂。參孫靜靜等著，等他們幾乎圍困住他時，他掙脫繩索，撿起路旁一塊驢肥骨，衝進非利士人當中，左劈右砍，把他們全打死了。

從那時起，這位猶太大英雄的敵人知道，所有圖謀參孫性命的舉動都是白費力氣。

他們無法在公開的戰鬥中打敗他。

他們必須用陰謀手段來毀掉他。

不過，這看起來也非常困難。

但是，唉！參孫最大的敵人是他自己。

他總是不停跟這個那個女人談戀愛。一旦墜入情網，他便毫無顧忌，不計一切代價，寧可冒險犧牲國家安全，也要獲得自己的快樂。

## 大利拉計誘參孫

一天晚上，非利士人得知參孫要去迦薩城訪友。他們說：「這下我們可逮到他了！」他們關了城門，等到天亮。參孫回家路上必須經過這座城門，有五十個全副武裝的士兵守住門在等他。

參孫扛走城門。

參孫想必得知了這個計畫。他半夜起來，離開朋友家，把厚重的城門從絞鏈上拆下來，背在背上，一直從迦薩背到希伯崙山頂。他把城門立在那裡，當作對所有敵人的警告。

參孫顯然是打不倒的，即使猶太人不喜歡他的粗魯舉止，也不得不承認他有能力做他們的領袖。他們立參孫為士師，他統治以色列將近二十年。他本來可以帶著大力士和邊界戰士的盛名，在滿身榮耀中壽終正寢，但是他在年老的時候，再次愛上了一個非利士女子，這場戀愛為他招來了殺身之禍。

那女子名叫大利拉。她一點也不喜歡參孫，然而，她的族人威脅，她若不嫁給參孫，找出他不可思議的力量的來源，就要殺了她。

非利士人承諾，如果她出賣丈夫的祕密，就給她一千個非利士銀幣，但是如果她失敗了，（她被告知）他們將拿石頭打死她。

他們倆一結婚，大利拉就開始奉承參孫，誇他比所有男人都強壯。她說，有件事情她一直想知道，為什麼她聰明的丈夫有這麼寬的肩膀和如此強而有力的手臂？參孫只是笑，編了一個愚蠢的故事告訴她。他回答她，如果用七根未乾的青繩子捆住他，他的力量就會消失。

大利拉信了他的話。那天晚上參孫睡著後，她讓非利士鄰居進到家裡，用七根青色繩子捆綁她的丈夫。

他們弄出的動靜吵醒了參孫。他環顧四周，把敵人看了一遍，隨即掙斷青繩，繼續躺回去睡覺，那些非利士人早已落荒而逃。

日復一日，這樣的詭計反覆再三發生。參孫像個魯莽的年輕新郎，對於自己力量之源的問題，用各種荒誕的故事來哄騙大利拉。他似乎從中找到無窮的樂趣，而非利士人始終抓不住他。

如果參孫離開大利拉，對他會好得多，因為這女人關心自己的族人遠勝過自己的丈夫。可是參孫太愛她，離不開她。他一直待在大利拉身邊，當然，最後他被大利拉磨得失去了耐性。一天晚上，參孫對大利拉說了真話，如果他的頭髮被剃掉，他就會衰弱無力，無法自保。

大利拉贏得她那一千個銀幣。她找來非利士人。他們悄悄進入屋裡，而她在參孫熟睡時剪掉了他的頭髮。

她猛然叫醒她的丈夫。

「醒醒！」她喊道：「快醒醒！非利士人來了！」

參孫面帶笑容起身。這樣的叫喊他過去聽多了，每次只要怒目而視，敵人就像老鼠見了貓一樣四處逃竄。

唉！這次他的力氣消失了。他的兩條手臂垂在身側，軟弱無力。非利士人抓住他，剜了他雙眼，將他扔到迦薩的磨坊裡，為從前一聽到他的名字就會發抖的人磨玉米。

**參孫以死贖罪**

眼前永遠黑暗的參孫，終於有時間為自己的魯莽行為懺悔，與耶和華和好。

他的頭髮在囚禁期間又漸漸長了出來，但非利士人因為勝利而得意忘形，沒想到這個微不足道的細節。

參孫在磨坊推磨。

這天，天氣晴朗，非利士人為他們的神大袞[35]舉辦了盛大的慶祝宴會。

國內遠近各地的百姓都來到城裡參加慶祝會。

突然，有人想起磨坊裡那個猶太囚犯。「讓我們把他帶到這裡來。」那人喊道：「把他帶到這裡來！讓我們好好取樂。我們可以嘲笑那個老傢伙，我們可以朝他扔泥巴。他曾經殺了我們幾百個同胞，現在他的力量消失了，變得像小貓一樣無用。我們把他帶到這裡來吧！」

35 大袞（Dagon, 又做 Dagan），閃族的豐收之神，主要受古中東地區的人敬拜。

參孫之死

參孫被帶到神廟來，讓所有的非利士人都能看見他，隨心所欲辱罵他。

參孫聽見喧鬧吼叫聲，知道是怎麼回事。他求耶和華聽他最後一次祈禱，讓他恢復從前的力量，就算片刻也好。

他們讓參孫坐在神廟中央的一把椅子上，椅子就位於兩根支撐屋頂的巨大柱子之間。

參孫的手指慢慢摸到冰冷的石柱。

當群眾圍著他高興地瘋狂吼叫時，他用雙手抓住花崗岩石柱，猛然聳起寬厚的肩膀，用力向外推。

石柱被推倒，砸成碎塊。

屋頂坍塌下來。

神廟裡的人和屋頂上的人全部被砸死摔死。廢墟之下躺著一位英雄的殘軀，他以死贖罪，償清了年輕時所犯的愚蠢錯誤。

## 耶和華對撒母耳的啟示

就在這些引人注目的大事發生的同時，另外一些非常細微的影響也在發揮作用，將四分五裂的猶太部族轉變成一個真正的國家。猶太人民還是不願稱他們的統治者為國王，但士師的權力在穩定增加。事實上，若有人具有摩西或約書亞的人格力量，猶太人會很高興請他做他們的君王。

然而，參孫的繼承者以利是個軟弱的人。他的兩個兒子，非尼哈和何弗尼，個性更是卑鄙。他們從不把耶和華放在心上，只關心世間的享樂，並利用父親高高在上的權位做盡所有壞事。

該是一位非比尋常的領袖出現的時候了。當然，這人在合適的時機誕生。他就是著名的先知撒母耳。

撒母耳出生在一個叫做拉瑪的小村子，父親名叫以利加拿，母親名叫哈拿。

哈拿婚後多年始終沒有生育，她每年都到示羅的聖殿祈禱，希望上帝能賜給她一個兒子。當孩子出生，這位快樂的母親為他取名撒母耳。等撒母耳會走路後，她帶孩子來到示羅，請以利留他在聖殿裡做點事，好讓孩子能一直與耶和華同在。

以利喜歡這個聰明的小男孩。他已完全放棄那兩個沒出息的兒子，因此開始把小撒母耳當成繼承人來訓練。

一天晚上，當以利關上聖殿的門，他聽見有個聲音喊撒母耳。原本在長榻上睡著的孩子醒過來說：「主人請說，我在這裡，您有何吩咐？」

以利回答，他什麼都不需要，而且他也沒有喊撒母耳。

男孩再次躺下，但那聲音第二次喊他：「撒母耳！」

這事接連發生了三次。於是以利明白過來，是耶和華在說話。於是，他把撒母耳單獨留下。耶和華告訴男孩，以利的兩個兒子必因所犯的罪被處死，因為他們的邪惡行為恐怕會毀滅以色列所有人民。

隔天早晨，撒母耳把前一天夜裡獲得的啟示告訴以利。

這事很快就傳得人盡皆知。此後所有人都很敬重撒母耳，彼此口耳相傳，說這孩子長大必定會是個偉大的先知，說不定還會成為他們的領袖。

然而，還沒等到那天來臨，還是以利擔任士師的時候，非利士人再次來犯。

此時猶太人有個習慣，無論何時上戰場，都要抬著約櫃同行。以利當時既是士師又是大祭司，他命令兒子非尼哈和何弗尼把約櫃送到猶太人的營地。他們倆雖然觸犯了猶太人所有律法，令耶和華大為不悅，但還是聽從了父親的吩咐。若無耶和華的靈同在，約櫃只不過是個木頭盒子而已，當然無法在這種情況下消災解厄。戰爭的結果是希伯來軍隊大敗，不但以利的兩個兒子被殺，連約櫃都遭敵人劫走。當這不幸的消息傳來，以利長歎一聲倒地而死，撒母耳被選為士師，繼任以利的位置。

**約櫃歸來**

這是猶太人歷史上最悲慘的一天。

他們一路從埃及抬到迦南的至聖約櫃，此時擺進了非利士人新的神廟裡，這廟就建造在參孫推倒的古廟廢墟之上。約櫃雖然是個戰利品，卻依舊能夠影響國家的命運和人的生命。非利士人一將約櫃抬到大袞之前，他們的神像就像遭一雙無形的手拍落在地，摔得粉碎。

非利士人在極度恐懼中，把約櫃運到迦特，迦特的人隨即全都生了病。此後，可憐的非利士人厄運不斷。他們把約櫃從北運到南，從東運到西，但不管約櫃運到哪裡，災禍就跟到哪裡。最後，無比絕望的非利士人把約櫃裝滿金子，抬上一輛車，再在車前拴上兩頭牛，任牛拉著車子走向任何地方。他們只求牛把這可怕的咒詛拉離自己的國家。

無人駕馭的牛車往東而去。在一個美麗的早晨，幾個正在田裡勞動的猶太農民看見拉著約櫃的牛車停在路中間。他們匆忙築起祭壇，所有住在附近的人都紛紛趕來敬拜。稍後，他們將約櫃送到一個名叫亞比拿達的利未祭司家。約櫃一直停放在那裡，直到多年之後，大衛即位為王時，才運到耶路撒冷。大衛一直夢想要建造著名的聖殿，但最後由他的兒子所羅門完成。

約櫃歸來

約櫃的歸來，似乎預示著好日子即將到來。不過，人們愈來愈厭倦這種以士師統治為特色、形式鬆散的政府，因此他們去找撒母耳問，萬一他死了，他們該怎麼辦。撒母耳也有兩個兒子，但他們和非尼哈及何弗尼一樣糟糕，沒有人希望他們繼承父位。

撒母耳求耶和華告訴他該怎麼辦。

耶和華談到設立國王。祂厭倦了這些猶太信徒一再悖逆祂。長久以來，猶太人一直吵著要自己的國王。好吧，耶和華會讓他們如願以償。不過國王會要他們的兒子為他當兵，會要他們的女兒做他的僕婢，他會收取他們的穀物、油和酒來供養他的隨從，他還會從臣民擁有的財產中抽取十分之一的稅賦，會用鐵杖來統治他們。

當猶太各部族聽見這消息，他們其實很高興。他們的野心是成為一個可以和埃及、巴比倫及亞述的光榮抗衡的強大帝國。他們沒有考慮要付出的代價，等明白過來後也已為時太晚。當他們變成遠方城市的統治者的奴隸，不再是自由的農民和牧羊人時，他們才開始領會，他們要求耶和華取走自己的自由時所犧牲的是什麼。

# 10 路得的故事

路得的故事，向我們展現了巴勒斯坦人早期生活的樸素魅力。

上一章述說了在士師統治時期，以色列全境希伯來人各支派的故事，其中論及許多戰爭和殺戮。我們不得不描述眾多殘酷又可怕的事件。然而，猶太人的生活還有截然不同的另一面，這一面十分迷人。

現在我們就來說說這個故事。

伯利恆城裡住了一個名叫以利米勒的人，他的妻子名叫拿俄米，他們有兩個兒子，名叫基連和瑪倫。以利米勒原本生活寬裕，但是當伯利恆一帶鬧饑荒時，他失去了一切。以利米勒有個近親[36]名叫波阿斯，是個大財主。但以利米勒自尊心強，寧可帶著妻兒離鄉背井遷到摩押地重新開始，也不願伸手求援。

不久，以利米勒就開始辛苦操勞養家。不料，他突然過世，留下妻子照顧兩個兒子。這兩個兒子都很懂事，會幫忙母親勞作農事。他們長大後，娶了附近摩押村落裡的姑娘為妻[37]，也都指望在他鄉和善的異族當中度過一生。

然而，基連和瑪倫似乎遺傳了父親虛弱的體質，先後染上疾病，相繼去世。他們的母親拿

路得和拿俄米一同返鄉。

俄米悲痛萬分，決定返回故鄉，在她從小識得並說著她熟悉鄉音的族人當中度此餘生。

## 不捨與婆婆分離

拿俄米甚喜愛兩個兒媳婦，但平心而論，她不能要求兩個媳婦跟她走。拿俄米對她們實話實說，基連的遺孀俄珥巴同意婆婆所言，認為離開家鄉是不智之舉。她與拿俄米親吻話別，留在摩押地。

然而瑪倫的遺孀路得拒絕離開如今已經年邁、在世上又舉目無親的婆婆。她既嫁入以利米勒家，就必須為丈夫捨下自己的族人。她決定留在拿俄米身邊，認為這是自己的本分。她表示，沒有任何事物能使她與亡夫的母親分離，然後溫柔體貼地擁抱了婆婆。

於是，這兩個女人一同跋涉回到伯利恆。

36 由於年代久遠資料太少不可考，猶太人自己也說不清楚〈路得記〉中幾位主要人物的確切親屬關係。在猶太教對律法和倫理進行通俗闡述的宗教文獻《米德拉什》中，對拿俄米和其家族的族譜細節有些補充。按照 BT（Bava Batra 91a）的記載，以利米勒、撒門（波阿斯的父親）、不知名的買贖者，以及拿俄米的父親，四個人是兄弟，都是拿順的兒子、亞米拿達的孫子（這都記載在《聖經》〈路得記〉的最後）。換句話說，以利米勒不單是拿俄米的丈夫，還是拿俄米和波阿斯的叔叔。但根據其他的《聖經》解釋資料，以利米勒又是波阿斯的兄弟（Ruth Rabbah 6:6）或堂兄弟（Ruth Zuta 2:1）。

37 按照摩西律法的規定，猶太人不可與異族通婚。

當然，她們二人一貧如洗，連買餅[38]吃的錢都沒有。但多年以前，律法頒布者[39]摩西很有智慧，他瞭解那些境況困難的人有時會遭受饑餓之苦，於是定下命令，收割時落在地上的麥穗當留給窮人拾取。農民有權收穫田中一切穀物，但在收割過程中，沒有土地的人根據上帝所賜的權利，可前來拾取少數掉落在田間的麥穗。

**拾穗奉養婆婆**

當拿俄米和路得回到伯利恆時，正是收割大麥的時候。以利米勒的近親波阿斯和其僕人正在田間忙碌收割，而路得跟著拾穗的人撿拾，盼能得些糧食奉養拿俄米。

她如此忙碌了數日。

路得

在伯利恆的猶太婦女中，路得是異族人，大家不免對她問長問短。不久，人人都知道了她的經歷，而這些事最後也都傳到了波阿斯耳中。他很好奇路得是個怎樣的女子，於是藉口巡察田地，和她說了些話。

到了中午吃飯時間，他邀請她來和自己及收割的工人一同用餐，並且讓她盡情享用，要吃多少餅就給多少餅。

路得只吃了一點點，將其餘的都帶回家給年老

拿俄米與路得道別。

無法工作的拿俄米。

### 新的家庭

第二天一早，路得又回到田間拾穗。波阿斯想減輕她的勞動，又不想傷她的自尊，於是吩咐收割的人不要收得太乾淨，並要從收穫中抽一些出來，留在地下任她拾取。

路得忙碌了一整天，晚上當她準備把大麥扛回家時，才發現自己撿了許多，幾乎要扛不動。

她告訴拿俄米這天所發生的事，自己如何遇見波阿斯，如何在一個早上拾到比從前一星期忙碌所拾的還要多。

這讓拿俄米非常高興。她感覺自己年紀老邁，即將不久於人世，如今她希望波阿斯能娶路得為妻，如此一來，她便能確定這孩子的餘生能有個舒適康泰的家。沒錯，路得是個外國人，但她嫁給了波阿斯的遠房親戚，可說已讓她成為一個偉大的猶太家族的一份子，而且人人都喜歡她。

於是，事情就這樣成了。首先，波阿斯應當買回屬於他近親以利米勒的田產（按照摩西的

38 此處將原文的 bread 譯為餅而非麵包，是參考《聖經》〈路得記〉第二章十四節，波阿斯對路得說：「妳到這裡來吃餅。」無論古代還是現代，中東地區吃的餅是烤饢，而不是現代人所見的麵包。

39 耶和華藉由摩西頒布律法，見《聖經》〈出埃及記〉第二十章起。因此，摩西是頒布者而非制訂者。

律法，這是波阿斯當盡的本分，以保存田產的所有權人不受剝削）。然後，他可以向路得求親，做路得的丈夫。

路得接受了波阿斯做她丈夫，拿俄米搬去與他們同住，直到老死。拿俄米活到見到路得的長子出生，並給孩子取名叫俄備得。

俄備得長大後，生了一個兒子名叫耶西，而耶西的兒子叫做大衛。大衛後來做了猶太人的國王，而且大衛又是馬利亞的直系祖先，馬利亞則是拿撒勒木匠約瑟的妻子。

如此一來，性格溫柔的路得順著自己善良體貼的心意，離鄉背井照顧那善待她的婆婆，從而成為耶穌的祖先。

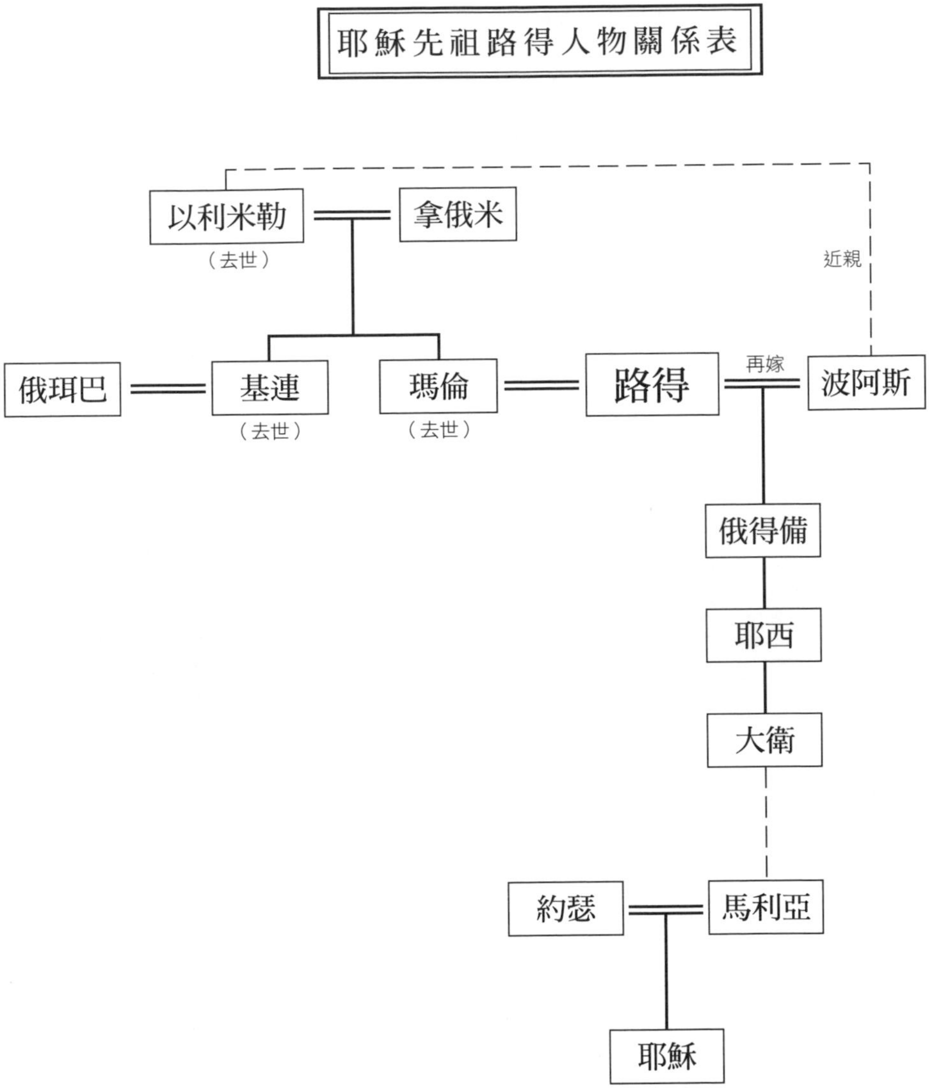
耶穌先祖路得人物關係表
以利米勒
（去世）
拿俄米
近親
俄珥巴
基連
（去世）
瑪倫
（去世）
路得
再嫁
波阿斯
俄得備
耶西
大衛
約瑟
馬利亞
耶穌

# 11 猶太王國

掃羅和大衛做王之時，猶太人還只是一支無足輕重的牧羊人部族，但是當所羅門登基時，猶太人在商業和貿易領域已經占有重要地位。他們在不到一百年的時間裡，從鬆散的部族聯盟轉變為東方專制君主統治的強國。

猶太人這時已在約旦河兩岸的山區和谷地生活了數百年。在和迦南地原居民及東南西北四方鄰邦無止盡的苦戰後，猶太國終於在一個相對和平的時期安定下來。

新的道路開通，商旅隊開始利用穿過亞洲大陸西邊一角的許多便利大道，將商品從孟斐斯運到巴比倫，從小亞細亞運到阿拉伯。

這意味著猶太人的生活開始發生緩慢卻顯著的變化。

## 從部族到王國

猶太人一直喜歡城市生活。即便是在摩西的時代，他們寧可待在埃及的貧民窟中遭受奴役，也不願到應許之地孤立的牧場上自由度日。摩西費盡周折，才將不情不願的族人拖離安全舒適的城市生活。

然而，此時各部族都自己當家作主了。摩西已死，他偉大的繼承者約書亞也已經去世，人們開始忘記那些艱難與勝利交織的歲月。

農民和牧羊人的生活確實不易。每天工作時間長，很少有機會消遣娛樂。另一方面，沿著繁忙的通商大道，任何一個貿易站都可輕易賺大錢。

這是個令人難以抵擋的誘惑，許多人離開村莊返回城市。很快的，財富增加了，但貧困也增加了。在此期間，民族獨立和個人自由的理由開始受到衝擊，直到無法挽回。

那些在征服戰爭中指揮部族軍隊的著名士師，確實經常以絕對君主的權威來統治國家。

但是，他們沒有一個膽敢稱王。

他們的臣民不容他們這麼做。

他們會殺了那踐踏他們自由的人。

只要國家還處於危難之中，他們就願意順從士師的領導，但若恢復和平，士師就只是一群半獨立部族組成的小聯盟的統治者而已。人民尊敬他（如同我們美國人尊敬大法官一樣），但遠非君臣的效忠關係。

一旦國家不再是農業社會，轉變成以商立國，一切開始發生變化。多數猶太人不再關心國家的事，他們只想不受干擾，把心力全放在自己的事，照管好自己的農場或自己的生意。同時，他們也十分願意讓少數職業軍人來保衛國家的產業，讓少數祭司來照顧人民靈性上的福祉。

當然，他們討厭納稅。我們都討厭納稅。不過，若稅金保持在特定的合理範圍之內，人民不會有異議，也不會抱怨，如此一來，國家自然朝著日趨集權的政府形式發展。最後，正如我們在本章當中所要告訴你們的，它在不到一個世紀的時間裡，成長為一個成熟的東方專制政體，變成絕對的王國。

所有這一切改變並非沒有預兆。

歷史一如自然，沒有什麼事是突然發生的。

儘管通常看似如此。

不過，隱藏在急遽變化背後的祕密原因已經運作了數百年。一座山的崩塌或一個舊制度的垮台，也許只在頃刻之間，但預備工作和緩慢的破壞，可能是幾代人努力的結果。

猶太人之國那時就處於這樣一個轉型時期，儘管十萬個人民當中未必有一個明白確確實實正在發生的事。

先知成為民族良心的化身。

這話或許有點誇大。並非所有的人對人民心靈所面臨的危機完全視而不見。有些人比周遭的人更敏銳，更看得清楚事情，並說出不祥的警告。

他們被稱為先知。

隨後我們的故事中會一直提到他們，所以我們該先跟各位介紹一下這群人。

**先知——猶太人的精神領袖**

什麼是先知？

這個詞很難定義。

不聽先知聲音的城市一定會有麻煩。

也許，我們將先知定義為猶太人的精神領袖最為恰當。

許多先知都是偉大的詩人，但他們遠不止如此。

他們當中有幾個頗有演說天賦，但他們又不僅僅是演說家。

他們有一個共同點——敢於堅持自己所見的真理。

他們當中有好些人心胸非常狹隘，完全容不下與自己觀點不同的意見，但是他們都勇於堅持自己的信念，面臨原則問題時，也敢犧牲一切（包括自己的性命）。

每當以色列王或猶太王犯了錯，就會有先知挺身而出，指出他的錯誤。

每當人民偏離上帝公義的窄路，先知就會站出來提醒他們走錯了路。

每當這個民族犯了罪，先知就會預言全能的耶和華的憤怒即將到臨。

直到先知的聲音成為民族良心的化身。

數百年後，當猶太國被自身的愚蠢埋葬在廢墟之下時，這個國家的良心，這些約有五十個人所留下的著作，成為以色列人民和猶太人民賦予整個人類的珍貴遺產。

在接下來的幾章，我們將敘述一段極其複雜的歷史時期。

首先，幾個半獨立的小游牧部族結盟，變成大衛統治下的一個王國。

這個王國很快就變成一個大衛之子所羅門絕對專制統治的國家。

結果自然引發對暴政的起義行動，猶太國分裂成兩個王國，彼此對對方恨之入骨，互相征戰不休，直到最後被東方的強鄰摧毀為止。

接著，他們進入一個外國統治和流亡的時代。

然而，一旦有機會，忠心虔誠的猶太人便返回耶路撒冷重建聖殿。

不久，國家再次遭到入侵。猶太人的獨立終於走到了盡頭，不過，猶太精神的精髓卻超越了地域狹小的猶大和以色列國界，征服了整個西方世界。

接下來幾頁，我們會看見一長串國王和女王的名單。羅波安、亞撒、耶羅波安、巴沙、米拿現、約阿施、亞瑪謝和其他十數人，最後一個是壞到極處的希律，他們都以卑鄙殘暴的手段來取代前一位統治者。

他們在世上成王統治的年日，充滿謀殺和掠奪。他們頒布過律法，卻已被人遺忘，他們建造過城市，也早已從地表上消失。

他們動輒開戰，他們大肆慶祝勝利，他們征服了遼闊的疆土（他們也再次失去這些領土），他們新建的行省的名稱也被時間抹去。

他們的光榮，只在廢棄的迦勒底宮殿的泥磚圖書館中被隨手記上一筆。

他們就像成百上千個其他國王一樣，我們愈快忘記他們愈好。

他們得以有名，完全是不由自主的，只因他們的臣民中出了幾位先知。三千年前，當迦勒底人兵臨耶路撒冷城門，亞述人威脅撒瑪利亞時，這些先知留下的言論和思想，至今依然和當年一樣真實和崇高。

出於這緣故，也僅僅是出於這緣故，我們就該知曉以色列和猶大的歷史。這段有史以來最偉大的屬靈歷史，也有這般世俗的背景。

## 撒母耳成為掃羅嚴厲的導師

我們結束上一章的敘述時，撒母耳還是猶太人的士師。

他警告追隨者，他們很快就會成為一個國王的臣民，這國王會奪走他們的兒女和貨財，供自己享樂。

然而，那正是大部分百姓想要的。他們只看見自己幻想中的帝國的光榮，沒有思考必須付出的代價。

於是，為人實際的撒母耳，開始找尋猶太王位的適合人選。

他在基比亞的村莊找到了這個人。

那男孩名叫掃羅，是基士的兒子，屬便雅憫部族。

這兩位猶太英雄的相遇十分偶然。基士丟了幾頭母牛[40]，這些母牛離開牛群，下落不明。基士要掃羅去把牛找回來，掃羅一個村子一個村子去找，在每個地方詢問人們有沒有看見他父親的牛，但連一絲線索也沒找到。

掃羅在絕望之下去找撒母耳，請撒母耳給點建議。撒母耳看著掃羅，立刻知道這年輕人是蒙受召喚來做猶太人的統治者。

40 按《聖經》〈撒母耳記〉上第九章記載，基士丟了幾匹驢。

他如實告訴掃羅，掃羅卻嚇壞了。對一個害羞的小夥子來說，這是過大的榮譽。

當掃羅要被膏抹[41]做王，讓百姓認識他這個新王時，他是被人從馱著他父親行李的驢群中拖出來的。他躲在那些衣箱後，本想找機會溜之大吉。

然而，撒母耳是個嚴厲的導師，掃羅只好接受他的命運，從今以後接受訓練，準備做王。首先，他被任命為軍隊的統帥，和亞捫人、亞瑪力人、不可避免的非利士人，以及其他從未被完全征服的迦南部族打了許多場大仗。

他還有許多事要學。

撒母耳總是堅持要絕對、毫無異議地順服耶和華的旨意，但一個聰明又喜愛自由行動的年輕人可不同意這想法。此外，他牢記人只能活一輩子，於是開始享受新地位帶給他的眾多好處。

通常，軍隊打勝仗後會獲得許多戰利品。撒母耳堅持大多數戰利品要繳給會幕，用於獻祭，掃羅卻認為該留下一小部分給自己和底下的士兵。

最後，無法避免的事發生了。久經沙場、各種閱歷豐富的掃羅，在撒母耳的眼裡變得愈來愈世故。

年邁的撒母耳總是坐在自己的屋子裡看書和思考，堅決認為每個人都該以他的嚴以律己為榜樣，只要醒著，就該祈禱敬拜上帝。

掃羅並未疏忽自己的宗教責任，不過，用我們今天的話來說，他有點太過「實際」。

他擊敗亞瑪力王亞甲之後，決定要給軍隊一些適當的犒賞，因此，他把屬於亞甲王、原本該按規矩繳交給祭司的牛羊暗暗保留了下來。更糟的是，他饒了亞甲的性命，根據當時的猶太律法，他應該處死所有戰俘。

當撒母耳聽見這件事，他責罵掃羅違背了耶和華的旨意。

掃羅沒有認罪，反而為自己辯解。

他說，之所以留下那些牛羊，是想把牠們先養肥一點，然後才宰殺獻祭。

撒母耳知道掃羅根本沒打算那麼做，他直接揭穿掃羅，指責他玩兩面手法，不誠實，並警告他，這種糟糕的行徑所導致的結果，是讓他不適合當猶太人的王。

掃羅對此沒有反駁。

他返回自己在基比亞的家。

不過他感覺深受傷害，並且很快就爆發怒氣。

## 彈豎琴的牧羊人——大衛

人們都說，也都深切相信，撒母耳能夠預測未來，是個本事高強的算命術士和占卜者。

掃羅當然也知道這點，他下令把自己統治範圍內所有算命術士一律處死，或驅逐流放。

撒母耳這邊也沒閒著。

他很生氣，打算說話算話，開始尋找更適合坐上王位的人。這次，他打算找個願意聆聽老人智慧之言、不像掃羅那般我行我素的人選。

他打聽了幾個不同年輕人的訊息，有人向他提及一個名叫大衛的男孩，那是伯利恆人耶西的兒子，而耶西是路得和波阿斯的孫子。

41 膏抹是以油或香油抹在受膏者的頭上，使他接受某個職位，在《舊約》中是一件極嚴肅與神聖的事。設立祭司，需要膏抹。設立君王，也用膏抹。

這男孩是個牧羊人，他在自己的村子裡因勇敢而小有名氣。

有一次，一隻獅子襲擊了他的羊群，另一次，他的羊遭到一隻熊攻擊。兩次大衛都沒有求救，而是憑一己之力打死了獅子和熊，救了羊群。

此外，大衛還是個傑出的音樂家。他不但會唱歌，還自己學會彈豎琴，在寂寞又漫長的放羊時光中，他一向自己做詞編曲來唱。他所唱的「詩篇」（他做的那些歌被這麼稱呼）非常有名，眾人從四面八方前來聽他唱詩歌。

當人們知道大衛受到撒母耳特別的喜愛，注定會有偉大的前程時，到處都有人說，這是個絕佳的選擇，會為整個國家民族帶來幸福。

只有一個人對這個年少的豎琴家不感興趣。

那就是掃羅。

他的良心十分不安。

他知道撒母耳說他留下亞甲的牛羊是違背耶和華的誡命，這個指責是對的。

如今他每天一想到大衛就害怕，一心只想除掉這個討厭的對手。

可是他能做什麼呢？猶太人都在密切注意著他們二人，掃羅無論做什麼都得非常小心。

## 大衛擊敗歌利亞

幸運的是，一場新的戰爭幫了他的忙。非利士人捲土重來了。他們重組軍隊，威脅著掃羅治理下的東部谷地。

領導非利士人的是個名叫歌利亞的巨人。他像一棟房子那般高壯，身穿巨大的甲冑，猶太人從未見過這樣的甲冑。

歌利亞每天早晚都在猶太和非利士兩軍之間的戰線上高視闊步，向猶太人挑釁，問有誰敢離開戰壕和他交手。

他凶猛揮舞著一柄七尺長劍，稱呼猶太人是懦夫，百般嘲笑侮辱他們，要讓他們對他恨之入骨。

一天又一天，一星期接著一星期，什麼都沒發生。猶太士兵對自己的恐懼深感羞恥，希望有人能負起責任，面對這羞辱的情況。

掃羅身為統帥，便成為他們的替罪羊。

他為什麼不挺身而出，和那個非利士巨人決一死戰？

原因很簡單，他病了。他罹患可怕的抑鬱症，很快就開始影響他的心智。他坐在營帳中悶聲沉思，想個不停，日復一日，週復一週。最後，他的將軍們都開始擔心了。

掃羅似乎失去了理性。他不和人說話，別人問他問題他幾乎都不回答。一定要做點什麼來改變這情況，而且必須馬上去做。

古人早就知道音樂有奇妙的治療功效，於是有人建議，用大衛美妙的詩歌來為掃羅解憂。這主意似是絕佳，大衛也受召而來。他的演奏非常出色，掃羅不禁潸然淚下，暫時忘卻了自己的煩惱，並說自己感覺好多了。

即便如此，掃羅依然沒有離開帳篷，軍隊依然按兵不動，歌利亞繼續辱罵猶太人，每天時間一到，非利士人就離開防禦地，站在周圍捧腹大笑，笑到腰痛。

若不是大衛偶然回到猶太人的營地，這情況還不知會持續多久。

大衛家中連他一共八個兄弟，他有三個哥哥在軍隊裡當兵。耶西猶太士兵都要自備軍糧，自己做飯。耶西的兒子傳話給父親，他們需要新的補給品，耶西吩咐大衛送一袋玉米到前線去。當大衛扛著玉米抵達軍營時，聽到每個人都在議論那個可怕的巨人，似乎憑他一人就令整支猶太軍隊陷入絕境。

大衛不理解，為何一個凡人能讓所有人如此驚慌失措。大衛像大部分獨居者一樣，花許多時間深思過宗教問題。他對耶和華的力量深信不疑，他相信，獲得偉大猶太之神支持的正義之士，不會遭遇不幸。

他自告奮勇，想憑一己之力殺死族人的勁敵，且不需要任何士兵幫忙。

軍中將士告訴他，這麼做既輕率又愚蠢，但大衛堅持要去。當他的戰友見他認真，只好設法幫他做好戰鬥的準備。除了國王，所有人紛紛借他鎧甲。

不過大衛說：「不用。」他不需要長劍、長矛和盾牌。

他需要耶和華的精神支持。這就足夠了。

他走到河岸邊，撿了一把又亮又圓的鵝卵石，然後帶著彈弓離開了戰壕。

當非利士人看見來了一個小毛頭要跟有他兩倍大的人作戰，他們喚來自己的英雄，要他拿這小子殺一儆百。毋需催促，歌利亞立即揮舞著長劍朝大衛衝去。

大衛用彈弓甩出小石頭，正好擊中歌利亞的眼睛。歌利亞冷不防挨了一下，一個趔趄，跌倒在地，劍也脫了手。

大衛快如閃電撲到他身上。

他一把抓起巨人的劍。

他一劍猛砍而下。

只有一劍，就砍下了那顆巨大的頭顱。

他拎起頭顱，返回歡聲雷動的猶太士兵當中。

非利士人潰退奔逃，人們向大衛歡呼，稱他是國家的救星。

**大衛出逃**

大衛立下這樣的功勞後，就算是掃羅也不得不對這位民族英雄公開稱讚。他請大衛來作客，卻始終無法消除一直以來對大衛的猜疑。當他知道自己的兒子約拿單和這個從伯利恆來的牧羊人一見如故，他對大衛的討厭更深了，變成公然的厭憎。

更糟的是，他的女兒米甲愛上了英俊紅髮的大衛。掃羅告訴大衛，想娶米甲，先殺一百個非利士人。當然，殺一百人不是小數目，掃羅無疑是想讓大衛在執行任務過程中被殺。

不過，大衛就像做其他事一樣，再次成功了。於是他娶了米甲，這兩個競爭王位的對手，此時成了翁婿關係。

大衛帶回歌利亞的頭。

這也難怪掃羅的憂鬱老毛病又復發，並且比從前更嚴重。醫生用盡一切方法，他們只能再次建議辦個音樂會。然而，這次音樂演出，差點讓不幸的豎琴手送命。

大衛才彈了幾個和弦，掃羅一下子暴跳如雷。

他抓過長矛擲向大衛。大衛一躍而起逃到室外，這才保住性命。他不想再見到國王，離開王室的帳篷逃走了。

於是掃羅的怒氣轉而向約拿單發洩。他想殺了自己的兒子，但他的隨從抓住他雙手，阻止了這起謀殺。約拿單對眼前發生的事感到極其沮喪，覺得自己該去找大衛解釋。兩個好友最後一次見面，情深意重地道別，隨後大衛逃進沙漠，在一個叫做亞杜蘭的山洞裡避居藏身。

然而掃羅的士兵很快就發現大衛的藏身之處。不過大衛接獲警告，先一步逃向曠野更深處。士兵抵達時山洞已經空無一人，受害者已經離開。

沙漠中的生活很單調，為了打發沉悶漫長的時光，大衛寫了更多的詩，其中一些你們可在《舊約》的〈詩篇〉中找到，在此就不贅述。數世紀前，這些詩已被翻譯成完美的英文，若我想用自己的話來重複它們，未免太愚蠢。此外，我只想敘述猶太人的冒險經歷，而〈詩篇〉和真實歷史沒有太大關係。不過，這些詩歌是猶太民族的古老詩歌精神的瑰麗展現，跟《舊約》中致力於敘述無止盡內亂外戰的純粹歷史書卷相比，它們包含了更多的美好和智慧。

回過頭來講大衛吧。這時，他正在經歷他漫長又曲折的一生中最奇特的冒險。他正處於一種極其艱難又很尷尬的狀況。理論上，他是猶太人的王。掃羅處理亞甲之事時違背了耶和華的旨意後，撒母耳已廢黜了掃羅，接著便膏抹大衛做為掃羅的繼承人。

然而，廣大的群眾沒能跟上這麼快的政治變化，他們依舊茫茫然地尊掃羅為王。假使我們說白一點，那就是他們把大衛當成了正式的繼承人，也就是太子，隨時會被召喚出任攝政王。不幸的是，那時誰掌權誰就是王法（其實現在也是）。

無論掃羅的實際身分是什麼，他依舊住在王家的帳篷裡，貼身衛士和侍從人員環伺左右。他統領一支全副武裝的軍隊，他們隨時聽他號令行動。

另一方面，從法律上來看，大衛只是一個逃犯。他住在曠野的山洞裡，不能在任何鄰近的城市或村莊裡出現，否則就有遭到逮捕的危險。

日後，當大衛成為猶太人公認的統治者時，這段流亡歲月就需要好好解釋了。有些時候，我們的英雄看來無異於一幫匪徒的首領，最後甚至還為非利士人效力。

不過我們不應對大衛過於苛責。他曾受到掃羅最不公平的對待，卻繼續以最謙恭有禮和慷慨寬容的態度來對待他的敵人，他這行為應當受到最大的讚揚。

## 以德報怨

按照我們現代的標準來衡量，掃羅是個十足的瘋子。他總是焦躁不安地從一個地方匆匆趕往另一個地方。

有一天，他在穿越沙漠時天色暗了下來，只得到一個山洞裡過夜，碰巧這山洞是大衛逃亡避居的地方。大衛看見那位不速之客走進來，立刻躲起來等著。

到了半夜，他悄悄來到熟睡的掃羅身旁，將他的外袍割下一塊。隔天早晨，當掃羅啟程時，大衛追出來喊他名字，讓他看那塊割下的外袍。

「看看這塊布，」他說：「然後想想我能對你下手，卻沒那麼做。你昨晚落在我手裡，我可以輕易殺了你。然而我饒了你一命，儘管你一直持續迫害我。」

掃羅當然知道大衛說得對，但是他恨大衛，像沒有理智的瘋子一樣憎恨他，雖然他咕噥著道歉並召回他的士兵，但他沒有要大衛跟他一起回宮。

不久之後，撒母耳過世了。

大衛和掃羅在喪禮上碰了面，但兩人並未和好。

一切照舊，並持續了很長一段時間。

在掃羅無止盡的奔波中，他又一次落入自己憎恨的對手手裡。

從內心的本質來講，掃羅至死都是一個樸實的猶太農民。他討厭城市，拒絕住在房子裡，只要有可能就會住在沙漠中。這天，他再次離開自己的村莊，前往曠野享受那裡的和平與寧靜。午後天氣非常炎熱，他在一塊高聳的岩石底下睡著了。這塊巨石正好是大衛常來的地方，他來這裡聆聽太陽與風的聲音，它們或許會告訴他一些奇怪的祕密，他事後可以寫進詩歌裡。

押尼珥是掃羅的堂兄弟，也是他的軍隊統帥，這時就睡在掃羅旁邊。

掃羅走進大衛的山洞裡。

大衛在兩人朝岩石走來時就看見了他們。他悄悄爬下陡峭的小徑，來到岩石腳下，取了押尼珥的劍和長矛，再返回原處。

然後他大喊道：「噢，押尼珥！押尼珥！」

押尼珥驚醒，大衛訓斥他怠忽職守，沒有保護好國王，竟讓一個陌生人偷走他的武器，又說：「這真是個忠心臣僕的行徑啊！」等之類的話。

即使掃羅飽受打擊的靈魂正處於痛苦折磨，他也不得不承認大衛的心胸十分寬大。大衛第二次饒了他的命。這次，掃羅對自己曾經殘酷惡待大衛的行徑道歉，並請大衛和他一起回去。

於是，大衛收拾了幾件自己的東西，返回宮廷，只是為時短暫。

掃羅的情況愈來愈壞。幾個星期後，一切又恢復了老樣子，大衛留在宮廷裡已不再安全。

當然，身為猶太人唯一真正合法、受過膏抹的統治者，大衛可以堅持他的權利。不過他知道掃羅來日無多，所以沒有爭這件事。

他離開了，從此和這位宿敵再未見過面。

## 大衛另娶亞比該

不久之後，大衛在洗革拉村安頓下來。這村子坐落於邊界，屬於迦特王亞吉的領地。

大衛在這裡的處境很糟糕。

大衛一直很能吸引人，身邊總是圍繞著一群喜歡冒險的青年，他們希望能當他的士兵和臣僕，藉此致富。

大衛人在曠野，卻一度以這種方式聚集了四百多名志願軍。我們聽慣了百萬大軍，所以這數目聽來不算大，但是在西元前十一世紀，四百人可是一支令人畏懼的軍隊，大衛無疑已是那整個省分的統治者，許多有關他的奇特功績的故事，也一直流傳到今天。

大衛似乎自願受雇於鄰近地區的農民，擔任他們的私人保鏢，保護他們免受盜匪劫掠。至少我們知道，有一次迦密的族長拿八拒絕付他保護費。根據這故事的記載，大衛對這不公正的情況火冒三丈，召集了手下所有人，打算把拿八全族殺光。拿八的妻子亞比該得知這事，急忙帶禮物去見大衛，並許下種種承諾，這才平息了這位打敗非利士人的偉大戰士的怒火。

順帶一提，亞比該回到家裡，想把當天下午發生的事告訴丈夫，發現丈夫大醉不省人事。第二天，當他得知自己逃過的劫難，嚇得魂不附體，十天後就死了。

這下亞比該成了寡婦。她與大衛的那次會面時間雖短，卻讓大衛留下很深的印象。當大衛聽說她丈夫死了，便求她嫁給自己，她也接受了。

大衛顯然已經厭倦掃羅的女兒米甲，將她送給住在迦琳村的朋友[42]，然後娶了亞比該，帶著亞比該去了希伯崙。他們在那裡生了一個兒子，名叫基利押。

然而，新婚之喜無助於解決大衛的其他難題。他還是有一幫忠心的追隨者，但沒有多少保鏢的工作可做，這令大衛入不敷出。最後，這位幾年前被非利士人視為災星的人物，差點被迫為非利士人效命。

事情是這樣的。他所在之地的主人亞吉王突然通知他，非利士人打算向猶太人開戰。亞吉王按照自己所簽定的協約，有義務助非利士人一臂之力，而大衛既然接受亞吉王慷慨的款待，亞吉王便期望他能站在自己這一邊，支援非利士攻打猶太人。

大衛無計可施，只好模稜兩可地回覆，盡量拖延時間。由於拖延未果，他最後只好去了非利士的兵營。不過，非利士人的統帥非常明智，他看這支援軍的背景，覺得實在不可靠，於是默許大衛返回洗革拉，沒再麻煩他。

當他一回到洗革拉，便發現亞瑪力人趁他離開之際洗劫了整個村子。他立刻追蹤並攻擊劫匪，打敗了他們，除了逃走的四百人外全部殺盡。然後他返回西緬一族的村落，再次恢復平靜的生活。

## 掃羅戰死

非利士人按照計畫對猶太人開戰。

結果十分出人意料。當掃羅被告知一場新的侵略之險迫在眉睫，又陷入極糟的憂鬱中。他感覺所有事情的結局終於到臨了。

他對自己和家人的未來非常絕望，竟決定去找女巫求助。不過所有的巫師不是死了，就是逃到外國去了。當初是掃羅自己下令把他們驅逐出去的。

最後，有人告訴國王，有個老女巫住在隱多珥，那村子離雅億殺死西西拉的家不遠。

掃羅等到三更半夜才去見女巫（他對自己要做的事感到羞愧）。然而，那女人知道施行巫術會遭到可怕的處罰，害怕接待他，拒絕給國王開門。

掃羅再三向她保證。

他承諾，如果她能讓他和幾年前過世的某人鬼魂說話，她將得到重賞。

---

42 按照《舊約》〈撒母耳記〉（上）二十五章四十四節的記載，是掃羅將女兒米甲給了迦琳人拉億的兒子帕提為妻。

女巫問他這話什麼意思。
掃羅回答，他想跟自己從前的導師撒母耳說話。
接著，有個裹著一身黑斗篷的老人身影從地下冒出來。
這就是撒母耳的鬼魂。
在人間的國王掃羅，和已逝的士師撒母耳再次面對面。撒母耳告訴掃羅，等在他面前的是可怕的命運，他將落入非利士人的手中。
當撒母耳說完，掃羅昏了過去。
不過，這位久經沙場的老將有個勇敢的靈魂。
第二天一早，他對非利士人展開攻擊。
還不到中午，他的軍隊就已全軍覆沒。他的兒子約拿單、麥基舒亞和亞比拿達都被殺了，掃羅受傷後以自己的刀穿心身亡。他謹記參孫的命運，寧可自殺也不落入敵人之手。
非利士人找到他的屍體。
他們砍下他的頭，傳送全境，讓這頭顱帶著勝利的喜訊傳達給全民。
他們將劫獲的盾牌、長槍和鎧甲都送到亞斯他錄的神廟，和他們在無數戰爭中獲取的其他戰利品放在一起。
然後，他們將掃羅的無頭屍體和三名戰死王子的屍體全部釘在伯珊的城牆上。
當基列雅比的人得知此事，決定搶回掃羅屍身，因為掃羅曾在他們遭到圍困時解救他們。
他們趁著黑夜潛入伯珊，將掃羅和他三個兒子的屍體取下帶回，祕密葬在自己村裡的柳樹下。
這個可怕的民族悲劇，透過一種奇怪管道傳到大衛耳裡。有個非利士人想討好新猶太王，

掃羅的葬禮

快馬加鞭趕到洗革拉的村子，將掃羅死訊通知大衛。

他還說明了事情發生的經過，掃羅如何和他那麼多個兒子一起被殺死。

「我在基利波山附近突然遇見他們，」他撒謊說：「我就把他們全都殺了，因為我知道他們是你的敵人。」

他沒獲得所期望的獎賞。

大衛下令將他絞死。當這事完成之後，他深切哀悼自己的故主，以及他最親愛的朋友約拿單。

就像往常一樣，他從音樂和詩歌中尋得了安慰。他譜寫了那首高貴的詩歌，開頭幾句是這樣的：「以色列啊，你尊榮者在山上被殺。大英雄竟何死亡。」你們可在〈撒母耳記〉（下）第一章找到這首詩歌。

然後，他禁食了很長一段時間，以表達他的哀痛，也讓所有人民知道他深切的悲傷是真誠的，他也準備好繼承王位了。

他問耶和華，他應該先去哪裡？耶和華告訴他先去希伯崙山。

在希伯崙山，猶大部族所有人都出來迎接新君王，大衛正式被膏抹，成為掃羅的繼承人。

**大衛正式成為統治者**

大衛做王將近四十年，統治猶太領土的大部分地區。

他是個決策能力很強的人，否則，統治猶太國這項幾無指望的任務恐怕早就失敗了。

首先，得解決非利士人的問題。猶太人跟非利士人打了幾百年的仗，始終沒擺脫這個長期以來的威脅。我們一而再地讀到，非利士人被永遠打敗了，但幾年之後，他們又捲土重來。非利士人打仗的本領高強，每當兩軍對壘作戰，非利士人總是每戰皆捷。猶太國被迫每年向這個可恨的鄰邦納貢，直到猶太亡國的那一天。

其次（這個問題更棘手），大衛苦於應付猶太部族間永無止境的紛爭。這些部族互相嫉妒，像小村村民般小心眼。

他們想要一個王。

可是一旦他們有了王，又開始怨恨他的權力。

即便是大衛這樣眾望所歸的王，當他要懲罰一個犯法但人緣甚好的士兵時，也無法力排眾議和偏見，堅持自己的判決。

比如，他那在軍隊中擔任元帥的外甥約押，謀殺了掃羅忠心的臣僕押尼珥，但大衛不敢處死約押，只是厚葬了押尼珥，僅此而已。

約押始終沒有遭到審判，而大衛日後將會為當時饒他一命而後悔不已。

大衛憑著自己所有的才智和不屈不撓的意志力，終於逐步成為猶太全境的絕對統治者。

不久，掃羅還活著的兒子之一遭自家僕人

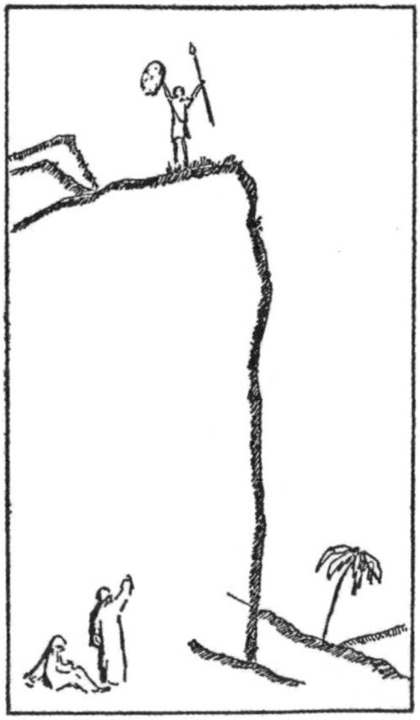

大衛拿著押尼珥的矛和盾。

殺害，大衛沒放過他們。他吊死凶手，並宣布往後膽敢觸犯法律者，將獲得同樣下場。

這終於讓猶太人對耶和華有了敬畏之心。接著，大衛進一步採取對新王國極有利的措施。他將首都遷到耶路撒冷。這城位於非洲到美索不達米亞的大道上，地理位置十分便利。他在那裡為自己建造了一座宮殿。

當宮殿建成，他開始討論修建聖殿取代會幕的計畫。

從無人駕馭的牛車將約櫃自非利士地拉回的那日開始（那真是個值得紀念的日子），約櫃就一直安放在基列耶琳村的亞比拿達家中。如今，是為它在新首都尋找一個安置之所的時候了。對在沙漠中流浪的人而言，會幕已經夠好，但已經壯大成強國的猶太國有能力興建一座真正的聖殿，人們認為，這項興建工作已經成為整個民族的責任。

猶太人初步的決定是將約櫃運到耶路撒冷。

因此，大衛率領全軍往東去迎回約櫃。祭司們將約櫃放上新車，由亞比拿達的一個兒子烏撒負責趕車。

未料車子在半途陷入車轍，有一頭牛跌倒，約櫃差點翻倒在地。烏撒下意識伸手扶住約櫃，以免它翻落在地。

烏撒立刻被擊殺了。[43]

根據古老的猶太人律法，唯獨祭司可以觸碰約櫃，一般人無權這麼做。

由大衛領頭的這支歡歡喜喜的迎接隊伍，剎時停了下來。

---

43　按《舊約》〈撒母耳記〉（下）第六章七節記載，耶和華向烏撒發怒，因這錯誤擊殺他，他就死在上帝的約櫃旁。

安葬烏撒後，約櫃運到迦特人俄別以東的家中停放。約櫃在那裡停放了三個月。

之後，大衛率領全軍再度來到這裡，約櫃再次被搬上車子。這次約櫃安全運抵了耶路撒冷，安放在新的聖所裡，日後，大衛的繼承人所羅門將這聖所改建成了名聞遐邇的聖殿。

從那時起，耶路撒冷不僅是猶太國的首都，它同時也成為所有宣稱是亞伯拉罕後裔之人的宗教中心。巴勒斯坦還有其他聖地，但都不如耶路撒冷這座聖殿壯觀輝煌。

此外，壟斷猶太祭司職務的利未族人很聰明。他們不容許任何競爭對手，並且堅定地擁護國王。國王也投桃報李，下令關閉國內其他聖所，強迫所有朝拜者都必須到他的首都來獻祭。

## 大衛的沉淪

宗教方面的事處理好之後，大衛將心思轉到了軍事上。

首先，他劃定了本國疆界。

其次，他堅定徹底擊敗亞捫人，讓他們永遠再也不能騷擾猶太人。

第三，他和非利士人達成停戰協議，讓非利士人從此不再攻打他。

從世界的觀點來看，大衛統治下的王國非常成功。

但是，身為一國之首的大衛也並非事事如意。

至高無上、毫無限制的權位，開始腐蝕他。

大衛像撒母耳一樣，在許多方面都是很軟弱的人。他很仁慈、睿智、和藹，甚至對敵人也是這樣。他對掃羅唯一活著的孫子——亦即他的知己約拿單的兒子——非常慷慨。這可憐的孩子雙腿殘疾，大衛收留他，視為己出，讓他在有生之年都跟自己住在耶路撒冷的王宮中。

但是，當事情涉及個人享樂，大衛就跟他最壞的臣民一樣卑劣殘忍。

一天傍晚，大衛在王宮的屋頂乘涼（猶太人在酷熱的炎夏有這種屋頂乘涼的習俗），遠遠望見了一個女人。

他喜歡那個女人的模樣，便說要娶她為妻。

不過他打聽後得知這個女子已經嫁人，是西臺人烏利亞的妻子，烏利亞則是約押手下一名在前線服役的軍官。你們應該還記得，約押就是謀殺了押尼珥卻未受懲罰的那個將軍。

當然，大衛原本應該立刻忘了這個女人，但他沒這麼做。

相反的，他邀請她丈夫到宮裡來。

他好好款待了烏利亞，送他禮物，然後送他返回軍隊，並帶一封信給約押。大衛在信裡告訴約押，把烏利亞派到最前線，並將他留在最前線，這麼一來他就可能會被敵人所殺。

約押和一般罪犯沒兩樣，正適合安排這種冷血謀殺的勾當。他不但沒提醒烏利亞危難臨頭，反而大加恭維這個可憐的傢伙，說他作戰英勇，為了酬報他，將前線最危險的職務託付給他。烏利亞信以為真，愉快地擔下先鋒指揮官的職務。

當進攻開始時，一切便按照大衛的計畫嚴謹地執行了。

烏利亞一直往前衝。

其他士兵卻在約押一聲令下紛紛撤退。

烏利亞被留下孤身奮戰，直到戰死。

這使得烏利亞的妻子拔示巴成了寡婦，不久之後，大衛便娶她為妻。

大衛誤以為耶路撒冷的人民不會知道自己這樁邪惡的行徑。

前線的士兵（他們通常會知道很多事）把這件事告訴了自己的親友。國家小，消息傳得快，沒多久，所有猶太人都知道了他們的國王垂涎別人的妻子，於是先安排那個做丈夫的被殺，然後再娶那個寡婦。

不過，國王就是國王，即便出了這事，還是有許多人認為大衛不會行差踏錯。

至於其他看法不同的人也不敢說出自己的想法，以免惹來牢獄之災或殺身之禍。

這時，本章一開始所提及的猶太歷史上最偉大時刻之一來臨了。

## 以苦行贖罪

當所有猶太人都三緘其口時，民族的良知開口了。

先知拿單來到大衛王的宮殿，說自己剛聽了一個小故事，想講給大衛聽。

大衛吩咐他說。

於是，拿單開始說：「從前，有一個富人和一個窮人比鄰而居。富人有許多的羊，但窮人只有一隻小羊羔。窮人非常喜愛這隻小羊羔，待牠猶如自己的孩子，當家中沒有足夠的食物可吃時，他會把自己的麵包和牛奶分給所愛的小羊羔，天冷時，他會用外套裹著小羊羔，以免牠受凍。

「有一天，富人想款待一個朋友。他可以殺一隻自己的羊，這並不麻煩。可是他沒這麼做，他非得去偷窮鄰居的那隻小羊羔，讓人殺了端上餐桌，以此博得客人歡心。」

大衛聽到這裡，極其憤怒。他對拿單說，這是他聽過最卑鄙的罪行。

他承諾一定要嚴懲此事。

那個被偷了羊羔的窮人當獲得七倍的賠償[44]。

至於那個犯下如此罪行的惡棍，應當被立即處死。

於是，先知拿單起身說：「王啊，那人就是你。你殺了烏利亞，因為你想霸占他妻子。因此，耶和華將使你和你家人遭受不幸，你和拔示巴所生的兒子將會暴死，以贖父母之罪。」

大衛聞言又怕又悔。不久之後，他的幼子就病了。寓言部分成真。大衛以灰蓋頭，在耶和華面前以各種方式羞辱自己。他七天七夜不吃不喝。到了第八天，孩子死了，拿單的話應驗了。

從那時起，大衛將自己看成謀殺親生兒子的凶手。他向耶和華懺悔，承認他處理烏利亞的事是大錯特錯。他願意以苦行來贖罪。他乞求、祈禱、哀求，希望能得到饒恕。這樣真誠的懺悔顯然打動了耶和華，大衛暫時沒有遭到更進一步的懲罰。

不久，拔示巴又生了一個兒子，取名所羅門。大衛非常高興，承諾孩子的母親，他會立這個兒子做繼承人，所有其他的孩子都被排除在外了。

當然，這消息令合法繼承人押沙龍和亞多尼雅極其不悅。

亞多尼雅精力有限，對發生的事不太關心。然而，年輕魯莽的押沙龍（其母出生於炎熱的敘利亞沙漠），卻開始籌畫謀反父親。

44 按《舊約》〈撒母耳記〉（下）第十二章八節記載，大衛說的是償還四倍。隨後，在一連串的事件中，大衛死了四個兒子。

他以自己的方式四處博取耶路撒冷百姓的歡迎。他是個英俊的年輕人，一頭長長的金髮披肩，總是出現在人群聚集之處。他喜歡擺出護衛窮人抵抗富人壓迫的姿態，因為大衛變得愈來愈專制，賦稅不斷增加，群眾的牢騷不滿可多了。他們都渴望在這個突然失去王位繼承權的王子面前訴苦抱怨。

如此煽動群眾四年後，當押沙龍認為能倚仗的追隨者數目夠多了，他便離開耶路撒冷去了希伯崙，藉口說是向耶和華獻祭，但實際是發起反抗父親的活動。

這對大衛是個可怕的打擊。

他愛押沙龍勝過其他的孩子，也感覺自己對他不公。他無法忍受要與自己的骨肉之親兵戎相見，遂離開王宮出逃，渡過約旦河，住在瑪哈念的村子。

大衛出逃的結果，讓國家陷入內戰。然而在這個挫敗和羞辱的時刻，百姓記起了大衛是那個對抗非利士人、殺死歌利亞的光榮領袖，他們忘了大衛王曾經偷偷霸占另一個人的妻子。

他們以最大的忠誠一同前來支持大衛。

整個國家很快分成了兩派。一派支持大衛，一派忠於押沙龍。不過擁護大衛的人占大多數。

### 痛失愛子

一場戰爭在約旦河東以法蓮的森林中爆發。戰爭開打前，大衛懇求手下的士兵善待押沙龍。自從他的醜聞和叛亂發生以來，他始終關心這個兒子，比他願意承認的更加關心。

國王和王子的軍兵激戰了一整日，雙方傷亡慘重。到了傍晚時分，效忠大衛的隊伍逐漸占了上風，押沙龍被迫撤退。

押沙龍之死

押沙龍騎著騾子盡力奔逃，但是他的長髮被一棵樹的樹枝給纏住了。他騎的騾子受驚嚇跑了，留下他吊掛在半空中。

有個大衛的士兵發現了押沙龍。他知道國王要求寬待那些叛亂者，不肯殺押沙龍。

他跑回去告訴約押。

約押這個冷漠的罪犯毫無顧忌。他拿起三根長矛，前往發現押沙龍的地方，見他上不著天下不著地無助地懸著，便殺了他，將他的屍體扔在橡樹下的一座墳裡，然後叫來一個黑奴，命他將此事告訴大衛。

黑奴去到大衛王的營帳，興高采烈地向老國王報告了擊敗叛軍並殺死他兒子的經過。大衛不但沒有高興，反而傷心欲絕。

他想起自己所犯的罪，以及先知拿單的咒詛。

此時，他打了勝仗，所有反叛的部族都趕來向他求和，但這都無法挽回可憐的押沙龍的性命。大衛在宮中來來回回，不住悲泣。

接著，另一連串不幸的事又接二連三來臨。國王這時年老力衰，來日無多。他已經無力領軍作戰，而非利士人不久又再度來犯。

押沙龍的兄弟亞多尼雅趁機發起了叛亂。

這激起大衛做了他最後一件大事。

他下令加冕所羅門做猶太人的王。

亞多尼雅知道所羅門這個弟弟比他聰明，於是向所羅門投降求和。所羅門也原諒了他。

所有這些事，大衛都不關心。他坐在王宮中一個黑暗的角落裡，喃喃說著疼愛押沙龍的話。押沙龍膽敢向父親發動戰爭，終至被殺。

仁慈的死神結束了大衛的痛苦，為他帶來自從他破壞摩西和約書亞的上帝誡命後不再有過的安寧。

## 所羅門王即位

此時，所羅門是猶太人的王。最初先驅者離開吾珥的沙漠地區，來到西亞人一般稱為幼發拉底河的「大河」兩岸山區和谷地定居之後，許多事都已經不同了。

當亞伯拉罕想招待客人時，他會叫僕人殺一隻羊羔。

所羅門的生活是完全不同的規格。每天必須送上他餐桌的東西有：三十份的麵，七十份的粗穀粉，十頭肥公牛，二十頭瘦公牛，以及數十隻的鹿、雄獐子、雞和其他野味。

當亞伯拉罕遷移到新領地，他為自己搭個簡單的帳篷，睡在幾張舊地毯上。

反觀所羅門，他花了二十年時間為自己建造了一座新的宮殿，並用純金的盤子進餐。

這看起來很有意思，實際上卻耗費了大量錢財。數百年後，當猶太人流亡到巴比倫並回顧記述過往時，總愛沉浸在所羅門時代的榮耀裡。按照他們的說法，所羅門是幼發拉底河和地中海之間所有領地的主人，這事無可爭議。

然而，這位強大君主的臣民卻被迫服勞役，做所有的公共建設，並被迫繳納年稅，以維護王宮、聖殿、米羅的梯型堡壘、耶路撒冷的城牆，以及所羅門重建並加固的三座邊陲城市。眾民對這一切並不熱心，坦白說，他們隨時處於叛亂邊緣。

幸好所羅門是個精明的人，他將宮廷的花費控制在一定範圍之內。

就像約瑟和其他幾個偉大的猶太領袖一樣，所羅門睡覺時也常作異夢。他登基後不久，就夢見耶和華問他最渴望得到什麼禮物。

所羅門回答，他選擇要智慧。在古希伯來語中，「智慧」一詞既可譯為「智慧」，也可譯為「精明」。

所羅門兩者兼備。他聰明絕頂，卻不魯莽。

身為猶太人的王，他同時也是國家的大法官。送來給他審理的第一批案件中，有一樁是兩個婦女爭奪一個嬰孩，她們都說孩子是自己的。所羅門命一個貼身侍衛去將嬰兒抱來，拿刀劈成兩半，分給兩個女人。事情果然如他所料的發生了。

孩子真正的母親懇求侍衛饒了孩子的性命。

她的理由是：「讓假母親擁有這孩子，總好過讓孩子慘死刀下。」

如此迅速又犀利的判決，讓人民大為歡喜。這讓所羅門廣受愛戴。即使他晚年做出種種愚蠢的事，臣民也沒有減弱對他的愛戴。

從公元前九四三到九〇三年，所羅門一共統治了四十年。

他在位期間，始終花錢如流水。

首先，他修建巨大的王宮，宮中有許多廳堂和庭院，而且全都通往聖殿。在高牆之內有軍械庫，有供國王接見臣民和聽取法律訴訟的覲見廳，另外還有許多寬闊的起居間供國王及所有隨從居住。此外還有後宮，裡面住著王的妃嬪，遠離大眾好奇的目光。

整個王宮都以石頭建造，並以香柏木裝飾。總共耗費二十年才建成。

**所羅門王的聖殿**

然後他修建了聖殿。當然，古代的聖殿和今日的教堂十分不同。它是人民前來殺牲獻祭神明的聖地，而所羅門的聖殿只獻祭給名叫耶和華的神。聖殿裡不講道說教，只有絡繹不絕的朝拜者。

聖殿不需很大，所羅門的聖殿占地九十五英尺乘三十英尺，大小和一般鄉村教堂差不多。儘管如此，這建築卻耗費鉅資。猶太人多半務農和經商，很少有工匠的手藝。修建聖殿所需的石匠、木匠和金匠，都得從國外請來。他們大部分來自腓尼基，那是三千年前世界上最大的商業中心。

今天，推羅和西頓是兩座荒涼的小漁村，但是在所羅門的時代，這兩座城是令內陸閉塞的猶太人大開眼界的港口，就像美國中西部草原的小鎮居民會因為紐約的繁華而震懾一樣。大衛已和推羅的統治者簽定過協議，此時所羅門也與西頓之王締結同盟。

猶太王每年提供希蘭王穀物，希蘭王則提供相當數量的船隻供猶太君主使用，並保證提供技術嫻熟的工匠來修建聖殿。

所羅門租用的船隻遍訪了地中海沿岸所有港口，最遠抵達西班牙的他施（羅馬人稱為塔特索斯）。它們滿載黃金、寶石和珍貴的木材回來，供所羅門的聖殿使用。

不過，地中海的世界太小，無法滿足這位偉大君王的所有需求。他決定開闢一條進入東西印度群島的貿易航線。他請來腓尼基的造船工匠，讓他們在紅海東部的亞喀巴灣沿岸定居。他們在以旬迦別城附近建造了一座船塢。六百年前，當猶太人還是沙漠中的漂流者時，就曾到訪過以旬迦別。這些造船者造出的船，最遠到過俄斐（位於非洲東岸或印度西岸），載回了檀香木、象牙、香料，再由商旅隊運到耶路撒冷。

和金字塔（在當時已經存在了三千年以上）以及底比斯、孟斐斯、尼尼微、巴比倫等地的神廟相比，所羅門的聖殿算不上壯觀。

然而，這是西亞眾多小小的閃族部落中，首次有一支部族勇敢地將這樣雄心勃勃的建築計畫付諸實行。就連阿拉伯盛產黃金的示巴國的女王，也在好奇心的驅使下，前來參訪她北方鄰國的首都，覲見所羅門王，對他所完成的功績表示欽佩。

不幸的是，我們沒有在其他國家的記載中看見聖殿的資料，只有〈列王記〉[45]裡有仔細的描述，但〈列王記〉是在數百年後才寫成的。那時，一般的人都相信並說聖殿耗資十萬八千他連得[46]的黃金，以及一百零一萬七千他連得的白銀，相當於我們現在二十四．五億美元，但這數目大約是整個古代世界黃金總產量的五十倍，因此這數目很可能是誇大了。由於聖殿最早的

45 《舊約》中的書卷分為〈列王記〉（上）和〈列王記〉（下），有關建造聖殿的記載在〈列王記〉（上）第六和第七章。

46 他連得（talents），古希臘、西亞等地區使用的重量單位，但因時間地區而有不同說法，例如：古希臘的一他連得大約相當於二十五公斤，古希伯來人的一他連得相當於三十四公斤左右。

建築連一塊石頭也沒留下，遺址上又覆蓋著一百二十英尺高的垃圾，因此很難估出它正確的現代價值。

然而我們知道，古老的摩利亞山上（起初是耶布斯人亞勞拿的農場所在地）逐漸蓋滿了錯綜複雜的建築物，經過許多世紀，這些建築至今依然聞名。它們始建於出埃及後的第四百八十年（舊約中第一個確鑿的年代），並於第四百八十七年竣工。

所有的準備工作，如鑿石、鋸木等，都在遠離摩利亞山的地方完成。如此一來，修建聖殿的實際工程的噪音就能減到最小。

即便是那個時代的猶太人也很少住在石屋裡，他們不喜歡光禿禿的牆壁。因此，所羅門將這座聖殿的地面、四壁和天花板，都覆以香柏木板和雪松板，並在表面再鋪上一層薄薄的金箔。

至聖所

**聖殿與獻祭**

聖殿的核心是至聖所，這是個長寬高均為三十英尺的正方形小室，裡面矗立著兩座很大的天使雕像，他們張開的翅膀下安置著約櫃，這個樸素的木盒，如今已隨著猶太人漂泊了將近六百年的時間。它裡面安放著兩塊石板，上面刻著耶和華的律法，是當年祂在西奈山上的雲霧中向摩西顯現時賜下的。

這間小室內充滿永恆的肅靜。每年只有一次，也就是在贖罪日那天，大祭司才能進入這個神的靈所在之處。

贖罪日那天，大祭司會脫下平日的祭司袍，換上純白的亞麻袍子。

他一手拿著香爐，爐中裝著幾塊祭壇用的煤炭。

他另一隻手拿著一個金碗，裡面盛著祭牲公牛的血。他將血灑在地上以示贖罪。

然後他便退出至聖所。兩扇飾有花卉和棕櫚圖案的漆金大門隨即關上，殿中只餘兩座沉默的天使雕像矗立在那裡，繼續守護著張開的翅膀下方的約櫃。

在聖所和至聖所之間隔著一層雪松板，聖所才是聖殿中真正忙碌之處。香壇設在聖所中，

聖殿外院設立的祭壇上焚燒著祭物。

按律法要求，所有想獻祭的人，都當把一隻獻祭牲畜的血灑在這著名的祭壇前。

這地方從早到晚都充滿了人畜的嘈雜聲。

猶太人獻祭的律法極為錯綜複雜。祭司們不斷更改摩西立下的律法，每一樣罪行都有相對應的特殊獻祭方式，從而自這些獻祭中撈取大量的錢財。

窮人獲准用無酵餅或烘烤過的穀物獻祭。

但花得起錢的人就得去買一隻公牛或綿羊或山羊，將牲畜牽到聖殿裡，交給祭司做進一步的處理。

為了方便的緣故，聖殿入口附近就有牲畜出售，因此整天都可聽見牛羊哀叫的嘈雜聲。起初，祭祀的人應該要自己動手宰殺牲畜。然而，這項工作漸漸由祭司代勞了，而獻祭也失去了許多自己的特色。

首先，把牲畜殺了，切成塊，再把牲畜的血塗抹在香壇上，或灑在香壇前。然後，牲畜剩餘的部分（或帶有油脂的部分），要拋到黃銅祭壇上用煤炭燒掉。黃銅祭壇立在聖殿外俗稱祭司院的地方，這樣燒祭物的煙就能輕易上達天聽。

獻完祭後餘剩的肉，由獻祭者吃掉或送給祭司。所有的祭司並其家屬的住處占滿三排房間，這些房間就建在聖殿兩旁，十分便利。

## 迎回約櫃，一個偉大繁榮時代的開始

當聖殿竣工並準備向信徒開放時，所羅門舉行了隆重莊嚴的典禮。

他邀請了猶太人各部族的領袖前來耶路撒冷。

他們先一同從耶路撒冷走到錫安去迎接約櫃。

錫安是一座山丘的名字，最早的耶路撒冷村就建在這裡。它曾是迦南地原有居民耶布斯人的要塞，他們的王被約書亞所殺，但他們繼續維持了好幾世紀的獨立。

最後，大衛占領了錫安。

他將錫安稱為大衛的城，將它變成他未來國都的核心。

當大衛從基列耶琳迎回約櫃後，他把約櫃安置在搭建於舊王宮中的臨時會幕裡。

此時，祭司將約櫃從會幕中抬出來，抬往它最後安置之處，也就是至聖所內。

當約櫃一安放好，便有雲充滿聖殿，表明耶和華的靈降臨。於是，所羅門屈膝跪下，為人民祈禱。這時也有一團火從天而降，燒掉了放在祭壇上的祭物，於是國王與人民都知道耶和華悅納了祂的新居。

接下來的盛宴持續了整整兩週之久。

所羅門宰了兩萬兩千頭公牛和十二萬隻綿羊，其餘人也盡己所能獻上各種祭物。

這一切都大大提高了猶太人之王的聲望。

有史以來第一次，他的國家引起了國際性的矚目，並有各方訪客前來，貿易也比過往更加繁盛。在埃及、地中海沿岸、幼發拉底河和底格里斯河兩岸的眾多城市中，許多猶太商人都設立了自己的商號。

這是一個偉大繁榮時代的開始。

然而，錢多了是非也多。如今所羅門很少離開王宮，他還增加了貼身侍衛的數目。所羅門也是第一個擁有專門建制之騎兵團的猶太統治者。隨著年事漸高，他完全退出了國家事務的管理。他不再把自己當成是幾個儉樸的牧羊部落的國王，而是變成一個無可爭議的、強大的東方王國的統治者。

基於對國家利益的考量，他娶了好幾個更為強大的鄰邦的公主為妻。

這些嬪妃，無論是埃及人、摩押人、西臺人、以東人、亞捫人或腓尼基人，每一個當然都保留著自己國家的宗教信仰。因此，在王宮的高牆院內，可能會看到埃及女神伊希斯[47]的祭壇、

47 伊希斯（Isis），古埃及司掌生育和繁殖的女神。

巴力的祭壇，以及其他亞洲和非洲異教神明的祭壇。

有時為了討某個寵妃的歡心，所羅門會允許她建一座自己的小神廟，以便她能像兒時在尼羅河流域或亞蘭山丘間那樣祭祀自己的神明。由此可見，所羅門仍是個眼界自由寬大的人。不過這並未增加他在民眾當中的威望，因為他們嚴格信奉獨一的真神。

他們受盡奴役、無比艱辛，吃了許多說不出的苦，才把聖殿建了起來。而今，他們眾人的王卻遺棄了耶和華的聖殿，坐在一些陰暗華麗的異教神廟裡。這引起了極大的不滿。

這也引發了反叛的精神。一旦所羅門去世，就會爆發公開叛變。

我們對所羅門的晚年所知甚少。據說《所羅門行傳》一書中有詳細的記載，但不幸這書已經失傳。

所羅門安詳地去世，如同他的先祖一樣，都葬在大衛之城的家族墓穴中。

他本來可以為一個強大的猶太國奠定良好的基礎，但他對奢華生活的耽溺與對精神生活的漠視，讓這一切都不可能實現。

他一死，動亂就爆發了。

# 猶太王國人物關係表

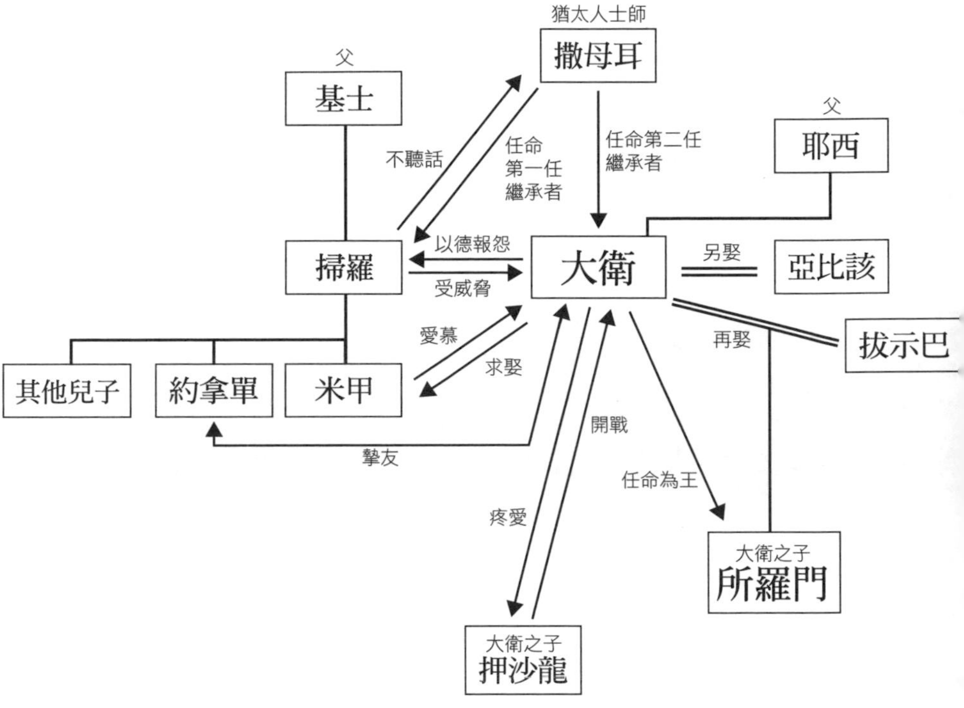
猶太人士師
撒母耳
父
基士
不聽話
任命
第一任
繼承者
任命第二任
繼承者
父
耶西
掃羅
以德報怨
受威脅
大衛
另娶
亞比該
愛慕
求娶
再娶
拔示巴
其他兒子
約拿單
米甲
開戰
摯友
任命為王
疼愛
大衛之子
所羅門
大衛之子
押沙龍

# 12
# 內戰

睿智的領袖或能拯救這國避免所有帝國招致的命運。然而，所羅門的繼位者懶惰無知，又聽信奸佞之輩，逼得北方十個部族起來反抗他的暴政。他們擁立自己的王並建立新的國家，取名以色列。南部地區依舊忠於合法的君王，成為眾所周知的猶大國，並定都耶路撒冷。

所羅門和亞捫女子拿瑪所生的兒子羅波安繼承了王位。羅波安愚蠢無知，沒有遠見。他一繼位，國家就陷入種種災難，最後以色列人民分裂成兩個互相敵對的小王國。但是，將這一切都歸罪於他，卻有失公允。國家的分裂，除了君主普遍不得人心，還有其他原因。早自猶太歷史的開端，居住在亞割谷南部的猶大部族和居住在北部的以色列部族，彼此之間就互相嫉妒厭憎。

想弄清這些古代爭端的根源非常困難。《舊約》的前十一卷（我們有關這整段歷史的唯一來源）包含許多傳說，但正確無誤的歷史甚少。寫這些編年史的作者經常帶有個人偏見，總是努力證明自己偏愛的觀點。他們經常在書卷裡加入一些與猶太民族真實歷史無關的流言蜚語。

此外，在這數百年間，猶太人占領的疆域也一直不斷在變化。許多原住居民被殺，或接受猶太人的統治並改信猶太人的宗教。

然而，數百年來，總有那麼幾個村莊或小城一直維持著半獨立狀態，因此，很難說巴勒斯坦是從何時開始成為明確的猶太國。為了把這事說清楚，且容我拿當代社會來做比較。

當你研究大西部的歷史，你會發現，要具體說明西部地區哪個地方是在哪一年從蠻荒轉變成文明社會，有多麼困難（幾乎不可能說清）。通常，我們知道首批先驅者和他們的家人驅趕著牲口越過阿勒格尼山進入平原的日期，我們也知道聖路易和芝加哥這類城市最早的房屋是什麼時候建的。然而，密蘇里州和伊利諾斯州確切是在什麼時候丟棄了「邊疆地區」的習性，呈現與大西洋沿岸較早建立的各州一樣的內外在風貌呢？

除了「十九世紀上半葉某個時候」，我們再給不出一個更明確具體的答案。

從這一點來看，猶太人的歷史和美國的歷史極其相似。

不過，本章還有其他一些迷惑難解和可對比之處，在閱讀時需要特別當心。

## 淹沒於歷史當中的謎團

「猶大」和「以色列」這兩個《舊約》書卷中每頁都會出現的名稱，便有這種問題。它們的使用極不規範。

〈約書亞記〉、〈士師記〉和〈列王記〉的作者們在寫到「以色列」或「猶大」時，通常他們真正指的是「所有從迦南人、亞捫人和耶布斯人手中贏得的土地」。有時他們甚至更漫不經心地把以色列稱為猶大，或反過來把猶大稱為以色列。

我再舉個當代的例子來把這點說清楚。

三千年後，假設有個作家在波士頓廢墟某地窖裡發現一批關於美國歷史的書，他藉助一本在博物館找到的古英語語法辭典來閱讀這些書，卻不斷發現這些書中提及 America、United States 和 The States 這些名詞。

他要怎麼知道一九三二年的歷史學家隨意使用這些詞彙時，究竟是什麼意思？

America（美洲大陸）指的是一塊從北極延伸到南極的大陸的名稱。

然而，這名稱通常也拿來指加拿大和墨西哥之間的那片區域。那個未來的作家如何知道書裡的 America 實際指的是「美利堅合眾國」，而不是整個美洲大陸？還有，當他讀到 The United States，他要怎麼斷定這名稱指的究竟是南半球的「巴西合眾國」（The United States of Brazil）、「委內瑞拉合眾國」（United States of Venezuela），[48]還是北半球的「美利堅合眾國」（The United States of America）？

等他讀到 The States 這個名稱時，他要怎麼確定在這種情況下，這名稱指的是整個國家，還是指這國家裡東南西北的某些州？

兩千年前，猶太的書卷抄寫員對「猶大」和「以色列」所指的區域是非常明確的，絕對沒有機會引起誤會，但那個世界已經被埋在兩千年來的歷史垃圾之下了，因此，我們很難斷定，先知們口中常提到的「河對岸的人毀了這座城」所指的「河」和「城」，究竟具體是指哪裡。很有可能，「河對岸的人」指的是住在幼發拉底河對岸的巴比倫人，而「城」則十之八九指的是耶路撒冷城。只要我們稍微動腦思考一下，通常都能猜得相當準確。不過，我們從來不敢肯定，而且在美索不達米亞的進一步考古探索，或許會證明我們終究還是弄錯了。

現在你會明白，在接下來的篇章裡，我們只能提出最籠統的歷史說法，對於這一章當中的論據我們也不太確定，只是盡力去解釋，為什麼猶太王國在尚未具備正規帝國的外顯特徵之前就注定走向分裂。

## 大衛的安撫和解政策

以色列人（雅各的直系後裔）是否比猶大人（他們自稱是雅各第四個兒子和亞杜蘭村一個女子的後裔）更精力充沛，我們不得而知。

以色列人居住在北方寬闊舒適山谷中的許多村莊和城市，猶大人居住在南方暗石林立的貧瘠高原，牧羊時期養成的族長習慣也比以色列人持續得更久，但這些是否造成兩者之間的差異，我們無法準確告訴你。

不過，有一件事是事實，那就是從約書亞、基甸、撒母耳、掃羅到施洗約翰和耶穌，幾乎所有猶太人的領袖全都出生在北方。

除了大衛，南方沒出過第二個聲譽卓絕之士，這是事實。

如果是一個北方人將各部族聯合成一個國家，猶太人是否能從中獲得更多利益，這是個開

48 巴西合眾國（The United States of Brazil）建立於一八八九年，一九六七年改為巴西聯邦共和國（Federative Republic of Brazil）。委內瑞拉合眾國（United States of Venezuela）建於一八六四年，一九五三年改為委內瑞拉玻利瓦共和國（Bolivarian Republic of Venezuela）。

放性問題，沒有定論。

然而這種歷史假設沒有什麼價值。如果俾斯麥是巴伐利亞人，今天的德國[49]無疑會是個更令人愉快的國家。

不過他是個普魯士人，就像大衛恰好是猶大人一樣，沒什麼能改變那些事實或它們對其後所有歷史發展所造成的影響。

有一件事倒是可以肯定。大衛躲過掃羅的怒氣（掃羅很可能因為他是「南方人」才對他心懷偏見）被立為猶太的王之後，他採取了非常明智的安撫和解政策。

大衛因過於迫切想安撫北方人的偏見，招來自己族人的憤怒反對，但他的王國建立在穩定妥協的牢固基礎上，因此，即便君王年紀老邁無法征戰沙場，一旦有叛亂發生還是很容易敉平。

所羅門在統治的前半期，力圖依從同樣的政策。然而，他的真誠和慷慨都及不上大衛。

那些威脅到國家安全的危險分子，全遭到無情迫害並處死。

不過，在外交政策上，所羅門比父親成功。隨著一連串戰爭的勝利（前去作戰的是他的將軍，國王本身並不喜愛艱苦的軍旅生活），他保衛邊疆不受任何敵人侵害，使自己的百姓獲得和平和繁榮的保障。

他在短時間內便讓自己在北方和在南方一樣受到歡迎。然而，中年之後的所羅門開始犯錯，這些錯誤最後導致了猶太帝國的淪亡。接下來我們就來告訴你。

## 先知遇見耶羅波安

耶路撒冷被定為整個國家的首都，大概是出於戰略考量。事實上，以色列人更想看見皇宮和聖殿建在自己北方的領土上，但他們還是欣然接受了所羅門的決定，每當想要獻祭給耶和華時，便不辭千里跋涉前往。

接著，所羅門開始大興土木。

當然，也有其他君王因為自己宏圖大志的建築美夢而把百姓逼得民窮財盡，但很少有國家像以色列和猶大那樣，一個「和平的君王」把舉國上下的金銀全部搜刮一空。

起初以色列人並未反對。他們覺得自己是在為耶和華的榮耀效力，並心甘情願做出重大的犧牲。不過，當耶路撒冷變成一個野蠻俗氣的首都，當國王自己開始將每年王室的收入浪費在修建摩洛[50]、基抹[51]和十幾個異教神明的神廟上時，群眾開始抱怨，心生不滿。

最後，他們實際上已淪為奴隸和農奴，所羅門還下令要他們從俄斐運來金子，用船從他施運來銀子，以致於他們威脅著要造反。

不過，在他們起來反抗之前，有位先知已挺身為全國的百姓發言。

所羅門有個官員名叫尼八（屬於以法蓮部族），他兒子名叫耶羅波安，是蓋聖殿的工頭。有一天，耶羅波安去上工時，遇見了從示羅的村莊搬到耶路撒冷來的先知亞希雅。這先知穿著一件新外袍，這種事很少見。通常先知都窮，身上穿的只有老舊的駱駝毛衫。

亞希雅一看見耶羅波安，立刻脫下那件精緻的衣服，故意將它割成十二片，並把其中十片交給了耶羅波安。這象徵著耶和華定意要耶羅波安統治以色列的十個部族。

49 指作者身處的一九二〇年代。
50 摩洛（Moloch, 亦做 Molech），古迦南地區諸神之一，在舊約當中被視為異教之神。
51 基抹（Chemosh），古代西部閃族人信奉的神祇。

所羅門手下有能幹的密探，他得知詳情後便下令處死耶羅波安。然而，像耶路撒冷這樣的小城，消息傳得很快，耶羅波安得到警訊後立刻逃往埃及，在埃及獲得第二十二王朝的法老示撒的庇護。

示撒是個精明的政治家，他對自己東方鄰邦猶太帝國的強盛崛起深為疑懼。他想必希望等所羅門一死，就利用耶羅波安來爭奪猶太的王位。

## 所羅門之子羅波安失去人心

事情果然如他所願。當法老一聽羅波安繼承了父親的王位，立刻資助耶羅波安足夠的費用，讓他返回耶路撒冷自薦為王位的競爭者。那時，猶太國實行君主世襲的制度已將近兩個世代，但舊日士師時代確立的「選舉」形式仍然保存了下來。因此，無論何時，一旦統治者過世，各部族便要聚會「選舉」新的君主。

全國各地的代表會聚一堂時，他們商討政治形勢。他們願意承認羅波安做王，但在眾人向他歡呼之前，他們堅持先制訂「大憲章」，或我們今日所說的「憲法」，以保障他們有權反對過度苛刻的稅賦。

羅波安從小在深宮中成長受教育，很少接觸臣民，他派人召來幾位侍奉過他父親的老臣。他們會給他什麼建議？

幾位老臣告訴他，國家不堪重負，百姓哀聲連連，國王應當同意代表們的請願。

然而，貪戀安逸的羅波安不樂意聽到臣民談論削減王室開支的事。

他轉而徵詢王宮中與他同享富貴的年輕貴族，問他們對眾民要求王室「節約」有什麼看法。

他們對那些烏合之眾表現出深深的蔑視，羅波安因而有勇氣做出愚蠢的答覆。這個答覆遺臭萬年，並且永遠與羅波安的名字連在一起。

羅波安是這麼說的：「我父親使你們負重軛。很好。我，你們的新王，必使你們負更重的軛。我父親用鞭子打你們，我要用蠍子鞭責打你們。」

這成了眾所周知的最後一根稻草。

有十個部族拒絕承認羅波安，選擇耶羅波安做他們的王。

只有猶大和便雅憫部族依舊忠於所羅門的兒子。

## 猶太國一分為二

就這樣，猶太國一分為二，從此再未復合。

建立一個中央集權的強大王國的機會，就此永遠喪失了，但整個世界卻從猶太帝國野心的失敗中受益。猶大和以色列合在一起（面積相當於現代的比利時王國），有可能發展成西亞最重要的國家。

分裂後的兩個小國勢力太弱，無法與東方的強鄰對抗。

首先（在西元前七二二年），以色列國遭亞述蹂躪並征服。

一個世紀後，猶大國遭受同樣命運，落入迦勒底人手中。

猶太人被迫流亡。

他們遠離了聖殿和家園，但祭司依然一絲不苟地忠於古老的律法記載。

他們對過去絲毫不忘，也絲毫沒學新事。

不過，先知們好好利用了這個意想不到的機會，拓寬了自己對人對事的視野，研究了自己的百姓和世界其餘民族的關係。這讓他們有機會修正自己在宗教與心靈上的信念。既殘酷又難以理解的耶和華，曾受摩西、約書亞和大衛敬拜的耶和華，本是農民和牧羊人小群體敬奉的部落之神，他們居住在西亞無人知曉的角落裡。

由於流亡先知們的勇氣和遠見，這位古老的希伯來的上帝，如今發展成為具普世性和永恆性的聖靈概念，並且被現代全世界的人接受，視為真理與愛的最高體現。

# 13 先知的警告

兩個猶太小國連年交戰，彼此削弱，終致落入永遠聽憑鄰國擺布的地步。

然而，他們最終的不幸，不在於沒有人發出警告。

就在國王、政客和祭司都怠忽職守之時，一小群被稱為先知的勇敢之士挺身而出，試圖引導人民重新回到對耶和華的真實敬拜，卻總是徒勞。

眾多士師、大衛和所羅門都夢想建立一個偉大的猶太帝國，卻未能實現，並以悲劇告終。一道由各種防禦工事築成的強大防線，從約旦河附近的吉甲（曾是約書亞的指揮總部）一直延伸到非利士邊界的基色城，將猶太的領土劃分成南北兩國。

統一，他們就能維持共有的獨立性。

分裂，他們就會任由強鄰宰割。

接下來我們要對你講述一個不幸民族的悲傷故事。數百年的內戰和無政府狀態，帶來的是兩百年的流亡和奴役。這段時期是一連串黑暗事蹟——突發的謀殺和徒勞的野心——所構成的紀錄，但它為我們瞭解古代最引人注目的靈性爭鬥提供了恰當的背景。

如果我們想瞭解眾先知中最偉大的那一位[52]的生平，就必須知道這段複雜的歷史時期裡的主要事件。早在那位最偉大的先知出生之前，猶太人僅剩的一點獨立，都已被龐培[53]的軍隊摧毀了。

## 以色列與猶大

偉大的所羅門逝世於公元前九四〇至九三〇年之間。五年後，所羅門帝國的分裂已成定局，人民也都接受這項事實。

這兩個新生國家的實力是足以相提並論的。以色列的領土是猶大的三倍，人口是猶大的兩倍。和境內有四分之三都是荒涼曠野的猶大相比，以色列的牧場遠比猶大富饒。這並不意味以色列比南方的鄰國強大兩倍或富裕三倍，相反的，領土遼闊正是以色列的一大劣勢。領土小而集中的猶大，享有更集中的政府統治，也更易於抵抗外敵入侵。

猶大東邊是一片面臨死海的岩石曠野，這個鹹而酷熱的谷地低於地中海海平面一千兩百英尺，是抵禦摩押人和亞捫人入侵的天然屏障。

南邊是一片一直延伸到阿拉伯半島的沙漠。

西邊的邊界與非利士地接壤。這些在古代逃來此地的克里特人，已經遠不如先人那般凶猛，他們已安定於農場和做坊的和平生活，如今很少再侵擾鄰國猶大，他們還保護猶大抵禦了剛占領鄰近希臘半島的野蠻人入侵和劫掠。

52 也就是耶穌。

53 格奈烏斯・龐培（Gnaeus Pompeius Magnus，西元前 106~48 年），古羅馬共和國晚期的偉大政治家和軍事家之一。他攻下耶路撒冷，終結猶太人的獨立，將猶大納入羅馬帝國版圖。

另一方面，以色列國卻是四面受敵。約旦河本該是以色列最佳的天然屏障，但幾場勝仗下來，以色列的領土往東擴展了數百英里。在那個時代，似乎只有中國人才有耐心修建橫越沙漠的防禦城牆。

有好幾次，以色列人似乎即將在此地構築防禦工事，但國內政局不穩阻斷了計畫。此後，以色列人只能聽天由命，當然最後被強大的東鄰擊敗。這個鄰國的堅定信心建基於效能強大的弓箭手和騎兵。

以色列王國還深受另一個嚴重劣勢之苦。它由十個不同的部族組成，各部族成員總把「團結」和「合作」掛在嘴邊，但就像美國最早的十三個州一樣，全都緊守著自己的利益不放。他們甚至無法決定合適的首都地點。位在以法蓮領地的示劍是著名的古城，從各方面來看，似乎都是以色列未來國家中心的正確選擇。亞伯拉罕當年西行找尋應許之地時，曾經造訪過此地，過去十個世紀的猶太歷史也與示劍密不可分。

然而，經過叛亂才登上王位的耶羅波安（永遠疑心重重，總是防著各種真真假假的敵人）卻認為示劍不夠安全。他把自己的宮殿遷往更東邊的得撒。

五十年後，以色列的首都又從得撒遷到位於山頂上的撒瑪利亞，以便俯瞰周圍形勢。

## 祭司階層獲得新力量

小小的以色列王國無法好好定下首都，妨礙了它的正常發展。自有歷史以來，許多強國都因為首都不定而滅亡。

然而，以色列衰弱的潛在原因與地理疆界或政治中心無關，另有截然不同的因素。

猶太國打從一開始就是個神權政治的國家。神權政治是指這個國家是由「神」或「上帝」來統治。由於神不住在人間，因而藉助專業的祭司階層來統治自己的領地。祭司不時藉由作夢或特定的預兆來傳達神的旨意，比如聖樹樹葉的沙沙聲，或獻祭後來自天上異象的顯露。

「神」（無論是耶和華還是朱比特）當然不是普通百姓能看見的，因此，他的祭司便成為他在人間的代言人，以及他的命令的執行者。他們的權力和派駐印度的總督一樣，總督以住在遙遠的白金漢宮中的神祕帝王的名義統治千萬百姓，而那位帝王是加爾各答或孟買居民永遠見不著的。

幾乎每個國家在其政治發展都曾經經歷過「神權政治」這樣一個特定階段。我們在尼羅河谷地和巴比倫發現過這種階段，在希臘和羅馬的歷史上也聽過。這個觀念非常強大，足以在中世紀的混亂中存續下來。它讓英國國王成為「信仰的捍衛者」。它給俄國沙皇機會鞏固自己，成為國家和教會的半神式領袖。即使到了今天，我們也能在美國參議院、眾議院和所有各州的州議會中發現神權政治的蛛絲馬跡。在議會開始前先由牧師祈禱，承認若無上帝的靈引導，就難以達成明智的決策。

原始的人類在面對所有大自然力量的擺布時，求助於神聖的祭司來保護他們免於諸神的憤怒，這是很自然的。同樣的，在一個國家當中，擁有如此特權的職位會為某個社會階級帶來無限權力，而這樣的權力絕不會被自願放棄，因此，從神權政體轉為純粹君權政體的過程中，必然伴隨著可怕的戰爭。

在所有民族當中，幾乎唯獨猶太人的神權政治觀念根深柢固，牢不可破，緊緊控制他們的想像力。

從一開始，摩西就堅持神權政治的統治形式。「十誡」事實上是他這個新國家的憲法。在他的命令下，大祭司成為眾民的元首。在某種意義上，會幕就是國家的首都。

征服迦南的戰爭暫時削弱了教會的力量[54]，也必然為軍事領袖帶來大量好處。即便如此，許多祭司也是士師，對國家的生活有雙倍的影響力。

在大衛和所羅門統治的時代，眼看國王即將建立起絕對的君主專制。在這制度中，大祭司將執行其世俗主人的旨意，而不是耶和華的旨意。

然而，耶羅波安的革命和國家分裂成兩個王國，為祭司階層帶來新的力量，也讓這些精明的人得到機會重新獲得他們古老的威望。

## 條條大路通所羅門聖殿

逆境不幸，也有其好處。

猶大王羅波安雖然失去三分之二的臣民和四分之三的領土，但保住了耶路撒冷。這座城是猶太人的宗教中心，其價值遠超過撒瑪利亞和示劍。如果你還記得，在公元前十世紀，耶路撒冷的聖殿實際上壟斷了猶太全地百姓敬拜祭祀的活動，那麼你就能夠理解了。

這樣的情景不容易想像。如今我們各自屬於不同的教派，我們是衛理公會、天主教、猶太教、基督教科學派、浸信會或路德派等，但我們彼此和睦相處。我們在星期天（或其他我們喜歡的日子）去自己喜歡的教會，按著自己良心的指引去敬拜神。

然而，古代的猶太人沒有這種選擇。他們必須在耶路撒冷聖殿的祭壇上獻祭，否則就是怠慢疏忽了自己的宗教職守。

由於國家很小，意味著去一趟耶路撒冷不那麼艱難費事。總之，絕大部分猶太人一輩子會去聖殿兩、三次，並且只有在非常莊嚴隆重的節日裡才去。他們不在乎必須花幾天時間才能抵達至聖所，但這使得耶路撒冷對百姓握有巨大的影響力。

中世紀時有句諺語：條條大路通羅馬。在古代巴勒斯坦，是條條大路通所羅門聖殿。

當以色列諸王築起屏障，將自己的臣民和隔壁可恨的猶大國隔開時，耶路撒冷出人意表獲得了尊嚴，扮演受崇敬的殉道者角色。聖殿的祭司與猶大諸王達成共識，拒絕承認「不合法」的以色列統治者。他們公開指責北方的「叛亂者」，認為北方拒絕接受王位「合法」繼承人，是違背了耶和華的旨意。事實上，他們開除了所有以色列人的教籍[55]，並對以色列人的邪惡加以咒詛。當可憐的北方王國淪為犧牲品，遭政治貪婪的亞述併吞時，猶大神壇的守護者們欣喜若狂。

他們宣稱，耶和華懲罰了祂不忠貞的孩子，如今總算萬事大吉了。

唉！豈料一百年後，他們也遭受同樣的命運。隨後數世紀的流亡讓他們得到了教訓，學會做人需有憐憫和寬容。

置身當代，我們的孩子很難清楚理解這種情況。如果他們父母（因為某種原因）不喜歡他們的牧師，他們可以悄悄換到另一所教會聚會，不必感覺良心上犯了罪。然而，公元前第十世紀的以色列人，以及和他們同時代的猶大人，都是耶和華忠心的僕人。他們否認自己是「異端」，就像現在美國公民無法接受只因和大多數鄰居或市民投不同的票而受到排擠。以色列想

54 原文是 the power of the church。當時沒有教會，房龍的意思是指神權統治的力量。

55 開除教籍是一項紀律程序，僅在非常情況下使用——即某人犯了大錯卻不認罪悔改，因此將他從教會會員中除名。

和聖殿保持聯繫，但聖殿在耶路撒冷，而耶路撒冷是敵對國家的首都。出於無奈，他們被迫建立了幾座自己的聖殿。

然而，這麼做並沒有改善情況。

相反的，事情變得更糟。以色列的處境，就像十四世紀大膽自行選舉教皇的歐洲人[56]一樣進退維谷。當年這些歐洲人這麼做，是為了對抗眾所公認住在羅馬的教會領袖。

很抱歉我們在本章牽扯了這麼多歷史說明。然而，這是我們希望讀者清楚瞭解以色列和猶大兩國複雜又不幸的關係的唯一方式。

以色列享有一切世俗的優勢。

猶大則維持著自己巨大的宗教優勢。結果證明，猶大是兩者中的強者。

## 引外國勢力介入

現在，我們必須簡述一下兩個王國從分裂時期到流亡時期的政治發展。

以色列和猶大之間的爭執，被來自東方的一股侵略勢力粗暴地打斷了。亞洲的投機分子示撒已成為埃及的主人，在埃及建立新王朝，並且一直密切注意猶太國的情勢。還記得吧，耶羅波安因所羅門的震怒而逃到埃及時，示撒款待他，向他表示友好，並鼓勵他返回耶路撒冷發動革命，最後耶羅波安奪得了大衛家的大半壁江山。

就在這古老王國的各部族陷入內戰之際，示撒把握最佳機會，入侵了以色列[57]。他占領了耶路撒冷，並允許士兵掠奪破壞聖殿。接著他又揮兵北上，占領並摧毀了以色列國一百三十三座城和村莊，然後滿載著從猶太國掠奪來的財物返回埃及。

以色列很快從戰爭中恢復，但猶大國損失慘重，整個國家的財富被掠奪一空。聖殿雖然重建了，但因財富已經耗盡，新聖殿遠不如原先那般豪華。銅鐵代替了金銀，古老的輝煌已逝，再也沒有好奇的示巴女王來訪了。

這場侵略過後不久，耶羅波安去世，他兒子拿答繼位。

這位年輕人做了許多睿智先輩所做的事，向非利士人宣戰。

當基比頓城拒絕投降，拿答便將城圍困，但他還沒來得及給這座要塞一點顏色看看，就遭巴沙謀殺了。巴沙出身以薩迦部族，似乎是拿答手下的將領。

巴沙殺了拿答所有親屬，自立為以色列王，並遷居得撒。

他繼續圍困基比頓，此外還向猶大宣戰。

那時羅波安已死，繼位的是他兒子亞比央。亞比央只統治了三年，死後將王位傳給四十二個子女中的亞撒。

亞撒比他之前所有國王都賢明。他拆毀國內所有異教神壇，鞏固了聖殿祭司的地位。

然而，亞撒在位的四十一年十分辛苦。首先，他被迫抵禦幾支衣索比亞部族的攻擊。這些部族遭擊退後，猶大與以色列又爆發了戰爭。巴沙時常封鎖猶大。他加強控制南北交通要道的

56 西元一三〇九年，羅馬教皇克雷芒五世被法國國王菲利浦四世擄到法國的亞維儂，此後教皇居此地，稱為亞維儂教廷。一三七七年，格列高利十一世（Grégoire XI）把教廷由法國亞維儂遷回義大利羅馬。格列高利十一世去世後，樞機團於一三七八年一致選出一名義大利人為繼任教皇烏爾巴諾六世（Urban VI），但後來其中的十三位樞機（大多數是法國人）宣布該選舉無效，並另選出法國人克雷芒七世（Clément VII）為教皇。兩個教皇分別在羅馬和亞維儂聚集了自己的勢力，造成天主教分裂。

57 作者不是歷史學者，敘述用詞並不嚴謹。這裡應該是指猶大國，見《舊約》〈歷代志〉（下）第十二章。

拉瑪城的防禦工事，等於切斷了猶大和大馬士革、腓尼基之間的聯繫。

亞撒擔憂自己的國家會被以色列的經濟政策扼殺，於是尋求外援，派使節前往亞蘭王便哈達的王宮求援（亞蘭通常被稱為敘利亞）。亞蘭王統治著從黎巴嫩山脈到幼發拉底河兩岸的大片平原。

猶太人用厚禮賄賂亞蘭王，要他從背後攻擊自己的親族以色列人。便哈達同意了這個計畫。

事實上，便哈達才剛和以色列王巴沙締結友好條約，但那個時代的人並不認真看待條約。便哈達集結兵馬，離開首都大馬士革，向南進軍。他占領了北邊但部族的要塞，又攻下遠至加利利海的大片以色列領土。巴沙被迫求和。猶大從經濟封鎖中獲救，通往大馬士革的商路再次開放。

亞撒無疑做了看來對國家最有利的事，但日後他和所有猶太人都為他們第一次將外國人拉進自家紛爭的那一天後悔不已。從那時起，這些東方君主只要缺錢，就不請自來援助以色列或猶大，有時單獨行動，有時合夥，對兩國進行掠奪，補償他們「遠征解救行動」中的消耗。

至於巴沙，在他統治的二十九年中，大部分時間都耗在與先知耶戶的抗衡。兩人的爭端起因是要不要繼續異教偶像崇拜。

## 巴沙招致的懲罰

猶大國的民族成分相當單一，但以色列境內卻住著相當多外國部族。這些部族有的祭祀太陽神巴力，有的崇拜金牛。許多亞洲和非洲人似乎都認為金牛是力量和尊貴的化身。

以色列歷代國王一直很難解決這個最令人遺憾的情勢。經過這許多世紀，以色列人依舊是約書亞所征服的那片土地上的少數民族。干涉原住居民私人主張可能會引發叛亂，他們無法承擔這個風險。如今在印度，有許多宗教英國人並不贊成，但英國政府很明智，拒絕干涉。在那之前，由於某些本土軍隊的特定宗教偏見造成誤會，讓印度爆發一次大規模的起義[58]，因此英國政府銘記這次教訓，對當地寺廟活動一直置身局外。

巴沙也面臨類似的難題。那時以色列國內有一小撮不安分的狂熱分子，他們將所有的寬容視為道德軟弱的象徵，一直催促巴沙（和所有其他國王）將異教神明、異教祭司，以及拒絕承認耶和華是獨一真神的人全部根除。當統治者（出於國家的實際考量）拒絕聽從這項計畫，不願政治自殺，這些狂熱分子便公開指責他們是公義的敵人，不配坐在王位上。

巴沙藉由謀殺前任君王才登上王位，當然不可能冒任何下台的危險。他被迫對供奉金牛的人採取非常寬大的態度，交換他們承諾支持他去對抗他的敵人。每當先知耶戶認為必須前來傳達耶和華的旨意時，巴沙總是洗耳恭聽，卻拒絕對遭人鄙視的異教徒採取任何反對行動。當

58 印度民族起義（Indian Rebellion of Nationality），英國人稱為印軍譁變（The Indian Mutiny）或僱傭兵叛變（Sepoy Mutiny），印度人則稱為第一次獨立之戰（the First War of Independence），指一八五七至一八五八年間，服役於英屬東印度公司的印度士兵發動反英統治的起義。起義的背景牽涉許多因素，直接的導火線則是關於子彈潤滑油的傳言。一八五七年初，據傳東印度公司以豬油、牛油混合的潤滑油塗在步槍子彈的包裝上，以當時的技術條件，士兵在裝彈前必須先咬破子彈包裝。由於印度教視牛為神靈，伊斯蘭教視豬為汙穢之物，因此這兩種信仰的士兵拒絕使用這些子彈。一八五七年五月，第三輕騎兵團八十五名印度士兵就因此被關進牢獄，判處十年苦役。這個懲罰激怒了他們的夥伴，位於密拉特的孟加拉部隊首先發動暴動，起義迅速擴及印度領土的三分之二的地區。到了一八五八年，主要反抗活動被英國人逐一平定，零星的游擊戰持續至一八五九年，印度反英起義最後徹底失敗，但這次起義最直接的結果是蒙兀兒帝國從此正式終結，英國政府也撤銷東印度公司的管理體制，改由英國政府直接統治印度。

他過世時，以色列國的巴力神廟比以往任何時期都多。耶戶在憤怒中預言巴沙的王朝將多災多難，這是他不重視以色列的信仰所招致的懲罰。

這些預言以驚人的速度應驗了。

巴沙死後沒多久，他兒子以拉就遭到謀殺。這個年輕人和他父親一個樣。他在得撒舉行一場聲名狼藉的宴會，並且和戰車統帥心利發生了爭執。心利拔出匕首刺死以拉，然後自立為以色列王，占據了王宮。

以色列國的百姓雖然對流血和謀殺習以為常，但這起無恥的暴力行為仍超過他們的容忍。他們派使者去見正在圍攻基比亞的軍隊的統帥暗利，請他返回首都建立秩序。當心利聽見大軍正向得撒開來，頓失勇氣，放火燒了王宮和得撒城。他篡位不到一週，就葬身在自己首都的火海中。

心利在統治的六天當中暗殺了以拉所有的兄弟，因此王位沒有合法繼承人。暗利身為唯一合乎情理的人選，被眾人推舉為王。他決定離開被燒成廢墟的得撒，開始找尋合適的地點當作自己的首都。

他更往西行，找到一座山丘的山頂。那山屬於一個叫撒瑪的農民。暗利花了二他連得（約三千美元）買下那座山，在山上建了一座城，叫做撒瑪，或撒瑪利亞。

在此起彼落迅速登上以色列王位的諸多統治者中，暗利是截至目前為止最重要的一位。無論他有什麼缺點，至少他能打仗。他在位期間，花了十二年攻打便哈達，戰爭雙方實力懸殊，但暗利不但堅守住自己的陣地，甚至把國家版圖擴大了一點。

當他過世時，他留給兒子亞哈一個大加擴張的王國。

## 兩國的休戰協議

以色列真正的麻煩，是從亞哈做王開始。

亞哈是個軟弱的人，但他的妻子耶洗別卻很強悍。

沒多久，這個女人就成了以色列真正的統治者，百姓也全意識到了這個事實。

耶洗別是西頓王謁巴力的女兒。西頓是腓尼基人所建的城，腓尼基人信奉太陽神，耶洗別是巴力信仰的擁護者。一般來說，王后應當改信丈夫國家的宗教，然而，耶洗別沒這麼做。當她嫁到撒瑪利亞，隨行帶著自己的祭司，並且在亞哈的王宮中站穩地位後，立刻開始在以色列首都的中心位置修建一座巴力神廟。

以色列百姓大為震驚，先知們高喊上帝，但耶洗別毫不理會，並且沒多久就開始接連迫害那些還忠心信靠耶和華的人，開創宗教恐怖統治，直到她被耶戶[59]的革命推翻為止。

對那些跟隨耶和華而遭迫害的人來說，很幸運的是南方王國正由非常睿智的王所統治。這位國王是亞撒的兒子，名叫約沙法，為了接掌王位，他受過縝密的訓練，是個卓越的外交家和軍事家。

約沙法知道自己的國家在武力上不能和以色列抗衡。

因此，他想奠定兩國之間的休戰協議。首先，他迎娶亞哈和耶洗別的女兒亞他利雅[60]為妻。接著，他和岳父簽訂攻守同盟。就這樣，他獲得國家北部邊界安全的確切保證，於是向住在死海對面的亞捫人和摩押人發動攻擊，並征服了他們的領土。這雖使他立下赫赫威名，卻未平息

---

59 這個耶戶是以色列軍隊的將領。耶戶反亞哈王朝和殺耶洗別的始末，見《舊約》〈列王記〉（下）第九章。

60 根據歷代志，此處應是約沙法與亞哈結親，讓兒子約蘭娶亞他利雅為妻。

老先知耶戶的怒氣。耶戶譴責他對邪惡的耶洗別態度友好，公開斥責他與以色列簽定協議是對耶和華的直接侮辱。

儘管約沙法被指責對信仰冷淡，他所做的每件事依然成功順利。他在公元前八五〇年去世，臣民深感哀悼痛惜。他被葬在大衛城的家族墓穴裡，與他的先祖們在一起。

## 先知以利亞

這便是公元前第九世紀上半葉猶大國的歷史。我們將看到，以色列國是另一幅大不相同的景象。

在那個可憐的國家中，每件事都走向毀壞與混亂。

耶洗別建立了一個名符其實的宗教裁判所[61]，凡是拒絕敬拜太陽神的人，若非處死就是流放。似乎沒有什麼能阻止這種強迫全民改變信仰的作法。

然而，就像一直以來那樣，在有需要的時刻，民族的良心起而採取行動了。

先知以利亞挺身而出，把百姓從徹底的墮落中拯救出來。

我們對這位非凡人物的早年生活所知不多。他可能是加利利人（加利利是許多偉大先知的家鄉），不過無法完全確定。他的年輕歲月，大部分在約旦河東部基列的曠野中度過，其生活深受周圍自然環境的影響。從根本上來說，他是個老派的人。他接受耶和華做他的主人，毋需理由，不必爭論，也毫不質疑。

和舒適的城市生活相比，他寧可選擇沙漠那簡單又不舒服的生活方式。他的確憎惡所有的城市。城市對他而言是奢侈和對宗教冷漠的溫床。城市容忍、甚至歡迎從腓尼基、埃及和尼尼微傳來的奇怪神明。城市還是異端邪說的滋生地，應該把城市和其中的居民一同從地球表面上抹除。

在亞哈和耶洗別看來，先知以利亞是極其危險的人物。

他對自己所擁護的公義緣由充滿至高無上的信心。

他勇猛如獅子。

他毫無世俗野心。

他鄙視私人財物。

他僅有的行頭是一件駱駝皮毛製成的粗糙衣服。

他吃人們施捨給他的一切東西。

在食物極度匱乏時，烏鴉叼餅和肉來餵養他（人們是這麼傳說的）。

總之，他完全無懈可擊，因為他不受塵世和死亡的束縛。對一個已將身心全部獻給上帝並服事祂的人而言，無論生活遭遇何等暴烈之事，都不算什麼。

怪不得這位導師在他同一時代的人心中留下深刻的印象。

以利亞一生奔波不停，且具有強烈的戲劇感。他會突然出現在遠方一座城市的市場，對人們發出不祥的警告，但在眾人還沒從驚愕中回過神來，這位先知已經再次消失。

幾天之後，他會出現在以色列的另一處，然後像突然出現那樣又神祕消失。

眾人這才相信他擁有某種神奇的力量，可以隨意讓自己隱身。

61 所謂宗教裁判所，也稱異端裁判所、異端審判，是公元一二三一年天主教會教宗格里高利九世決意由道明會設立的宗教法庭，負責偵查、審判和裁決天主教會認為是異端的人，曾監禁和處死異議分子。

自古以來，人就喜愛誇大英雄人物的優點。隨著時間過去（故事也從父到子代代相傳），以利亞愈來愈被視為偉大的魔法師。他傳講的智慧之言已被人忘記，但他所行的神蹟，在他去世數百年後依舊被人記得。猶太母親常給孩子講述那個能顛倒所有大自然規律的神奇人物，他能一揮手就讓河水停止流動，他能把一袋穀物變成十二袋，他多次治好生病的人，有時候隨手一揮就令死人復活。

這位驚人的人物，受同時代所有人的敬畏與尊崇，如今成為他那個時代偉大宗教劇的主角之一。

如同一道從天而降的閃電，先知出現在未料想到的亞哈王面前。國王才又對巴力妥協讓步，他即將聽見自己要受的懲罰。

基立溪

「這地必有旱災，」以利亞說：「並有饑荒和瘟疫，因為耶和華必不容忍拜偶像的罪。」

接著他又消失了。亞哈的士兵到處都找不到他。他迅速越過以色列的高原，回到他鍾愛的沙漠。在流經深谷的基立溪岸邊有一座簡單的小屋，是他的家。他在那裡住到夏末，因為河水乾涸，他缺乏飲水，不得不找尋另一個新住處。他由東到西穿過整個國家，來到地中海邊的撒勒法村。此地歸腓尼基人的推羅城管轄，但以利亞能行神蹟的名聲已隨著他傳到了異教徒當中。我們聽見他如何使女房東的

以利亞突然出現在亞哈王宮大門外。

兒子從死裡復活，又如何讓這個有信心的女人家中油和麵粉毫不短缺，順利度過接下來好多年穀物歉收的饑荒。

## 以利亞依耶和華之命再見亞哈

然而，如果以利亞以為百姓的悲慘生活能喚醒邪惡國王的理智，他就錯了。事實正好相反。蔓延全國的災難大大激怒了耶洗別，她對耶和華追隨者的迫害比以往更加殘酷。只有幾個特別忠心的老祭司得以倖存，但他們全靠亞哈王宮的總管俄巴底供養。俄巴底是個好人，他將他們藏在宮裡[62]。就在他們也即將被殺之際，耶和華決定出手相救。

祂命令以利亞返回以色列，再去見亞哈王一次。

以利亞當然知道，只要一跨進以色列的邊界，自己就等於命在旦夕。他一直在王宮外面等待，直到遇見俄巴底（總管正在為國王的馬找尋新牧場），他吩咐這個好人轉告亞哈，耶和華的使者又要鄭重拜見他。

國王和先知再次面對面。

亞哈極其懼怕以利亞的法力，因此十分耐心聆聽，並照以利亞的吩咐做。他召聚所有巴力

62 按《舊約》〈列王記〉（上）十八章四節的記載，俄巴底把先知藏在洞裡。

的祭司，要他們前往俯瞰整個耶斯列平原的迦密山山頂，路上不得耽擱。除非饑餓和乾渴得到立即紓解，否則國家將會爆發革命。這次聚會（正如亞哈被告知的）是給他一個機會拯救他的國家。

巴力祭司從四面八方急匆匆趕往迦密山。想觀看以利亞施展神奇法力的百姓也蜂擁而至。

他們看見一位孤獨的老人站在一座廢棄且半坍塌的岩石祭壇前，那是數百年前最早占領此地的定居者修築的。

## 以利亞施展神奇法力

當所有巴力的祭司差不多都到齊後，以利亞開始對眾人說話。他說，似乎有人懷疑耶和華和巴力誰比較強大。很好，今天就把這問題徹底解決了吧。他讓人牽來兩頭小公牛，其中一頭給他的對手，供他們獻祭，另一頭他自己用來獻祭。

兩頭牛宰殺之後，肉塊擺在祭壇的木柴上。

「現在，我們等待奇蹟吧。」以利亞宣布：「我們都不點火去燒祭壇上的木柴，而是各自向我們的神祈禱，看看會發生什麼事。」

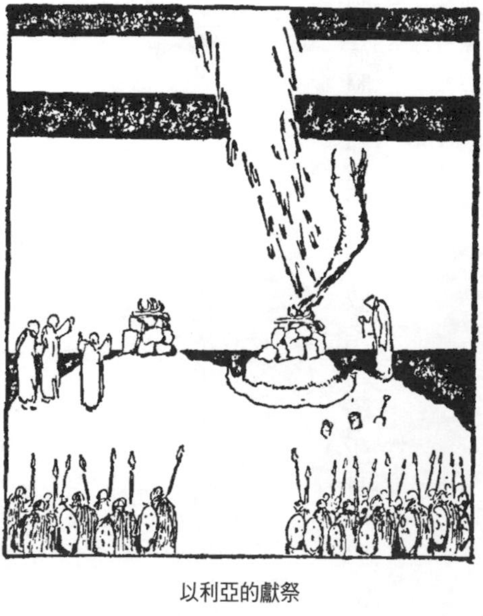

以利亞的獻祭

巴力的祭司匍匐在他們的神前一整天，祈求他前來幫助他們，但是他們的祭壇依舊像基順的河水一樣冰冷。他們大呼小叫，唸誦奇怪的咒語，卻始終毫無動靜。

以利亞嘲笑他們。

「你們的這個巴力真了不起啊。」他喊道，忘了自己站在多麼危險的地方：「這個高貴的神竟連前來搭救自己的百姓都辦不到。也許你們的巴力出門去旅遊了。也許他還在睡大覺。再喊大聲一點，也許他就聽見了。」

但是什麼動靜都沒有。

以利亞容許他們一直叫喊到傍晚。

然後，他要所有人靠過來觀看。

他取了十二塊石頭（象徵古老猶太民族的十二個部族），把半塌的祭壇築好。接著，他圍著祭壇挖一條溝，讓祭壇和所有人與物都隔離開來。

最後，為了加深群眾的印象，他還叫人把幾桶水倒在木柴和石壇上。

倒了三次水之後，整座祭壇都濕透了。以利亞開始呼喊亞伯拉罕、以撒和以色列的神。

立刻，一道烈火從天而降。

隨著蒸氣的嘶嘶聲和濕木柴的爆裂聲，以利亞的祭物冒煙了。

耶和華的力量展現在眾人面前。

以利亞充分利用這勝利的一刻。

「殺了這些騙子。」他吼道，抬手指向那些巴力的祭司。以色列人撲向這些外國闖入者，將這四百五十個假祭司抓到基順河邊，一口氣全殺了。

然後，以利亞再次面對亞哈，告訴他，耶和華現在滿意了。天黑之前，乾旱就會結束。這項承諾言猶在耳，亞哈返家的路上才走不到半英里，天空突然被從海上飄來的烏雲籠罩，變得一片漆黑，幾分鐘後就開始下雨。傾盆大雨降在焦渴的田野裡。這是三年六個月來，以色列的土地第一次得到雨水的滋潤。

**他聽見耶和華的聲音**

當亞哈把當天下午發生的事告訴妻子，王后勃然大怒，下令逮捕以利亞並將他繩之以法，因為他謀殺了她的朋友。

然而，以利亞已經消失了。他知道自己這次不能期望得到寬容，於是極小心地躲了起來。他不著痕跡地穿過以色列和猶大，一步不停，直到抵達南方王國南邊邊界上的村莊別是巴。即使在那裡，他仍感覺不夠安全。不久，他繼續深入沙漠，有一陣子他似乎即將死於饑餓和乾渴。

然而，耶和華的天使為他帶來了食物，他吃了之後，又起來繼續走了四十天，其間不曾吃喝任何東西。

最後，他來到西奈半島的高峰——何烈山。這是聖地。一千年前，摩西站在這個山上，在閃電雷鳴中接獲耶和華頒布的律法。

不過，以利亞接獲聖諭的經歷卻很不同。首先

以利亞身在地震中。

是一陣狂風颳來，差點把先知颳下了懸崖。

以利亞仔細聆聽，但什麼也沒聽見。

接著是一陣轟隆隆大地震的聲音。接著是大火。

以利亞再次聆聽，但還是什麼也沒聽見。

突然，地震和狂風都停了。

有個微小的聲音出現。

以利亞聽見了耶和華的聲音。

耶和華告訴他返回所來之處，在那裡他會找到一個合適的接替者來繼續他的工作。他被告知，他年紀已經太大，來日無多，而以色列地還有許多事情要做。

以利亞聽從吩咐，離開沙漠，返回他厭惡的城市。當他來到耶斯列平原，看見一個農民正在豐饒的田野裡安靜地耕作。古代的士師曾在這平原殲滅亞瑪力和米甸的軍隊。

耶和華向他示意，這少年將成為他的弟子。以利亞停下腳步，離開大路走入田間，將身上的外衣脫下披到少年的肩上。

以利沙（少年的名字）明白這舉動的意思。他放下耕作，回家向父母親告別，然後追隨了這位新導師。他或許能學到智慧和敬虔的方法，配得上先知這個崇高的榮譽。

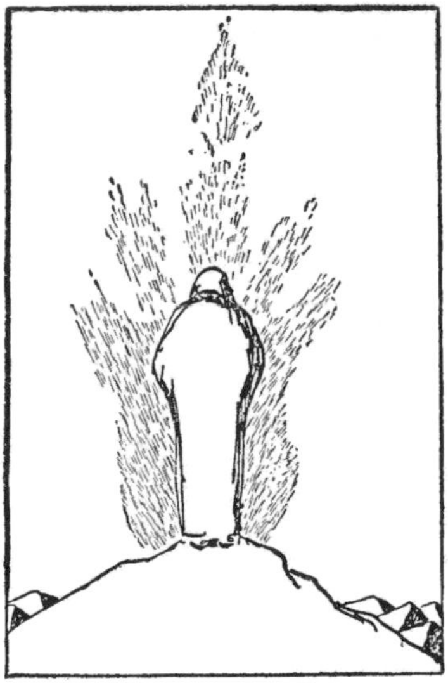

以利亞在沙漠中聽見耶和華的聲音。

拿伯的葡萄園

## 亞哈的命運

當以利亞和以利沙抵達以色列，他們發現國家正處於可怕的情況。在耶洗別的影響下，許多事情每況愈下。腓尼基又派來一群巴力祭司，這個國家又和從前一樣充滿異教迷信。

與此同時，國王坐立不安，將住處從撒瑪利亞搬到耶斯列城，且正為自己修建新的王宮。

此時他正打算將一座葡萄園併入自己的土地，而那葡萄園屬於市民拿伯所有。

亞哈告訴拿伯，他想買下他的葡萄園。然而，拿伯說，葡萄園是祖先傳下來的產業，他不想變賣。

耶洗別得知此事後，提出可以輕易解決困難的辦法。亞哈是國王，豈能要不到想要的東西？何不殺了拿伯奪過葡萄園？事情就這麼簡單。

不過亞哈拒絕這麼做，他害怕以利亞再次找上門。為了不再向王后解釋這件事，他裝病臥床不起。

耶洗別好好利用了這個機會。她趁亞哈稱病臥床之際，指控拿伯賣國。這指控沒有開庭審理，可憐的農民和他幾個兒子（這個令人覬覦的葡萄園的繼承人）就被人拉出去用石頭打死了，屍體被扔去餵狗。

看哪！這事才一發生，以利亞就出現在王宮的花園前。

一如既往，他再次不期而至。

他傳達的訊息令亞哈恐懼無比。不出一年，那群舔了拿伯的血的狗，將同樣舔國王的血，並且啃食被拋到耶斯列大街的王后耶洗別的屍體。

這看來太不可能也太不真實了。儘管如此，亞哈還是非常害怕，拚命設法想逃脫自己厄運。

## 厄運難逃

亞哈在以色列的專制統治十分牢固，他不怕自己的臣民。如果他注定要被殺害，那麼能殺他的一定是外敵。眾所周知，他的敵人住在北方。顯然亞哈必須防備來自亞蘭的新攻擊。幸好，亞蘭當時正遭受亞述王的嚴重威脅。如果從南邊和東邊夾擊亞蘭，也許能一舉終結亞蘭的野心，永絕後患。

亞哈決定採取主動，並且立刻進行。他派信使飛速通報猶大王約沙法，提議彼此聯手攻打大馬士革。

約沙法同意了，於是兩位君王一同領兵北上。

巴力的祭司預言他們將大獲全勝，但少數仍忠於耶和華的先知之一米該雅卻一再發出警告，國王無論多麼努力逃避他的厄運，仍會被殺。

亞哈的舉動表明了他是個什麼樣的人。在戰場上，他喬裝成普通士兵，同時鼓勵約沙法穿上王袍。

「如此一來，」他心裡想：「亞蘭人會認出約沙法，拚命朝他射箭，這樣他們就不會注意到我了。」

城牆邊的一小堆石頭表明亞哈的葬身之處。

當戰爭開始後，身披猩紅斗篷的約沙法始終毫髮無損，另一方面，身穿小兵衣衫的亞哈卻遭流箭射中，傷重而死。

他的屍體被運回耶斯列。在喪禮舉行之前，國王的戰車需要清洗，把染上的亞哈的血沖洗乾淨。結果，在東方國家的村莊街道上常見的野狗過來舔食地上的血水。就這樣，以利亞的預言應驗了。那輛戰車正好停放在曾經屬於拿伯的土地上。

亞哈的死不僅意味著王位的更替，更開啟了另一場長期混亂無序的狀態。

## 巴力似乎大獲全勝

亞哈死後，其長子亞哈謝繼位。不過，亞哈謝登基不久，便從撒瑪利亞王宮的窗口跌下，摔成重傷。他派使者去巴力神廟求問自己能否康復，以利亞半路攔下使者說：「不能！」

亞哈謝一命嗚呼。

他弟弟約蘭的運氣比他好一些。摩押王米沙本來每年向以色列進貢，這時起來造反。約蘭向約沙法提議，聯手攻打摩押，打下後瓜分土地。

猶大王約沙法覺得這主意甚好。

這場遠征從一開始就厄運連連。不知為了什麼原因，兩位君王沒有採取慣常從北邊出發的更方便的路，試圖穿過死海的曠野。

他們在沙漠裡迷了路，差點乾渴而死。

當他們抵達摩押，發現摩押王已將首都防守得固若金湯，他們只能圍城。圍城一拖數月，令人疲憊不堪。最後，眼看城池必須投降，摩押王決定獻祭。那場景無論是神還是人都永遠不會忘記。摩押王把長子帶到國都的城牆上，（在敵人眾目睽睽之下）殺了他，然後焚燒屍體當作燔祭，獻給無比榮耀的摩押諸神。

猶太人看見這一幕，登時軍心渙散。他們（約蘭和約沙法這一代人）對自己的神耶和華並沒有這麼大的信心。

他們懼怕耶和華的對手——摩押諸神的怒火，因為摩押諸神剛剛獲得如此隆重的奉獻與敬拜。他們說，在這情況下，繼續圍城已經沒有意義，於是撤軍。

那是猶太民族歷史上的一個關鍵時刻。暗利的家族此時在南北兩個王國都握有重權。在北方，耶洗別以專制君主的狂暴統治以色列。在南方，她女兒亞他利雅則按照她的外國謀士的期望，牢牢控管著丈夫和國家。無論在哪個角落，耶和華的統治看來都走到了盡頭。巴力似乎大獲全勝。必須要做點什麼，而且要快，好把百姓從自己的愚蠢所造成的結果當中拯救出來。

這是一個需要採取果斷有力行動的時刻。

然而，那個寡言少語且有豐功偉績的人已經不在了。

以利亞已經不住在這個地球上了。有一天，他和以利沙走在路上，突然一輛烈焰四射的馬車從天而降，載著老先知去領獎賞去了。至少，以利沙從伯特利城獨自歸來後是這麼說的。眾人不敢懷疑他的話，因為以利沙繼承了他的老師那種操控自然的能力，是令人必須敬畏的人。

當伯特利村裡幾個淘氣的小男孩取笑以利沙的禿頭時，有兩頭熊從樹叢中衝出來，吃掉那些孩子。這是對所有其他人的警告。然而，這只是一件小事。以利沙可說無所不能。如同以利亞，他只要一句話就能使河水停止流動。他能讓鐵浮在水面上。他能治好所有的病人。最後，他也有讓自己幾乎完全隱身的奇妙本事。

**消滅巴力的供奉者**

當以利沙感覺時機成熟，該把耶洗別從猶太民族的生活中剷除時，所有這些事蹟為他帶來很大的幫助。他刻意擔任革命行動的發起者，計畫推翻暗利家族，肅清以色列和猶大國中對巴力的供奉。

以利沙沒有參與真正的起義行動。

雖然碰到原則問題時，他絕無息事寧人的天性，但他也不是善戰的人。他把戰鬥交給一個名叫耶戶的人，這個耶戶是《舊約》中描述得最繪聲繪影的人物之一。

耶戶是以色列軍隊一名將領，素以勇猛無畏著稱。他騎馬騎得比誰都快，射箭射得比誰都準，追擊敵人絕對不屈不撓。推翻舊王朝並建立新王朝這種危險任務，正適合由他擔任領袖。

耶戶的運氣不錯。那時，猶大王和以色列王碰巧聚在一起。他們彼此是親戚，對外界也維持著表面友好的關係。

首先發現危險的是以色列王約蘭。當他聽說耶戶率軍前來，便想乘坐自己的鐵甲戰車逃跑，不料為時過晚。約蘭被一箭穿心，倒地身亡。他的屍體被擱在路旁，當他的正規軍隊（在主人身後一段距離尾隨）發現後，將他扔在亞哈奪自拿伯的土地上，任憑四處遊蕩的野狗享用。

猶大王亞哈謝得知舅舅的命運，盡力逃到本國邊界。他在瑪拿西的領土以伯蓮附近被起義軍追上，受了致命的重傷。他設法撐著身子逃到米吉多，死在那裡。米吉多是一座名聞遐邇的古老要塞，靠近哈米吉多頓戰場（許多猶太的君王慘死在此地）。

當起義大功告成，耶戶的怒氣轉向耶洗別。老王后眼見自己難逃一死，遂以強大的尊嚴來面對自己的命運。她精心打扮，穿上王袍，等候自己的劊子手來到。當耶戶抵達王宮，他召來耶洗別的侍從，命他們將女主人從窗戶扔下來。有幾個太監（後宮的個人護衛）聽命照辦了。

耶洗別被扔到大街上。耶戶駕車輾過她的屍體，頭也不回地揚長而去。

那天晚上，幾個忠於亞哈、顧念舊情的侍從，在黑夜掩護下潛出王宮，想為已死的主人依國王女兒的身分安葬。

他們找不到耶洗別的屍體。

耶戶駕車輾過耶洗別的屍體。

耶斯列的野狗已經把屍體撕成了碎片。

接著輪到亞哈的後裔。他們大多數人都逃到了撒瑪利亞。但是，當他們看見全國上下都擁護耶戶，明白抵抗已經無用，於是依照耶戶的條件投降了。耶戶一個活口都不留，並將他們被砍下的腦袋在城門外堆成兩大堆，警告試圖反對起義領袖的人。

不久之後，猶大王室的四十二個王子也遭遇了同樣的命運。

還有一些巴力的祭司仍在。耶戶放話，說自己與他們沒有過節，且對他們的宗教具有好感，因此邀請他們到巴力的神廟與他會面，共商未來。巴力祭司信以為真，果然來了。當他們全部進入神廟，所有的門立刻關閉。當天晚上，這些太陽神的崇拜者悉數被殺，一個不剩。

## 來自亞述的箝制

耶戶一舉終結了外國統治的危險。

暗利家族就此滅絕。

巴力的祭司不復存在。

耶戶登基成為以色列王，以利沙十分高興。

耶和華大獲全勝。

然而，所有人很快就看清楚，這場建立在謀殺和流血基礎上的勝利並未替國家帶來好處。沒錯，耶戶驍勇善戰，魯莽大膽，但缺乏智慧及權衡輕重緩急的能力。他是被一群宗教領袖玩弄於股掌的傀儡。那些宗教領袖此時擁護他做王，是想藉他實現他們自己的狹隘概念——建立一個完美的國家。

他們對所有外來的事物都非常懼怕，無論神還是人。他們無法容忍國內有任何猶太血統不純的人。他們在以色列和猶大周圍豎起一道想像的屏障，把生在猶太國之外的人全都屏擋在外。他們不贊成和其他政權建立「糾纏不清的聯盟」，並且宣稱，與不承認耶和華的國家所簽定的協議，在他們上帝的眼裡都是可憎的。

可是以色列和猶大都太過弱小，若東西兩側沒有幾個友好國家相助就難以生存。先知們堅決以聖潔劃分彼此的做法，結果證明是一場災難性的改革，而且就發生在專業戰士（有王家血統的王子）全遭消滅、軍隊中百分之八十的高階軍官遭到清除之時。

在信仰虔誠的百姓眼中，耶戶的偉大革命已在以色列和猶大當中滌除了所有異邦人的影響。從此之後，這兩個國家將成為真正的「聖地」。這是個崇高的志向，卻注定要失敗。

這世界上，從來沒有一件事是靠殺戮完成的。

即使是像先知阿摩司和何西阿這樣虔誠的人，事後也承認這個事實，並對流了那麼多無辜人的血表示懊悔。但是當他們說出來時，已經太晚了。

以色列已被東方幾個國家征服。

亞蘭國也爆發了一場革命。敘利亞將軍哈薛謀殺了自己的主子——國王便哈達二世，自己登基做王。

哈薛增強了大馬士革的防禦，但亞述王阿淑爾納西爾帕[63]的兒子沙爾馬那塞爾二世[64]攻打亞蘭，篡位者哈薛的光榮登時終結。他的軍隊在何曼山附近慘敗，大馬士革陷落。當這災難性的消息傳到地中海濱，推羅、西頓和以色列的統治者急忙接受征服者亞述王提出的條件。他們知道自己找到新主子了。

我們擁有那個年代的亞述文獻，當中記載何曼山戰役發生在公元前八四二年，暗利之子

63 阿淑爾納西爾帕二世（音譯 Aššur-nâṣir-apli，意為「亞述繼承人的守衛者」）在位時間是西元前八八三～八五九年，主要成就是統一並鞏固父親圖庫爾蒂－尼努爾塔二世（Tukulti-Ninurta II）所征服之地，建立新亞述帝國。

64 這可能是作者筆誤，應該是沙爾馬那塞爾三世（Shalmaneser III），在位時間為西元前八五八～八二四年。他在戰勝大馬士革和以色列後，炫耀道：「我用劍戳死他們的一萬四千名士兵，我將他們斬草除根。平地太小，他們的屍體根本放不下，乾脆埋在了廣闊的鄉村裡。我用他們的屍體在奧蘭提斯河上搭起一座橋。」

（即繼位者）耶戶親自向亞述進貢。哈薛為了彌補自己在戰爭中的損失，一等沙爾馬那塞爾返回尼尼微，立刻入侵以色列北部，將數個猶太地區據為己有。他將整個部落根除，男人全部殺盡，女人占為己有，孩童扔下山崖，然後將亞蘭人移民到這些地區。

耶戶不知如何是好。此時他是亞述王的臣屬，便向沙爾馬那塞爾求救。然而，亞述援軍來到之前，亞蘭人（獲得反耶戶者傳來的情報）再次蹂躪了以色列，並殲滅大批猶大軍隊，然後夥同摩押人、以東人和非利士人一同盡情掠奪南北兩國。

在屠戮中逃過一命又沒餓死的猶太人都淪為奴隸。

只剩撒瑪利亞城還在猶太人手中。

在這不幸的時刻，以利沙趕來解救他的國王。國王和先知一同防守城池，直到亞述的援軍到來。

從單純愛國的角度來看，他們是國家的救星。亞述人擊敗亞蘭王，攻下了大馬士革，以這種方式緩解了以色列的壓力，但是當仗打完，亞述人就開來一張服務的帳單。

他們期望以色列支付鉅款，並堅持以色列每年向亞述納貢，以換取彼此的友好關係。

在往後整整一個世紀裡，以色列人一直試圖擺脫這個加在自己頸項上的枷鎖，有時候也取得相當大的成功。

在爭取獨立的戰爭中，耶戶的兒子約哈斯比較幸運。他攻占了大馬士革，軍隊還向東繼續推進，幾乎兵臨尼尼微城下。

約哈斯的兒子約阿施身為勇士，運氣也不錯。他聽從以利沙的引導，始終忠誠擁護這位偉大的先知，直到以利沙過世。約阿施也忠於自己的宗教職責，敬奉耶和華，然而，在機會臨到時，這並不妨礙他掠奪耶路撒冷的聖殿。

不過，直到約阿施之子耶羅波安繼位，以色列才嘗到最後獨立和光榮的滋味。

對與這位偉大的國王同時代的人而言，似乎昔日所羅門時代的美好時光又重返了。他們志得意滿地說，他們的國家來到了重返古代東方強國地位的時刻。

他們將大失所望。

天空燦爛的彩霞未必宣告新的一天的到來。它是他們國家日暮途窮的最後一道晚霞。

**阿摩司、何西阿和以賽亞的警言**

公元前八世紀上半葉，無疑是個突如其來又出人意料的繁榮時期。鄉村在一夜之間轉變為城市，牧羊人拋下羊群進城謀生，分享鄰近市場的豐富商機。古老的貿易大道重新啟用，各種商隊再次從東到西、從南到北絡繹不絕。

然而，隨著重新而來的富裕，建立在投機買賣上的經濟體系也出現了弊端。許多倖存在遙遠村落中族長制的儉樸生活，終於走到了盡頭。所羅門時代最壞的習性再次重現。

耶和華先是遭到忽視，接著很快就被遺忘。阿摩司、以賽亞和何西阿這些第八世紀的偉大先知，以無限的耐心和無畏的韌性，殷殷勸說自己的百姓，要他們知道自己信奉的是假神，還有單靠財富人永遠不會幸福。

以利亞和以利沙在閃電雷轟中公開指責世人的罪惡。

阿摩司、何西阿和以賽亞屬於另一類先知。他們不只傳道，還著書立說。

到這時期，猶太人已經從鄰居巴比倫人那裡學會了書寫的技藝，他們開始將過往的故事集結成書，並抄錄先知的言語，以將智慧傳給子孫。

以賽亞、何西阿和阿摩司總是一再警告，盲目無端累積金銀不是人生唯一的目的。他們不知疲憊，試圖勸說年輕一代，享樂本身並不邪惡，但享樂不能帶來神祕的靈性滿足，沒有靈性滿足的人生會很貧瘠，缺乏真正的樂趣。

當他們察覺自己所說的完全無用，並且愈來愈清楚預見國家終將喪失獨立後，他們一改警告口吻，說出急切羞辱的話，這種話在先知以利亞之後已經不曾在此地聽過了。

然而，先知們絕大部分的生涯都滿足於談論真理，並保持遠離政治。

在現代，我們大概會稱他們是「社會改革者」。

他們勸誡富人要樂善好施，窮人要忍耐。

他們弘揚一種新的忍耐之道並樂於助人。

他們從最初的理念得出一個合乎常理的結論，於是傳講一種嶄新的教義——仁慈的耶和華愛所有忠心的跟隨者，就如愛自己的兒子一樣，並要求他所有的子女也當這般彼此相愛。

唉！很少人留心聆聽他們的話。

對於新興的繁榮、他們的王耶羅波安的攻城掠地、貿易額度的不斷增加，猶太人正欣喜萬分。就在舉國上下財富激增的時刻，他們沒時間浪費在那幾個站在市場角落裡談論災難即將來臨的怪人身上。

直到他們終於開始懷疑這些警告的話語中可能具有某些真理時，為時已晚。

## 亞述征服以色列國

在遙遠的尼尼微城，有個能力卓越、非常精明的僱傭軍人自立為王了。他自稱提革拉毗列色[65]，以紀念五百年前的一位民族英雄。他夢想建立一個從底格里斯河延伸到地中海的帝國。

時機來得比他預期的更快，猶太人為他帶來實現這個野心的機會。

猶大王亞哈斯和亞蘭發生了原因不明的爭執（我們不知道細節），戰爭一觸即發。亞哈斯請求提革拉毗列色幫助他。當求助的事為人所知後，先知以賽亞來見亞哈斯，警告他不要與異教徒結盟，猶大王應當信靠耶和華，而不是信靠他人。亞哈斯回答，他不信這一套。他甚至拒絕請上帝提供預兆。他知道自己在做什麼，出兵遠征亞蘭不可能失敗。

不過，以賽亞不同意亞哈斯的看法，並預言猶大和以色列在不久的將來都要淪亡，在此時剛出生的孩子長大成人之前，南北兩國都將失去獨立

即便如此，亞哈斯也沒被說服。他搜刮了聖殿中所有能找到的金銀，當作禮物送去尼尼微給提革拉毗列色。當他北上向那威嚴的同盟者致敬時，他甚至帶了從所羅門時代就立在至聖所前的銅壇，將它一路運到大馬士革，獻給亞述王。

提革拉毗列色非常高興。

這些禮物是否改變了提革拉毗列色，讓他比過往的亞述王對猶太人更友好，我們不得而知，因為國王所有的計畫因死亡而終止。

然而，我們有足夠的理由假設，提革拉毗列色至少會饒過猶大。

65　指提革拉毗列色三世（Tiglath-Pileser III，此為聖經譯名，另有譯名為提格拉特・帕拉沙爾三世），西元前七四五～七二七年在位，是亞述新王國時期最重要的君主之一，將亞述與巴比倫兩國合併。

繼承者撒縵以色[66]無疑延續了前任的外交政策，對猶大這個小國非常寬容，但是他對以色列毫不留情。

以色列最後一位邪惡的王何細亞得知自己的國家即將遭受侵略時，試圖匆忙與埃及結盟，但是尼羅河兩岸的遠征軍還沒到來之前，撒縵以色已經越過邊界打敗以色列的軍隊，並將以色列王當作戰俘押回尼尼微。

然後，他圍困撒瑪利亞城。

撒瑪利亞人在絕望中以無比的英勇捍衛自己最後的根據地。

他們苦守抵抗了三年之久。

撒縵以色似乎在一次攻城時負傷，死在城牆之下。

但是，繼位的撒珥根[67]更加猛烈的進行強攻，撒瑪利亞於是陷落。

## 以色列國的苦難時期

以色列最後的抵抗被擊垮。

他們的王國在屈辱中覆滅。

隨之而起的是可怕的苦難時期。

兩萬七千兩百八十戶人家（約十萬人）遭到流放。整個國家在連年無盡的戰爭中遭受可怕的蹂躪，從亞述五個省遷來的移民和十個猶太部族剩餘的人一起組成了新的人口。這些移民形成了一個新的民族，就是後來所知的撒瑪利亞人。他們起初是亞述的臣民，後來相繼受巴比倫人、馬其頓人和羅馬人統治，再也不曾建立獨立的國家。

猶大國靠著對所有鄰國奴顏卑膝而維持名義上的獨立，比她的姊妹國多存活了一個半世紀。當西拿基立登基成為亞述王，開始對埃及發動的遠征（遠征最終的結果慘敗），猶大王希西家則以三十他連得的金子做禮物，為自己的國家換取平安。

為了湊足這筆款項，聖殿牆上最後一點金子也被刮下來了。

即便如此，令人費解的是耶路撒冷人民對自己國家的處境完全不覺羞辱。他們照常快樂吃喝，對異國官兵在自家城市的大街上高視闊步不以為意。

然而，他們的漠不關心突然轉變成卑怯的恐懼。

謠傳（頗有根據）西拿基立對自己先前的寬大後悔了，打算摧毀猶太人的首都，免除後顧之憂。

這樣的宣告一出，猶大人由於恐慌，終於轉向他們的先知求助。

他們的國王辜負了他們，但是耶利米以熱切言語激勵了他們，並向百姓承諾，只要他們下定決心捍衛耶路撒冷到底，耶和華會支持他們的。

他的預言看來真的應驗了。亞述大軍被困在尼羅河三角洲的沼澤地帶，大部分士兵身染熱病而死，其餘的人被這神祕的疾病（以及更神祕的攻擊——老鼠啃食弓弦）嚇壞了，拒絕繼續

66 指撒縵以色五世（Shalmaneser V，此為聖經譯名。另有譯名薩爾瑪那薩爾五世），新亞述時期的亞述國王，在位時間是公元前七二六～七二一年，曾於前七二五年征服以色列王國。當以色列國王何細亞叛亂時，撒縵以色五世領兵包圍撒馬利亞，三年後始攻克，但於城陷前去世，後由弟弟薩爾貢二世繼承。

67 指撒珥根二世（Sargon II，此為聖經譯名。另有譯名薩爾貢二世），亞述國王，統治時期為公元前七二一～七〇五年。他忠實繼承了自提革拉毗列色三世以來的統治風格，統治期間打敗了以色列王國、埃及，並鎮壓了埃及支持的敘利亞人和腓尼基人的起義，亞述帝國進入顛峰時期。

再戰，於是收兵回家。

耶利米大喜過望，只是他高興得太早了。敵人正準備進行可怕的復仇。

公元前六世紀中葉初，西底家登基做了猶大王。他完全被幾個外國人支配，只關心自己生活的安逸，根本不把國家的獨立放在心上。

亞述踏上所有帝國的老路，遭迦勒底人（另一支閃族部落）征服。迦勒底人建立了新的國家，將古巴比倫城定為首都。

主人換了，對西底家來說毫無差別。只要自己能平安過日，無論對方是迦勒底人、亞述人或埃及人，他都樂於納貢。然而，這樣的懦夫在自己人生中應該謹言慎行時，卻總傾向魯莽。當迦勒底人的統治者尼布甲尼撒與埃及起了糾紛，西底家聽信朋友的讒言，以為做一番大事讓猶大和她的國王永遠留名青史的時候到了。

悲傷的先知耶利米大聲疾呼，反對這種愚行，卻只是白費唇舌。

他來到國王面前，警告他，試圖革命只會以災難告終。

西底家正一心熱衷此事，拒絕聆聽所有的爭論。

耶利米提醒國王，自己已經服事過四個猶大王，從未不受重視，但他這番話還是白說了。

西底家發怒了，把耶利米趕走。

突然間，他拒絕向迦勒底人納貢，並宣布獨立。尼布甲尼撒立刻率兵將他的國都團團包圍。

耶路撒冷並未做好長期圍困的準備。

城中缺糧缺水，沒多久，窮人之間又爆發了瘟疫。唯獨耶利米意志堅定，不願聽到「投降」一詞。

因疾病而意志薄弱的百姓轉而反對他。他們指控這位忠心的領袖已被迦勒底人收買。當耶利米試圖證明自己的清白，他們卻把他丟進地牢裡。

一個好心的黑人可憐這位老人，把他從黑暗的地牢中解救出來，藏在守衛室裡，直到圍城結束。

**耶路撒冷淪為廢墟**

還沒等耶路撒冷正式投降，猶大的最後一位君王就拋棄了他的人民。西底家在幾個侍臣的陪伴下，趁半夜溜出宮門，溜過迦勒底哨兵的防線。當早晨來臨，他已經在前往約旦河的路上。

尼布甲尼撒得知此事，立刻派人快馬加鞭前去攔截猶大的統治者。西底家在耶利哥附近被俘。

他被帶回到尼布甲尼撒的營帳，可怕的刑罰正等著他。

他先眼睜睜看著自己幾個兒子都被處死，然後他被挖去雙目，再被押到巴比倫，並在迦勒底皇帝的凱旋隊伍中被拉出來遊街示眾。不久，他便死在巴比倫的監獄裡。

至於耶利米，具有高度文明的迦勒底人不但免他一死，還對這位老人極其敬重。他們尊敬他的無私和智慧，並告訴耶利米，他可待在家中，不會有人傷害他。

然而，大部分猶大人害怕自己會遭到跟以色列人相同的悲慘命運，被當作俘虜押送到美索不達米亞。他們準備逃往埃及。耶利米勸告他們留在原地，但是耶路撒冷人在驚恐中拒絕聽從。他們收拾家當，向東進發。有著忠誠靈魂的耶利米只好跟著百姓一起走，但他實在太老了，已

站在耶路撒冷城牆上的耶利米

經禁不起這樣的艱苦跋涉。他死在一座埃及村莊裡，被葬在大路旁。

這是基督降生前五八六年的事。

耶路撒冷淪為廢墟。

約書亞和大衛的領土上住著一個迦勒底的總督。

被戰火燻黑的聖殿圍牆，聳立在蔚藍的迦南天空下。

最後一個猶太人的獨立王國就這樣滅亡了。

對耶和華的旨意的漠不關心，讓猶大付出了代價。

圍城

# 以色列、猶大分裂人物關係表

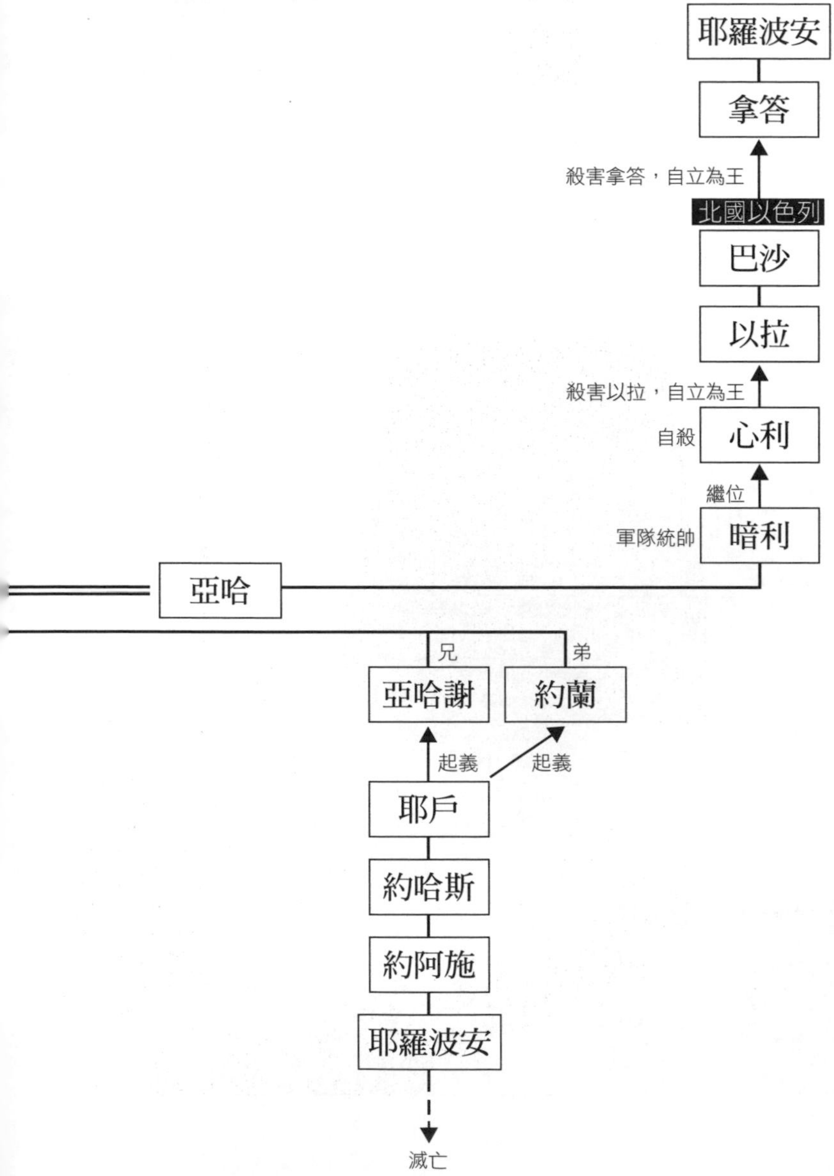

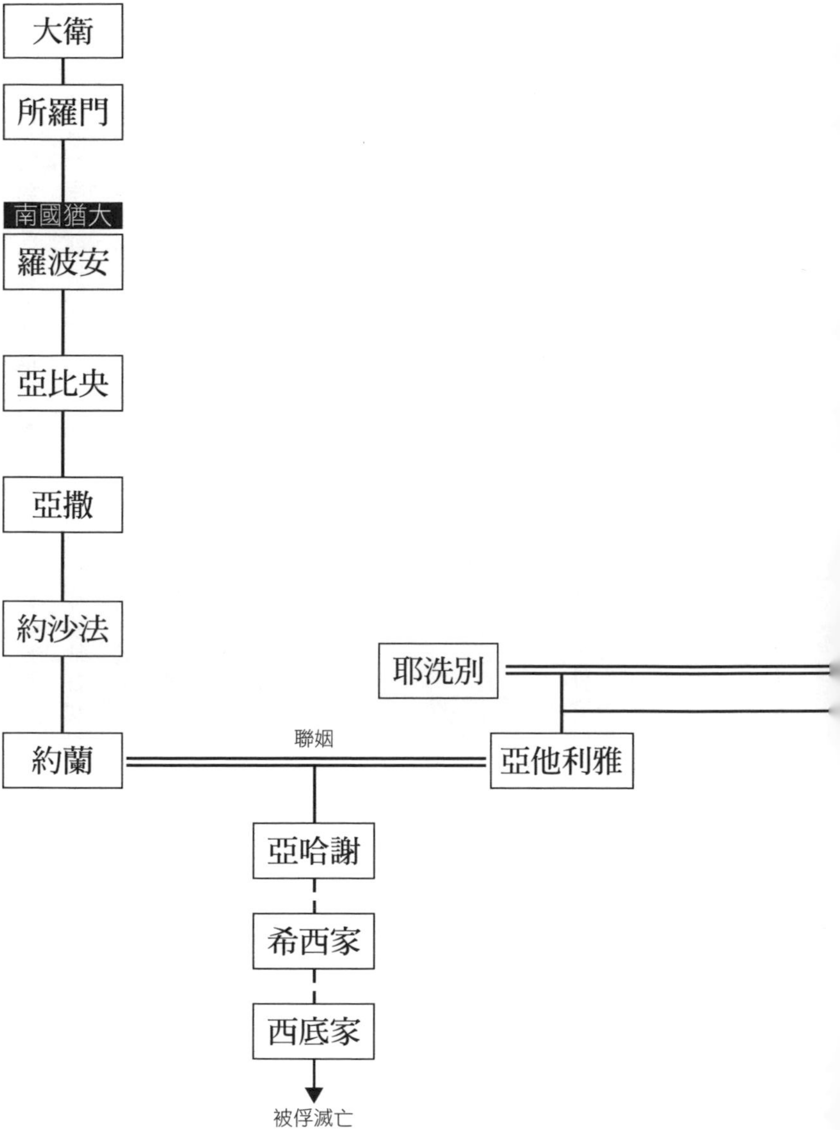
大衛
所羅門
南國猶大
羅波安
亞比央
亞撒
約沙法
約蘭
聯姻
耶洗別
亞他利雅
亞哈謝
希西家
西底家
被俘滅亡

# 14 亡國和流亡

拒絕聆聽的猶太人，在亞述和巴比倫度過了長期的流亡生活後，才意識到自己犯了什麼錯，以及自己應該做什麼。

遠離故土，散居在美索不達米亞谷地裡那些城市和村莊中的猶太人，開始仔細研讀古老的律法和早期的編年史，只要時機到來，這些經書將會引導他們返回對耶和華更誠心且更熱切的敬拜中。

猶太人的新主人屬於一個非常卓越的種族。早在漢摩拉比時代，巴比倫人就被公認是西亞文明程度最高的民族。他們偉大的法律制訂者漢摩拉比生活和撰寫法典的時代，比摩西還早了一千年。

龐大的巴比倫帝國的國都，是一座巨大的堡壘，外圍兩層高高的城牆環繞著將近一百平方英里的房屋、街道、花園、神廟和市場。

城市布局非常整齊規律，街道筆直寬敞。

磚砌的房屋很寬敞，有的有兩、三層樓高。

幼發拉底河正好穿過城中央，可直接抵達波斯灣和印度。

巴比倫城

在城中心的一座人工小山上，矗立著著名的尼布甲尼撒的王宮。

宮殿樓台層疊而上，創造出一個宛如懸在空中的巨大庭園的景象，由此產生了奇異的空中花園的神話。

該城的國際性，如同現代的紐約市。

巴比倫商人是一流的生意人，他們和埃及、遙遠的中國都有貿易往來。他們發明了書寫體系，腓尼基人從這體系發展出我們今日使用便利的字母。他們精通數學，提出世界上第一個有系統的天文學概念，並且像我們如今所做的，把一年分成數個月，再把一個月分成數週。他們還設計出現代商業依據的度量衡體系。

他們第一個制訂出道德法典，這法典後來被摩西納入他的「十誡」中，成為我們今日教會的基石[68]。

巴比倫人是非常有效率的組織者，他們穩定、有意識地、從容不迫地擴張自己的領土。然而，他們對猶大領地的征服卻是一場意外，與他們的擴張政策無關。

事情是這樣的：巴比倫一位統治者出兵想征服亞蘭和埃及，獨立的小國猶大正好位在南北

68 《漢摩拉比法典》和《舊約》十誡有相當大差別。《漢摩拉比法典》對犯罪者的處罰，按照社會階級差異而有輕重之分，《舊約》中的律法對不同社會階級的人沒有差別待遇。此外，十誡的前四誡是規範人對神的態度，這是《漢摩拉比法典》沒有的。

向和東西向的交通要道上。

占領猶大是軍事上的預防措施。

僅此而已。

我們非常懷疑，尼布甲尼撒時代的巴比倫人曾意識到猶太人的存在。他們看待猶太人，大概和我們看待培布羅印地安人[69]一樣。我們知道，在美國西南部某處，仍有一支過著某種半獨立生活的原住民部落。我們不知道他們所在位置的確切地點，也不那麼在意。我們理所當然地認為，印地安事務局或內政部的某個官員會照顧他們的利益。生活充滿了各種事。我們忙於自己的事，無法為一個小小的民族費神，對我們來說，他們就是一個名稱、一些照片，和一些奇怪的宗教舞蹈。僅此而已。

假使你想明白接下來的內容，必須牢記這一點。

## 《舊約》是得知猶太歷史的主要資訊來源

亞伯拉罕和以撒的後裔，最後能在人類歷史上扮演要角，起初是沒有任何跡象的。

最早一批世界史作者對猶太人隻字未提。就拿希羅多德來說，他力圖有理有據地記述自洪水時代以來的每件事（是希臘的洪水故事而不是挪亞方舟的洪水故事，後者源自古老的巴比倫神話的一部分）。他像大多數雅典人一樣，既寬容又好奇。他想知道四鄰曾經說過、想過和做過的一切重要的事，好將它寫進自己的書裡。

希羅多德沒有種族偏見，他遠遊四方，以便取得第一手資料。他記述了有關埃及人、巴比倫人和許多地中海沿岸其他民族的重要事蹟，但他從來沒聽說過猶太人，當他提到巴勒斯坦平原上的民族時，非常含糊地將他們稱為一支操持某種令人好奇之衛生習慣的無名部落。

至於和流亡的猶太人同時代的迦勒底人，他們看這些可憐的流亡者，就像我們看待一群孤立無助的俄羅斯難民或亞美尼亞難民一樣。這些難民碰巧經過我們的城市，前往西部某個不知名的目的地。

於是，《舊約》成為我們得知猶太歷史的主要資訊來源。

但正如我們之前告訴你的，這個偉大民族歷史的彙編者們都不是受過訓練的歷史學家。他們不在乎自己那些外國主子的名字怎麼拼寫，對自己所在的地理位置也概念模糊，沒有人能有把握地說出，他們經常提到的那些地方具體是在哪裡。

其次，他們常常蓄意隱藏字句中真正的意思，並使用奇怪的象徵符號。當他們想說強大的巴比倫帝國如何征服猶大這個小王國，並在半個世紀後不得不釋放手中猶太俘虜時，他們的描述是：有一條鯨魚吞下了一個遭遇船難的水手，幾天之後，鯨魚又把他吐到陸地上。兩千五百年前的人當然十分明白這故事，但是對我們這些只知道巴比倫是一堆斷瓦殘垣和垃圾的人來說，實在不知所云。

儘管如此，《舊約》的最後二十卷書雖然準確性不足，數量卻很充足，並且有可能相當準確地重現了公元前第五、第四和第三世紀的樣貌。

倘若你想瞭解隨後發生的偉大屬靈戲劇，我們只能藉由這份稍有疑義的材料的協助，嘗試

69 培布羅印地安人（Pueblo Indians），美國西南地區印地安人中，由複合住家（用曬乾泥磚建成）組成的部落，分布於新墨西哥、亞利桑那及科羅拉多，主要部族包括尊尼族（Zuni，建築物甚至高到五層樓）、霍比族（Hopi），以及其他培布羅族。西元十二至十四世紀，他們曾在新墨西哥州和科羅拉多州等地建造大型公用住宅，其廢墟留存至今。

告訴你一些你該知道的事。

**思鄉之苦**

對猶太人來說，流亡並不意味著奴役。

以純粹世俗的觀點來看，從巴勒斯坦來到美索不達米亞，這個改變對絕大部分猶太人而言是一種進步。一個半世紀以前，亡國被擄的以色列人被分散在四、五個相距甚遠的城鎮和村落裡，淹沒在他們的巴比倫鄰居中，但公元前五八六年猶大人的流亡，卻被允許留在同樣的地方聚居，形成名符其實的猶太移民區。

事實上，他們是一群心不甘情不願的移民，從擁擠的耶路撒冷貧民窟跋涉到開闊的迦巴魯河流域。他們離開了古老迦南地區貧瘠的田野和谷地，在巴比倫中部覓得一個新家園，這裡的牧場和花園有極好的灌溉系統。

他們也不像一千年前在埃及時那樣，遭到外國監工不當的暴打。

他們獲准保有自己的領導者和祭司。

他們的宗教習俗和儀式不受干預。

他們獲准和留在巴勒斯坦的親友通信。

他們被鼓勵繼續操作練習那些在耶路撒冷時早已嫻熟的技藝。

他們是自由人，有權擁有自己的奴隸和僕人。他們想從事哪個行業或進行貿易，都不受限制。不久，巴比倫首都的富商名單中，就開始出現大量猶太人的名字。

最後，連國家最高的職位也對有才能的猶太人開放。巴比倫王不止一次向猶太女子求婚。

總之，除了不能隨意自由來去，流亡者可說擁有一切讓人感到幸福的東西。藉由從耶路撒冷遷到特－哈薩，他們擺脫了在故國的種種弊病。

不過，唉！這時他們又有了新的病症。

它叫做思鄉病。

這種痛苦，自古以來就對人類心靈有著奇怪的影響。它為故國抹上一道幸福的懷舊光輝，能在瞬間就突兀地抹去所有昔日的創傷和過往的痛苦記憶。它自然而然地將「舊日時光」轉變成「美好的往昔」，將在舊地度過的歲月冠上「黃金時代」的莊嚴美名。

一個人一旦染上思鄉病，他便對自己新家園的所有好處視而不見。他的新鄰居不如老街坊（坦白說，他和老街坊永遠公開爭吵不休）。新城市是個既平庸又糟糕的小村子（雖然比他從前的村落大十倍且漂亮二十倍）。新的氣候只適合野蠻人。

總而言之，一切「舊的」，突然間都變成「好的」，而一切「新的」，都是「壞的」、「邪惡的」和「令人反感的」。

## 巴勒斯坦失樂園

一個世紀之後，當流亡者獲准返回耶路撒冷，只有極少數人真的選擇回去。不過，只要他們生活在巴比倫一天，巴勒斯坦地區就是他們的失樂園，這種態度反映在他們所有的言語和文字當中。

總而言之，半個世紀的流亡生活對猶太人而言，既陰暗乏味，又平淡無波。流亡者一邊過著該過的日子，一邊等待著。

起初，那些懷抱期待的人熱切盼望著有「突然」的事發生。偉大的耶利米曾經預言這場可怕的災難，那些充滿厄運的話語還在他們耳邊迴響。

只是耶利米已死，他的位置始終沒有人能完全填補。

我們在前面幾章已經稍微提過猶太先知的本質。自古以來，他們就是猶太人民的道德領袖。在某些情況下，他們就是民族良心的具體展現。

然而，時代一直在變。猶太人對自己的宗教知識已經不再依靠口傳。此時，他們有了自己的字母，他們的語言也有了正規的語法。

起初，這些字母比較粗糙，沒有母音，給人留下很大的想像空間。

支配書面語文句結構的規則也一樣，完成時態和未完成時態之間沒有明確的區分。同一個動詞既可表示已發生的事，也可表示即將發生的事，我們必須從句子的內容猜測真正的意思。

這種表達形式很適合創作詩歌，因此許多詩篇都非常優美。不過當作者必須處理具體的想法、觀念，或試圖描述過去發生的事情時，就比較無法如願以償了。

這樣的記述，讓我們很難看出哪些是預言，哪些是歷史。

不過，在猶太人學會鄰國通行的阿拉米字母[70]之前，這已經是他們所能做到最好的了。儘管阿拉米字母粗糙又不完善，但其功能已經足以達到目的。

它讓有新想法的先知有機會將思想傳給所有猶太同胞，無論他們住在埃及、巴比倫還是愛琴海的小島上。它讓先知有機會為古老又含糊的崇拜形式制訂出規則。它讓我們在《舊約》和《塔木德》[71]中發現的宗教法典和民事法規能形成龐大的成文體系。它還使先知扮演了過去從未有過的角色。先知開始向新一代的孩子闡釋祖先所寫的書卷。他從一個行動者，變成一個沉思的聖人，終生被書環繞，與書為伴。有時我們還會聽說先知在同胞間奔波，說著市井間的語言。然而，隨著先知培訓學校的增加，其畢業生的影響力卻逐步衰微。

## 遠遠超越時代的見解

耶和華已經不再是那個以一陣狂風橫掃平原和山丘的耶和華了。

耶和華變成了一套規章制度。他不再在沙漠的隆隆雷聲之中對人說話。從那時起，他的聲音只會在清靜的圖書館裡被聽見。先知變成了拉比，變成了神父，他們解釋、詳述、詮釋、闡明記載下來的書卷，逐漸將上帝旨意的靈性埋葬在垃圾般的文獻學下。隨著時間推移，那些註釋和評論數量變得極其龐大。

然而，這個新發展就像所有類似的改變一樣不是突如其來的，而流亡時期出現的幾位傑出人物，比起之前全民族公認的精神領袖前輩毫不遜色。

有兩位先知尤其突出。

其中一位是以西結。

很遺憾，另一位我們不知道他的名字。他是「先知中的傳道者」，他說一種新的語言，是以色列人和猶大人都不曾聽過的。他的著述被收在《舊約》第二十三卷〈以賽亞書〉後半部。

---

70 阿拉米字母（Aramaic alphabet）源自北方閃語字母，在西元前十~前九世紀發展成熟，後通行於中東地區。現存的阿拉米字母文獻或碑文，主要發現於阿拉伯北部、埃及、希臘、印度等地。大約在西元前八世紀，阿拉米字母開始與腓尼基字母分化，西元前四世紀後開始分化成西亞地區的各種文字，包括今日的希伯來字母也源於阿拉米字母。

71 《塔木德》（*Talmud*, 原本字意為「研讀」、「學習」），通常指猶太人的古老神聖規範與教誨，其內容又分成密西拿（Mishnah, 口傳律法），以及革馬拉（Gemara, 口傳律法註釋）。

〈以賽亞書〉共有六十六章，前三十九章可能是先知以賽亞所著。以賽亞活在約坦、亞哈斯和西底家統治時期，他遠在西拿基立和尼布甲尼撒的時代來到之前，就預測了猶太人南北兩國的命運。

不過，〈以賽亞書〉的後二十六章顯然是另一個人的著作，那人活在好幾世紀之後，其書寫語言和風格都跟以賽亞極其不同。

這兩個截然不同的作品被併在一起，卻沒有隻字片語的解釋，我們也不需覺得奇怪。正如我們之前重複說過的，《舊約》的編纂者對這樣的事並不特別在意。不管是在哪裡找到的素材，他們會挑選自己喜歡的，然後把那些經卷拼湊在一起，沒有我們現代人所謂的「編輯」概念。

就這樣，該書卷第二部分作者的身分就此佚失，被前半部的先知掩蓋了。不過，這不是多大的事。這位「不知名的作者」，這位詩人，比同時代許多人更有名，那些人的家譜都被納入《舊約》一些非常枯燥乏味的篇章裡。

他的作品之所以大有價值，在於他對耶和華的權能和性格提出了新穎獨特的看法。在他看來，耶和華已經不是一個小小的閃族的部落之神。祂的名字寫在全地的高天之上。

祂是全人類的主宰。

即使是趾高氣昂的巴比倫王，以及和他同樣強勢的波斯王（猶太人私下把最終獲得解放的盼望寄託在波斯王身上），也都是這位獨一上帝的僕人，上帝的旨意即是全人類的法律。

然而，這位上帝不是殘酷的神，祂不憎恨不認識祂的人。相反的，對生活在黑暗中、從未聽過他名字的人，祂給予愛和憐憫。

祂沒有將自己的完美隱藏在令人生畏的烏雲之後，不讓人看見。有眼睛的人都能看見祂，有耳朵的人都能聽見祂。祂是所有人的慈父，是力圖將不情願的羊群領往和平正義的港灣的好牧人。

這種見解遠遠超越了時代。

一般的流亡者都對這樣的言論深感疑慮。

這種上帝愛所有生靈的說法，並不吸引這個小群體。這個群體每天靠憎恨征服者而活，像人要靠餅而活一樣。他們不斷祈禱復仇的日子來臨，屆時耶和華將殲滅可恨的巴比倫擄掠者。

他們急切地轉向其他人，那些人必須對舊日的嚴格教義有精良的造詣，又相信耶和華獨獨揀選了亞伯拉罕和雅各的後裔做為祂神聖旨意的傳講者，並且永不停止預言——總有一天，萬國都要匍匐在得勝的新耶路撒冷主人的面前。

## 先知以西結

在備受流亡者歡迎的先知中，以西結堅韌不拔的力量最為突出。

他生於故國。

他父親是祭司，他在耶路撒冷濃厚的宗教氣氛中長大，必定聽過耶利米的講道。

後來，他也成了一名先知。

他在所處的群體當中似乎是個相當重要的年輕人，因為巴比倫一征服猶大，他是第一批被擄離開耶路撒冷的人之一[72]，大規模的流亡要到幾年之後才開始。

---

72 征服者會先擄走最重要、最有價值的人和物。

當他聽到耶路撒冷真正完全陷落的消息時，他人在提勒亞畢的村莊裡（位於幼發拉底河南岸），他安家在那裡。

他一直住在那裡直到去世。

他的作品的文學價值，遠不如〈以賽亞書〉後半部那位不知名的作者。以西結的書寫風格很死板，本人也缺乏我們所見許多猶太舊日領袖所具有的人格魅力。他為人毫不謙遜。

他經常靠人為的興奮來進入一種恍惚的狀態。在那種情況裡，他會看見奇怪的異象，聽見神祕的聲音。

不過，除此之外他是個非常務實的人。

他像耶利米一樣，總是不停反駁那些誤入歧途的狂熱分子。那些人相信耶路撒冷堅不可摧，因為該城是「上帝選民」的首都。

他警告他們，告訴他們，若無行動，信心永遠救不了國家。

不過，當耶路撒冷被攻陷，許多缺乏信心的人立刻對自己種族的未來感到灰心喪志。以西結挺身而出，宣告一個得勝的美好未來。

他從未停止預言幸福日子的到來。到時候，聖殿將被重建，公牛的血會再次灑在耶和華的祭壇上。

然而，按照他的觀點，除非猶太民族願意順服、進行某種實際的改革（他隨後詳述了改革的內容），否則這個已光復的國家還是會亡。

此時他暫時扮演了希臘鄰居柏拉圖的角色。

他按照自己對生活的看法，帶給我們關於「理想國」的描述。從前，摩西律法讓異教崇拜形式有機會滲入崇敬耶和華的聖潔儀式，他想補強並鞏固這些部分。

總之，他鼓吹重建大衛和所羅門的王國。

### 以西結的理想國

不過，在他的新王國中，聖殿——而非王宮——必須成為全民族生活和活動的中心。按照這位先知的看法，聖殿是耶和華的居所，王宮不過是君主的住家。兩者之間的差別，人民應當牢記在心。

此外，常人應當對上帝的聖潔懷有無比敬重之心，並應當理解上帝是一種遠離人世繁雜的存在。

因此，在以西結的理想國裡，聖殿應當矗立在廣闊的庭院中間，外面圍繞著兩道巨大的高牆，讓目瞪口呆的廣大群眾每時每刻都保持崇敬的距離。

一切與聖殿相關的事物都是神聖的。

外國人絕不允許入內。

除了祭司之外，猶太人只有在特殊情況下才得以進入。

祭司應組成嚴密的協會或行會。

只有撒督的後裔才得享有這種崇高的威嚴。

正如摩西早已計畫的，祭司的影響力將被大大提高，成為這個國家真正的統治者。

為了加強他們對一般民眾的控制，應大幅增加節日的數量，並特別重視獻贖罪祭。

要在國民面前牢牢樹立人永遠有罪的觀念。

禁止私設祭壇獻祭。

所有與至聖所內敬拜相關的事，都應當以全民的名義進行。

在這類場合中，國王將以國家代表的身分參與活動。

其餘時間，國王只是個裝飾擺設，沒有任何實權。

過去，大衛和所羅門都擁有任命祭司的特權。

這項特權應當從君王手中收回。

祭司階級應成為一個自足永存的團體，國王只是他們的僕人之一，絕不是他們的主人。

最後，耶路撒冷周圍最好的土地都歸祭司所有，以確保他們有豐厚的收入，這就毋需通過任何國家法令來保障他們。

這確實是個奇怪的方案。

不過對以西結同時代的人來說，這方案聽起來合情合理。只要聖殿一重建，流亡者獲准返回自己的故鄉，他們就打算建立這麼一個嚴格的神權國家。

這一天來得比大多數流亡者期待的更早。

在遙遠的東方山嶺中，一位年輕的蠻族首領正在操練他的騎兵。他將成為猶太俘虜的救世主，將他們從外國的奴役中解救出來。

他的波斯臣民叫他古列。

我們稱他居魯士[73]。

73 居魯士大帝（Cyrus the Great），亦即居魯士二世（Cyrus II, 西元前590~580年），波斯帝國的創建者，以波斯為中心，建立了西起愛琴海、東至印度河的龐大帝國，且對被征服的國家採取寬容政策。《聖經》中提到，居魯士大帝（有些譯本稱塞魯士或古列〔Kurus, 依波斯文〕）下令修復巴比倫、亞述、以攔及猶太人的神廟或聖殿，准許歷代巴比倫國王強行遷至美索不達米亞的人重返各自的國家。

# 15 歸回家園

在那期間，一支波斯牧羊人的小部族踏上征途，摧毀了西亞的強大帝國。波斯王居魯士允許猶太的流亡者歸回自己的故鄉。大部分猶太人在舒適的巴比倫城過得非常快樂，都留在原地，只有少部分認真看待宗教職責的人返回耶路撒冷的廢墟，重建聖殿，使它成為世界各地猶太人敬拜耶和華絕對、唯一的中心。

基督降生之前第七世紀早期，一支叫迦勒底的閃族小部落離開了自己在阿拉伯沙漠的家園，向北遷移。

經歷許多冒險，又多次嘗試侵入亞述領土未成之後，迦勒底人最後和住在美索不達米亞平原東部的野蠻山民達成協議。

他們聯手擊敗了亞述的軍隊，攻占並摧毀了尼尼微城。

在古老帝國的廢墟上，迦勒底人的部族首領那波帕拉薩爾[74]開始著手建立自己的帝國，如今有些歷史學家將這個帝國稱為「新巴比倫」，有些則稱為「迦勒底」。

那波帕拉薩爾的兒子尼布甲尼撒[75]繼承王國後，大大鞏固了所有疆界，巴比倫也變成了世界古文明的中心（如同三千年前一樣）。

尼布甲尼撒與鄰國不停交戰，禍及了古老猶太國的僅餘之地，也就是猶大。他征服了猶大，將聚居在數個地區的猶太人從地中海濱遷移到幼發拉底河河畔。

儘管他對猶太臣民的態度有些冷漠，雙方的關係還算融洽。

## 但以理是耶和華的忠心僕人

嚴厲的君主都對占卜抱有高度興趣，尼布甲尼撒也一樣。誰能成功解夢，誰就能獲得王的青睞。

先知但以理似乎就是這麼一個人。

根據以他命名的書卷記載（其實是四百年後才寫成的），但以理是位猶大王子，年少時與三位表親一同被擄到巴比倫，在巴比倫可能接受過迦勒底的宮廷教育。

這四個少年是耶和華的忠心僕人。

他們一絲不苟地遵守耶和華的聖潔的律法。

比如，他們拒絕享用宮廷按常規準備的膳食，堅持肉類和蔬菜都要按照祖先的規矩來製作，那些規矩詳述了牛羊該如何宰殺，蔬菜該怎麼烹煮。

幸好，迦勒底人寬容隨和，這幾個小俘虜要什麼，他們就給什麼。

---

74 那波帕拉薩爾（Nabopolassar, 西元前 658~605 年），新巴比倫帝國的建立者，統治亞述及巴比倫等地區。

75 尼布甲尼撒二世（Nebuchadnezzar II, 西元前 630~561 年），新巴比倫帝國最偉大的君王，在位時期軍力強盛，首都巴比倫的建築壯麗。他對猶太人的歷史也有重要影響，《聖經》〈但以理書〉等篇章曾經提過他。

他們都是勤奮好學的少年。

他們學會了巴比倫所有學校傳授的一切知識，並承諾成為對寄居國有用的臣民。

後來機會來了。在尼布甲尼撒統治後期，老國王作了一個夢。

他把所有「智者」召聚在一起，命令他們解夢，解不出來就處死。這些「智者」很合理地問：「陛下，請告訴我們您作的夢，我們將盡力為您解答。」

「我忘記自己做的什麼夢了。」國王回答：「但我知道自己確實夢見了什麼。你們的責任就是告訴我我夢見了什麼，還有這夢是什麼意思。」

術士們一聽，紛紛求饒。

他們哀求國王講講道理。

他們喊道：「人作的夢要是連自己都不知道，別人怎麼會知道呢？」

然而，東方的暴君不管這些細節。

尼布甲尼撒二話不說，下令把這些「智者」全送上絞刑架。

他那天似乎心情特別不好，不但下令處死這些瀆職的術士，還下令把宮廷中所有的法師和巫師全部殺光。

一名軍官被派往但以理和他朋友居住的地方，準備讓他們接受和同行一樣的命運。

## 但以理為國王解夢

不過，但以理在許多方面都像極了約瑟，他與巴比倫宮廷中的軍官們有交情。他請求護衛隊的隊長寬限他一點時間。

他會在寬限期限裡想想辦法。

他躺下睡覺，隨即，耶和華就向他啟示了尼布甲尼撒不經意間忘掉的夢。

第二天早晨，那名叫亞略的護衛隊長把但以理帶到尼布甲尼撒面前。寢食難安的國王願意給這個外國年輕人一個機會。

但以理先重述夢的內容。那是一個奇怪的故事，與四百年後一些政治事件有關。

然後他解夢。

結果他的機智贏得了這位王室主人的無限感激。國王任命他擔任巴比倫城的統領，同時還任命他的三個夥伴——沙得拉、米煞和亞伯尼歌——為三個富饒行省的省長。

這一切都非常美好，可惜好景不長。因為根據寫下這些篇章的不知名作者所述，年老昏聵的尼布甲尼撒耽溺於某種偶像崇拜，無論是對有才智的迦勒底人還是對猶太人來說，這都太怪異了。

他下令建造一座高九十英尺、寬九英尺的巨大雕像，全身鍍金。它矗立在杜拉的平原上，讓人從四面八方就可遙遙望見。每當號令響起（許多小喇叭同時吹響），全國所有人民都要匍匐在地，膜拜這座雕像。

不過，沙得拉、米煞和亞伯尼歌沒這麼做。他們記得十誡的第二誡，因此拒絕服從國王的法令。當號令一響，所有人都匍匐在地，但沙得拉、米煞和亞伯尼歌依舊站立不動。

他們知道，懲罰正在等著他們。

他們被帶到尼布甲尼撒面前，國王下令將他們扔進火爐裡。為確保受刑者必死無疑，爐子的溫度比平常提高了七倍。

沙得拉、米煞和亞伯尼歌都被綁了手腳，扔進烈焰中。但是，看哪！第二天，爐子的門打開，三個年輕人若無其事地走出來，看起來就像剛在冷水中游泳完回來一樣。

這事以後，尼布甲尼撒相信耶和華是眾神之中最偉大的。他將他的偶像拋在腦後，更加偏愛他的猶太俘虜了。

不幸的是，不久之後他便染上一種奇怪的神經性疾病。他想像自己變成動物，四肢著地爬行，像普通的牛一樣吃草，最後悲慘地死在田野裡。

這些記載，我們都取自〈但以理書〉。根據現代學者的考證，這卷書的成書時間大概是公元前一六七至一六五年之間，那時猶太人對自己的宗教職責非常鬆懈。這位作者採取小說家的自由筆法，將他的故事設在尼布甲尼撒統治的時代。他很可能全憑想像寫出了火爐的故事，以告訴同時代的人，信心能為堅信耶和華站在自己這邊的人成就什麼事。他讓尼布甲尼撒死得那麼可怕，是因為如此不幸的下場肯定能取悅他的猶太讀者。

身為特定宗教道德的教師，作者有權這麼寫作。不過，關於這位偉大的迦勒底王，我們有大量來自巴比倫的史料，證明他最終的命運並非如此。他在公元前五六一年壽終正寢，六年後，那波帕拉薩爾王朝結束，一位名叫那波尼度[76]的將軍登上了王位。

## 但以理為伯沙撒解謎

那波尼度似乎有個兒子（或女婿）名叫伯沙烏色，兩人共享王位。

在〈但以理書〉中，伯沙烏色叫做伯沙撒，根據猶太人的傳統記載，他是最後一位巴比倫王，但我們再次陷入相互矛盾的歷史證據中。在《舊約》同一章中提到的瑪代人大利烏，很可能指的就是波斯王大流士[77]，但大流士活在一百年後，而伯沙撒是在巴比倫向波斯投降幾個月後才被謀殺的。

歷史學家希羅多德[78]和色諾芬[79]都證實，伯沙撒在巴比倫城被突然攻陷前曾舉辦過一場盛大的宴會。正是在這場嘈雜的宴會上，但以理贏得了「預卜未來的先知」的盛名。

故事是這樣的：伯沙撒邀請上千名貴賓參加宴會。他們大吃大喝，王宮的大廳裡充滿醉漢喧鬧的聲音。突然間，在國王寶座對面的牆上，出現了一隻手。

那手靜靜地在石壁上寫了四個字。

然後手就消失了。

怪的是，寫下來的那些字是阿拉米文字。國王看不懂。他把術士們召來，但術士也都看不懂。接著，就像一千多年前在埃及的王宮中有人想起約瑟一樣，這時有人想起了但以理。

76 那波尼度（Nabonidus），新巴比倫王國君主，西元前五五六至五三九年在位。由於祭司集團勢力興起，他逐漸專注於崇拜月神，任命兒子伯沙撒（Belshazzar）為共同攝政。西元前五三九年，波斯的居魯士二世入侵巴比倫，那波尼度率兵迎戰失敗，巴比倫城陷落，王國滅亡。

77 大流士一世（**Darius I,** 西元前 550~486 年），又稱大流士大帝，新巴比倫王國君主，以行政長才及偉大建築計畫而聞名，多次出兵攻擊希臘。《聖經》中文譯本譯為「大利烏」。

78 希羅多德（Herodotus, 西元前 484?~420? 年），古希臘歷史學家，他打破史詩傳統，率先將收集而來的資料加以編撰，系統化地敘述歷史，並加以評論，因而有「歷史之父」之稱。他的著作《希羅多德歷史》（*Historiae*）一書，內容鉅細靡遺記述了公元前六至五世紀波斯帝國與希臘諸城邦的戰爭。

79 色諾芬（Xenophon, 西元前 427~355 年），古希臘歷史學家、哲學家，作品眾多，特別重要的是關於古希臘的描述，其中《長征記》（*Anabasis*）對文學格外具有影響力。

但以理解讀神祕文字。

但以理來了。他精通各種不同的神祕書寫的藝術。他先從上往下讀，再從下往上讀，然後再從上往下讀。他看見的文字是這樣：

PHARSIN

ULEKETE

MENEMEN

但是他解讀拼寫出來的是這樣：MENE MENE TEKEL UPHARSIN。

即便寫出來了，這些字母的組合還是看不出意義。

「MENE」或「mina」（邁納）是猶太人的貨幣或重量單位，大約是一舍客勒的五十倍。「TEKEL」就是我們所說的舍客勒。

最後一個字的第一個字母「U」只是一個連接詞，而「PHARSIN」（英譯為Peres）有半個邁納的意思，但也可以指波斯人。

因此，這些字串起來的意思可能是「尼布甲尼撒是一個邁納。尼布甲尼撒是一個邁納。」（重複兩次表示強調。）「伯沙撒，你只是一舍客勒。波斯人是半個邁納。」

或者，用英文直說：「噢，伯沙撒王啊！偉大尼布甲尼撒的大帝國，在你的統治下現在已經衰落成一個小王國，很快會被波斯人一分為二。」

不過，這整串字仍是個語言學上的謎，我們就不再探究解釋了。

但以理顯然把這些做為名詞用的詞組，當作動詞「計算」、「秤重」、「計數」的過去分詞來看。

因此，他對這個令人非常驚恐的謎語做了如下的解釋：

「噢，伯沙撒王啊，耶和華將您放在秤上秤過了，他發現你來日無多。」

伯沙撒王封但以理做了總督，當作預言的獎賞，希望藉此討好猶太人的上帝。

不過這項榮譽意義不大。波斯人已經兵臨巴比倫城下。帝國的來日確實屈指可數。

## 巴比倫淪陷

公元前五三八年，居魯士穿過一座水門，進入了巴比倫城。

他饒了國王那波尼度一命。但處死了伯沙撒，因為伯沙撒試圖起義反抗征服者。

然後他將巴比倫的版圖變成波斯的一個行省，就像半個世紀前巴比倫人把猶大國變成自己帝國治下一部分一樣。

至於但以理書中提到的那個瑪代人大流士，除了他的名字，我們對他一無所知。另一方面，居魯士是古代著名的英雄，值得我們多加注意。

居魯士所統治的波斯人屬於雅利安人種。也就是說，他們不像巴比倫人、亞述人、猶太人和腓尼基人屬於閃族，波斯人和我們的祖先屬於同一人種。起初，這些部族似乎住在裏海東岸的平原上。

不知從何時起，他們離開老家，開始一場大遷徙。

他們當中有一些向西跋涉，在歐洲的原住民之間定居下來，並且很快消滅或征服了那些原住民。

另一些人南下占領了伊朗高原和印度平原。波斯人和瑪代人聯手占領了幾片山嶺，這些地區由於殘酷的亞述軍隊的征伐，已變得人煙稀少。

起初，波斯人在這裡組成一個牧人共和國。他們就從這麼簡陋的根源建立起奇特的波斯王國，並靠著居魯士攻無不克的征伐，逐漸擴張成為波斯帝國。

居魯士是個非常傑出的人物，只有在謀略和外交手段都達不到目的時，才會訴諸武力。他沒有直接對巴比倫用兵，而是一步步把那個強大的城市從其過去的藩屬國和盟邦中孤立出來。這是曠日費時的工作。

這工作花了幾乎二十年的時間，這段時間對猶太流亡者而言，是一段興奮激動的歲月。

從一開始，他們就猜這個「古列」可能是他們的救世主，會在耶和華敦促下將他們從巴比倫人的枷鎖中解救出來。他們密切關注他的征戰。起先，他們聽說他在與卡帕多細亞人打仗。不久之後，遊歷各地的旅行者告訴他們，居魯士在與呂底亞王克羅索斯作戰，克羅索斯和希臘的立法者梭倫[80]私交甚篤。

接著，又有謠傳說他在小亞細亞組建船隊，準備入侵希臘沿岸。

一整群先知以簡直過分的熱情關注著這個人的戰況。無論何時，只要傳來波斯人又獲得大勝的消息，他們全都歡呼雀躍，高唱讚美和希望之歌。

他們十分確信，巴比倫的日子已經不多了，因為這座邪惡的城市拒絕聆聽耶和華的話。

耶和華已經準備好為她犯的罪懲罰她。

## 居魯士的寬容政策

最後，當不可能的事終於發生，巴比倫淪陷，所有猶太俘虜欣喜若狂，熱烈慶祝。他們奔上前親吻新主人的腳，懇求新主人允許他們返回故國。

居魯士同意了。

他對自己的寬容十分自豪。

舊巴比倫帝國所有各族的臣屬者當下全部獲准返回自己的家園。不過，居魯士所做的不止如此。

他幾乎像羅馬人一樣，對其他民族的信仰選擇採取中立態度。

如果猶太人、腓尼基人或西里西亞人更喜歡信自己的神而不是波斯人的神，那是他們的事。

他們可以建立自己最想要的神廟。

他們可以按照自己的喜好把廟裡擺滿神像，或什麼神像都不放。

只要他們保證繳納賦稅，服從國王派去的總督或統治者，便可按自己的意願塑造政治和宗教生活，國王會確保沒有人敢干涉他們。

此外，讓所有猶太流亡者返回迦南地，其實是這位精明統治者的務實考慮。他想把波斯建

80 梭倫（Solon，約西元前 630~560 年，一說西元前 638~558 年），雅典的政治家、詩人，被視為古希臘七賢之一。他曾獲選出任雅典的執政官，並且嘗試立法改革，儘管未能成功，但仍為後來的雅典民主打下基礎。

造成航海大國。

腓尼基人的城市都已經臣服於他的意志。

可是在腓尼基和巴比倫之間，橫亙著荒涼的巴勒斯坦廢墟。

他必須讓這片沙漠重現生機。

巴比倫人從前已經朝這方向做過一些嘗試。他們曾把一些人移民到過去的以色列王國，讓那些移民定居在當地處於半饑餓狀態的殘餘人口當中。移民和原住居民一起形成一個新民族，叫做撒瑪利亞人。今天，我們在巴勒斯坦北部的村落裡仍可找到少數撒瑪利亞人後裔。

撒瑪利亞一族從未繁榮興盛。他們是由希伯來人、巴比倫人、亞述人、西臺人和腓尼基人組成的奇特混合體，因此一直遭到原來猶大王國中純猶太人的極度蔑視。當居魯士開始著手恢復巴勒斯坦的秩序時，他首先嘗試要找的就是以色列國俘虜的後裔，但無論是這些流亡者還是他們的子女，全都無跡可尋。他們已完全被比鄰而居的巴比倫人同化了。他們的命運，無論是在公元前五三八年的當時或是在今天，都是個謎。

另一方面，要找到猶大人就容易多了。他們一直保持著種族的完整性。

## 返回耶路撒冷，重建家園

公元前五三七年，國王頒布命令，敦促他們立刻返回耶路撒冷，同時也准許他們重建聖殿。居魯士還把四十多年前尼布甲尼撒擄到巴比倫的所有金銀器皿悉數歸還猶大人，鼓勵他們把耶路撒冷建成新的國都，讓它散放出那已消失但尚未被人忘記的、所羅門時代的壯麗光輝。

經過半個世紀的祈禱，先知的話終於應驗了。

耶和華兒女的流亡歲月結束了。

猶太人可以自由離開牢籠了。

但是，看哪！如今自由之門大開，卻只有少數俘虜願意把握機會返回家園。

大多數人依舊靜靜地待在巴比倫，或遷到埃克巴塔那、尼普爾、書珊，或新波斯帝國的其他幾個大城市，只有一小撮人踏上那穿越沙漠、漫長又危險的旅程。他們是一群虔誠的人，非常嚴肅認真地擔負起自己的宗教職責。

此時，他們在耶路撒冷的廢墟上建立起一個新的國家，排除所有外來的影響，專心一意敬拜耶和華。

這些返回巴勒斯坦的人如果由但以理來領導，將再自然不過了。可是但以理年事已高，禁不起長途跋涉。波斯人善待但以理，留他繼續任職。然而，沒多久他就被懷疑對國王不忠，因為國王下了一道禁令，在為期一個月的時間裡，不許對神或對人祈求請願，但是但以理繼續向耶和華祈禱。抗命的結果是但以理被判處死刑，丟進獅子籠裡。

然而，這些凶猛的動物卻不肯吃這位聖潔的先知。第二天早上，但以理毫髮無傷地從籠子裡出來，此後，再也沒有人找他的麻煩。

確定但以理無法跋涉回鄉後，波斯人物色了另一個人選來擔任重建後的猶大行省省長。

他們選中一個名叫所羅巴伯的人，他是從前猶大王室的遠親。所羅巴伯回到耶路撒冷，和大祭司約書亞一起開始重建的工作。

這事並不容易。整座城市都必須重建。城市周圍的領土大都已被撒瑪利亞人占領，並開闢成農場和牧場。撒瑪利亞人當然不肯放棄，且盡可能給新來者製造麻煩，讓他們日子不好過。

撒瑪利亞人本來希望能在重建聖殿的事上掙點辛苦錢，但他們卻被告知，聖殿的工程不雇用異教徒。

為了報復，撒瑪利亞人匿名上書居魯士，警告波斯國王，有人意圖叛亂，只要聖殿修建落成，猶大就會變成獨立王國。

居魯士日理萬機，沒時間理會猶太人叛亂這樣的瑣事，但為了預防萬一，他下令在事情調查清楚之前，重建聖殿的事必須暫停。

沒多久，居魯士駕崩，這事就被遺忘了。時間一晃數年，建好一半的城牆逐漸長滿雜草。接著，先知哈該出場。哈該譴責所羅巴伯膽小又好逸惡勞，並告訴他，無論國王允許與否，都該繼續興建城牆。

憂愁的所羅巴伯正需要一點小小的鼓勵，哈該一說，他便答應執行。他通知人們回來工作。

然而，後來他和撒瑪利亞的總督達乃發生了衝突。達乃問他有什麼權利修建上帝的聖殿，那座聖殿已經愈來愈像一座正規的堡壘了。所羅巴伯回答，他在多年前就獲得了居魯士的批准。達乃將這答覆上報宮廷。在這期間，居魯士的繼位人岡比西斯[81]也已過世，接著繼位的是大流士。大流士下令查閱檔案。事情變得更複雜了。不過，幸好找到了當初居魯士簽名批准的法令。

達乃只好收回自己的反對意見。四年後，聖殿落成。

## 他們形成國中之國

慢慢的，有些其他流亡者也返回了自己的故鄉。然而，絕大多數猶太人繼續生活在埃及、巴比倫和波斯的商業中心。無論何時，只要環境允許，他們就在自己聖城的圍牆內慶祝偉大的宗教節期。他們承認並尊崇這座古老的城市是自己的精神家園，但這座內陸小首都與其間狹窄骯髒的街道、簡陋的作坊，都不足以提供發家致富的機會。

當最後一種祭物獻完，最後一首讚美詩唱完，來訪者便匆匆趕回書珊或達夫尼的繁忙商業區。他們以身為猶太人自豪，他們熱愛耶路撒冷，只要別叫他們整年住在那裡就行。

就這樣，他們發展出奇怪的雙重忠誠，在接下來的四百年裡，他們因而遭受了許多麻煩和痛苦。雖然猶太人散居在波斯人、埃及人、希臘人和羅馬人當中和平不惹事，但他們從不接受那些國家的風俗。

無論在哪裡，他們都形成一個國中之國。

他們住在自己的聚居區裡。

他們去的神殿與其他人的不同。

他們不許自己的孩子和異教徒的子女往來。他們寧可殺了自己的女兒也不肯將她嫁給異教徒。

他們吃的東西不同，連預備食物的方式都不同。

他們小心翼翼遵守當地的法律，但除此之外，他們還遵守自己本族特定的、非常嚴格又複雜的律法。

他們按自己的偏好穿著打扮，這也讓他們與其他民族有明顯區隔。

---

81 岡比西斯二世（Cambyses II），波斯國王居魯士大帝之子，西元前五三八年擔任居魯士的全權代理人。西元前五三〇年，居魯士大帝展開最後征戰時，指定岡比西斯二世為王位繼承者。

他們一絲不苟地過特定的節日，那些節日對當地人而言完全神祕難解。人總是會對難以理解的左鄰右舍抱以猜疑。這些猶太人聚居區不近人情的態度，所有猶太人公開蔑視其他民族神祇的姿態，加上他們只和本族人合作的天賦權利，經常使他們在鄰居當中不受歡迎，並常因糾紛而結下仇怨。

其中有一個仇怨發生在基督降生前第五世紀。在波斯的猶太人遭遇大劫，幾乎面臨徹底滅族的危險。

我們無法得知這個突發事件的深層原因，但我們可在〈以斯帖記〉中發現事件的全部細節。

## 末底改救了薛西斯王

〈以斯帖記〉是《舊約》書卷中歷史書的最後一卷。它和〈但以理書〉一樣，是在薛西斯[82]死後好幾百年才寫下來的，因此波斯碑文中沒有找到可讓我們參考的資料。我們有相當多有關薛西斯的史料，他幾乎摧毀了歐洲大陸的新文明。他個性軟弱無用，以下他對待妻子的言行的故事，完全反映了他的個性。

薛西斯（猶太人稱他亞哈隨魯）在一次不光彩的爭吵之後，和妻子離了婚。當時國王喝多了，王后也是，兩人惡言相向，王后瓦實提被迫離開王宮。

薛西斯隨即通令全國要挑選新王后，他挑選了猶太少女以斯帖。以斯帖是個孤兒，由堂兄末底改收養。末底改在猶太社群裡頗有地位，與宮廷的關係也不錯。

以斯帖進宮之後，末底改常常去探望她。

有一天，末底改在接待廳裡聽見兩個人在密謀殺害國王，於是向以斯帖示警。以斯帖把這

哈曼陰謀屠殺猶太人。

事告訴了國王。那兩個人遭到逮捕並遭處死，但末底改也隨即遭到遺忘。他雖然救了國王的命，卻沒有得到任何獎賞。

末底改不在意。他生活寬裕，並不缺錢。此外，身為王后過去的監護人，他已經獲得極多的榮譽，他很知足。不過，他突然高升的地位，以及如今享有的顯赫身分，為他招來許多敵人。

那時薛西斯的寵臣當中有個名叫哈曼的阿拉伯人。哈曼（屬於亞瑪力族，和猶太人是世仇）瞧不起末底改，末底改也以同樣態度回敬他。

哈曼堅持當他們兩人相遇時，末底改得先對他鞠躬，末底改拒絕。這事鬧到國王面前，但國王說他不想管這種事。從那時開始，這兩人就對彼此恨之入骨。從今天看來，這是件小事，犯不著動怒，但三千年前的人可不這麼想。

哈曼是個危險的敵人。他對薛西斯屢進讒言，讓薛西斯對這群猶太俘虜的後裔起了疑心。他指猶太人都住豪宅，顯然都發了大財。國王從沒見過大多數猶太百姓所住的貧民窟，於是相信哈曼說的所有事。哈曼沒費多大功夫，就把這個荒淫無度的君主哄到心甘情願簽發皇室命令，將他統治版圖中所有的猶太人全部處死。

哈曼授命執行這項可怕的法令。就像所有卑鄙小人一樣，他緩慢、周詳地進行相關事宜，

82 薛西斯一世（Xerxes I，西元前519~465年），波斯帝國國王，大流士一世與居魯士大帝之女阿托莎的兒子。基督教認為他可能是《聖經》中提到的波斯國王亞哈隨魯，但並無實證支持此觀點。

哈曼被吊死在自己下令打造的絞架上。

他想充分享受復仇的樂趣。他抽籤決定哪個月對耶和華的跟隨者進行大屠殺最好。就這樣，選定了二月。這讓哈曼有足夠時間下令在高高的山丘頂上豎立起一座絞刑架，好讓他把仇人末底改「吊得比所有的人都高」。

## 普珥節的由來

然而，這項陰謀太複雜，不可能保密太久。末底改知道後緊急求見以斯帖，要以斯帖在未經宣召的情況下去見國王[83]，求王饒過她的族人。

薛西斯起先很生氣，但接著想起末底改曾救過他一命，於是他將所有證據拿到面前察看，開始明白哈曼如何為了公報私仇而誤導他。他立刻派遣信使快馬前往全國各地，警告猶太人對抗即將來臨的攻擊。哈曼則被吊死在自己原來打算吊死末底改的山頂絞架上。

當陰謀的細節公之於眾後，猶太人開始對自己逃過劫難心懷感激。他們決定永遠記住這個重要的事件。

此後，每年巴比倫曆法中的亞達月（大約在我們現在二月到三月之間）的十三至十五日，猶太人都要盛大慶祝「抽籤節」，或稱「普珥節」。

在這個節日裡，每個猶太聚居區都要高聲朗讀〈以斯帖記〉，並公開咒罵哈曼的名字。此外，富人要慷慨周濟窮人，以紀念拯救族人免於滅亡的好王后以斯帖。

已返回耶路撒冷的虔誠猶太人卻不歡迎這個新節日。有很長一段時間，他們每年抵制慶祝普珥節，覺得這節日「異族味」太濃。不過，這節日（大概源於亞述或巴比倫，由來已久）以新的形式迅速普及開來，並且一直流傳至今。

以斯帖的故事清楚表明，在波斯國王統治時期，外國移民的聚居區有多麼重要。這些聚居區的光彩讓祖國徹底黯然失色，所有記載似乎都表明當時的耶路撒冷一片荒涼。聖殿已經依照原樣重建，但城牆依舊破敗，商業和貿易復甦緩慢。所羅巴伯去世，後繼者個個因為缺少資金和缺乏人手，沒有能力繼續前人未完的工作。

終於，國外的猶太人決定他們必須為祖國做點事情。有位名叫以斯拉的祭司獲得一筆資助，讓他返回猶大去瞭解當地的情況。他要求自願者與他同行，然而回應者寥寥無幾。經過一番費力勸說後，以斯拉說動了大約五百人和他一同返鄉。

經過四個月的長途跋涉，這群朝聖者終於望見了古老的聖殿。

離鄉背井的猶太人。

## 此時耶路撒冷只是一個暗影

然而，以斯拉發現，耶路撒冷的狀況糟透了。

那些歸來的猶太移民（人數很少）都娶了鄰村女子

83 按〈以斯帖記〉第四章記載，當時的波斯法律是未獲國王的召喚擅自去見王將被處死，即使貴為王后也一樣。以斯帖這次擅自覲見獲得了國王的赦免，詳見〈以斯帖記〉第五章。

為妻。

他們在履行自己的宗教義務上變得很怠惰。

猶大差不多快要變成另一個撒瑪利亞了。

能幹的尼希米（他是波斯王亞達薛西的貼身侍從）前來助以斯拉一臂之力，重建這個搖搖欲墜的國家。他們終於重新建好城牆，街道上的垃圾全都清理乾淨，外族女子也全都送回她們的娘家。聖殿的大門外搭建了一個木製講壇，以斯拉定期在這裡宣讀並講解某一段神聖的律法，好讓百姓永遠記得自己的職責。

即便如此，舊城中絕大部分地區依舊杳無人煙。

這意味著這座城依然處於危險當中（人丁興旺的所羅門時代精心設計建造的城牆系統，此時根本沒有足夠的人手來防禦）。於是，猶太人斷然採取措施，使居民的數量達到要求。

所有居住在鄰近鄉村的居民，用抽籤的方式抽出十分之一，勒令他們搬到耶路撒冷居住。有少部分人自願前來，他們獲得極大的榮譽，被認為是無私的愛國者。其他人則是以武力強制他們遷入城內。

即便如此，與昔日的輝煌相比，此時的耶路撒冷只是一個暗影。從前政治與商業重鎮的光輝已經永遠一去不返了。

以西結的夢想永遠不可能實現了。但是，不久之後，這座城市將成為一位偉大先知的家。〈以賽亞書〉後半卷那位不知名的作者，早在同時代的流亡者都還把信心放在昔日的輝煌中時，就以慧眼和膽識向前展望，預言了這位偉大的先知終將出現。

# 16 其他各類書卷

《舊約》的其他各類書卷。

《舊約》是一本猶太民族的剪貼簿，它包含了歷史記事、傳說、家譜、情詩和讚美詩。《舊約》先後遭多次分類和整理，然後再分類、再整理，其編纂既不考慮時間順序，也不考慮文學層面的完美。

假設這世界上從來沒有美國歷史書籍，公元二九二三年時有個愛國人士決定要編輯一本美國史，他很可能得讀遍我們所有偉大的雜誌和報紙（如果倖存下來的話），因為那當中含有似乎足夠重要的一切文史類資料。

不過，除非他對自己的工作準備得非常周全，否則交出來的會是在許多方面都類似《舊約》的彙編作品。

書中會有一些早期印地安人的傳說，記載他們神祕的創世故事。書中也會有特別的星期天故事，述說著哥倫布發現新大陸的過程，或是記述早期移民在查爾斯河和哈得遜河河畔的艱辛生活。

接下來，他會試著詳細描述十三個小殖民聚居區（就像猶太人的十二部族）如何組成一個單一國家，這方面的素材數量龐大。

這個新共和國建立過程中的冒險經歷肯定要詳細描述，特別是內戰，它差點就把美國變成另一個猶大和以色列。

伴隨這些歷史敘事的還有各式各樣的詩作和歌曲的彙編，它們都成為我們這個偉大國家的遺產的一部分。

如果我們這位美國愛國者像耶路撒冷和巴比倫的那些記述者一樣，缺乏做這種工作該有的訓練，那麼我們會發現，那些記載征服西部的篇章，包含了摘自朗費羅[84]、惠蒂爾[85]和愛默生[86]的詩作片段；在記述購得阿拉斯加的章節裡會加上獨立戰爭的描述；此外書中也提到羅斯福是這個國家每項重大決策的始創者。

## 猶太文學最具魅力的詩歌篇章

當然，這本純靠想像編寫出來的書不能做為可靠的歷史參考。在我們今天這個時代，編寫史書不是什麼難事。我們可以去法國、英國和西班牙，藉由這些國家圖書館的幫助（假設它們還沒遭到毀壞，但巴比倫的圖書館幾乎都毀了），通過查閱外國的資料，可以很容易重建我們

---

84 朗費羅（Henry Wadsworth Longfellow, 1807~1882），美國十九世紀最受歡迎詩人，作品包括詩、小說、翻譯等，其中有三首長詩分別描述美國殖民初期歷史、法國人與印地安人的戰爭，以及改編自印地安人的神話與歷史。

85 惠蒂爾（John Greenleaf Whittier, 1807~1892），美國詩人、思想家，倡導廢奴，詩中經常流露其廢奴主張，也反映了美國廢奴運動的歷史。

86 愛默生（Ralph Waldo Emerson, 1803~1882），美國詩人、作家、思想家，崇尚自然，倡導「先驗主義」，被視為確立美國文化精神的代表人物。

自己過去的歷史。

然而對《舊約》來說，這根本是不可能的。埃及人、亞述人、迦勒底人和波斯人都很少注意這個異常虔誠的部族，這群人把自己遠遠隔離在居住國的生活方式之外。

因此，基本上我們的資料全仰賴古希伯來文和阿拉米文的文本。這一點我們在前文已經提過，但在此再重複最後一次，這一點非常重要，你不該忘記或遺漏。

到目前為止，我們已竭盡所能重建了那個傳說的年代，以及有歷史記載的時期。現在。我們要告訴你一些特別的、純粹由詩歌組成的篇章，它們構成所有猶太文學中最具魅力的部分。

## 思索苦難與試煉的美文——〈約伯記〉

路得的故事前面已經說過了。另一個古老猶太村落的田園生活故事，記載在〈約伯記〉，但〈約伯記〉的性質和〈路得記〉很不一樣。

這是個非常古老、流傳很廣的故事。一個虔誠的人，在他所處的環境中經歷了極大的磨難，卻從未對萬物的終極之善失去信心。他不明白為什麼這一切災難會臨到他頭上；為什麼自己會染上可怕的疾病；他身為「智者」，為什麼不能從自己的學識中獲益；他這樣一個慈父，為什麼會失去所有的孩子。

他不明白，卻默不作聲，順從自己的命運。

他不抗辯。

他接受結果。

然而，他與三個老朋友的會面，以及他們之間那場著名的對話，讓所有非紀實文學作品的愛好者都對〈約伯記〉愛不釋手。

約伯一直堅信，自己遭受的一切苦難都對自己卑劣的靈魂有益。他也許無法理解耶和華的計畫，但它們肯定是對的，而他由於自己的無知，肯定是錯的。

最後，他受考驗的日子結束了。約伯重新擁有過去所有的財產。他又結了婚，生了七個強壯的兒子和三個美麗的女兒。他活到一百四十歲才去世，是全國最富有最顯赫的人。

## 體現信仰者的感覺、夢想和祈禱的〈詩篇〉

〈約伯記〉之後，接著的是〈詩篇〉。

希臘文的「psalter」[87]是指一種弦樂器，這種樂器也許源自腓尼基，曾在西亞風靡一時，節日慶典上經常用來當作頌唱聖歌時的伴奏，演奏者使用撥片來彈奏，類似今日的曼陀鈴。

這種樂器的音域不廣，只能奏出十個音，但效果夠好，能達到目的。

它像現代樂器一樣，能保持眾人在頌唱時不走調。

至於〈詩篇〉，它們就像我們在《牛津英國詩選》中所見過去六百年來的詩歌一樣，有各式各樣的主題。

它們什麼類別都有，從崇高無上的善到極端的惡，以及復仇。它們包含了自有文字記載以來，我們所能找到對大自然最古老和最優美的描述。許多充滿希望和撫慰的崇高詩句中，體現了真正具有虔誠信仰之人的感覺、夢想和祈禱。〈詩篇〉幾乎涵蓋了猶太民族生活的所有時期。

87　也是英語 Psalms（詩篇）一字的來源。

有些寫於王國時期，有些只回溯到大流亡時期。隨著時間流逝，它們變成所有宗教慶典上必不可少的部分，因此，它們也被我們基督教會所採納。歷代以來最偉大的詩人都受過〈詩篇〉的啟發。它們被譯成世界上每一種語言，也曾被我們西方最偉大的作曲家譜進樂曲中。每當有人唸誦〈詩篇〉，就算我們聽不懂那種語言，也會被它們本身的莊嚴、深沉打動。

## 從〈箴言〉理解古代猶太人的觀點

無論《舊約》中眾多歷史書和先知書的未來會如何，只要人類還相信美（無論哪一種形式或形象的美）是神聖和莊嚴的，〈詩篇〉就會被保存和流傳下去。

〈箴言〉就不一定了。

這卷書沒有任何想像或熱情。

正如書名所暗示的，它包含的是歷代所有精明老人和老婦的金玉良言。

自古以來，每個民族都保有這類的箴言集。我們美利堅合眾國靠獨立運動先驅們的共識才得以屹立，並為這世界帶來眾多這類箴言。

中國偉大的教師孔子的智慧，幾乎全來自他悲天憫人的觀察、對人的愚昧和對神的耐心的思考。就像我們如今把整整兩世代的金玉良言都視為出自林肯之口一樣，波斯人統治時期的猶太人也是如此，他們牢記所羅門是自己民族最偉大的英雄，宣稱他是所有這些樸素智慧之言的作者。

事實上，〈箴言〉大部分寫於那位偉大君主死後四百年之後。當然，這不怎麼重要。就算這卷〈箴言〉是昨天收集來的，也還是一樣出色。它們讓我們得知當時一般人的想法，教導我們進一步理解古代猶太人的觀點，這比十幾卷歷史書或先知書能告訴我們的還要多。

## 探究人生和信仰問題的〈傳道書〉

再下一卷書叫〈傳道書〉，這是純宗教的書卷。

這卷書老掉牙，卻非常人性。

它深入探究了人生和信仰的問題。

它反映了一位著名猶太醫生乏味且相當個人的智慧，據說他是這卷書的作者。

他問，人平均能活七十年，卻充滿勞碌和憂慮，有什麼意義？萬物最終都是走向墳墓。

義人會死。

惡人也會死。

他們全都會死。

所有這一切有什麼意義？正直人受迫害，惡人卻享富貴。人的痛苦不幸難道沒有原因？

「虛空的虛空，一切都是虛空。」這類的話整整寫了十二章。

猶太人和所有東方民族一樣，是個喜怒無常的民族。

他們一下子處於喜樂顛峰，一下子又跌入憂鬱的深淵。

他們的文學是他們的音樂。

當他們悲傷消沉時，他們聆聽〈傳道書〉——它帶有蕭邦練習曲的抑鬱之美。

當他們快樂時，他們閱讀喜氣洋洋的〈詩篇〉。〈詩篇〉反映了海頓〈創世紀〉中大合唱的歡樂之美。

人會變，但他的靈魂始終相同。如果我們有智慧，我們也能從這些詩歌般的書卷中尋得安慰。我們所受的苦，在我們之前已經有人經歷過，將來的人也會同樣經歷到。

那為千年前逝去的古人帶來新希望的，有一天也會為尚未出生的人帶來嶄新的勇氣。人會變，但他的悲喜與亞伯拉罕、雅各時代的悲喜並無二致。

## 〈雅歌〉之後，嶄新又美好的世界到來

《舊約》這些多采多姿的書卷中，最後一卷非常奇特。它被稱為〈雅歌〉[88]。這不表示它真是一卷歌曲集。說它是歌中之歌，表示它在文學成就臻於高峰，也就是：「它是所有歌中最美的歌。」就像我們讚美我們一生中最幸福快樂的日子是「黃金歲月」一樣。

實際上，〈雅歌〉是一首非常古老的情詩。當然，這卷情詩的作者據說是所羅門王（由於他的顯赫聲譽，此說似乎合情合理），他也順理成章被視為這首偉大情詩中的男主角。

女主角是一位牧羊女。

國王遇見她，將她從書念村莊的家中帶走。

他在自己的王宮中賜給她尊榮的地位。

他試圖獲得她的青睞。

然而，這位純樸的書拉密女子依舊愛著她那牧羊的情人。她被安置在華美的深宮重幃之中，心裡只想著自己和情人在山間漫步、一起照看羊群的日子。

她喃喃述說著兩人往昔的情話。夜裡，她夢見自己依偎在他強壯又舒適的懷抱中。最後（正如所有這類故事）有情人終成眷屬，結局皆大歡喜。

〈雅歌〉不是宗教書卷，但這卷書第一次明白顯示：某種嶄新又美好的事物終於在世間出現了。

在遠古時代，女人一直是做牛做馬。

她屬於捕獲她的男人。

她為他種地。她為他照看牛羊。她為他生兒育女。她為他做飯。她把他伺候得舒舒服服的。

然而，回報她的卻是他飯桌上掉下來的一點麵包屑。

但這一切開始發生變化了。

女人開始走向自立。

她被承認與男人平等。

她是他的夥伴。

她激發他的愛並接受他的愛。

在這個互敬互愛的堅固基礎上，即將建立起一個嶄新的世界。

---

88 Song of Songs，按字面翻譯是〈歌中之歌〉。

# 17 希臘人的到來

我們前述所提之事件發生的同時，世界其他地方也發生了巨大的變化。希臘人的天才將世界從古老的無知和迷信中釋放出來，為現代科學、藝術、哲學和治國之術奠定了基礎。

腓尼基船隊的紫色船帆漸漸消失在東方遠處，地平線上橫亙著崎嶇的希臘半島。希臘是個小國，面積不像今天美國德拉瓦州那麼小，但也沒南卡羅萊納州那麼大。不過，住在島上的種族卻在人類歷史上扮演最重要的角色。

希臘人和猶太人一樣，也是移民。

當亞伯拉罕趕著羊群往西尋找新牧場時，希臘軍隊的前鋒正在探查奧林帕斯山的北麓。

希臘人所面對的問題，沒有摩西和約書亞試圖在迦南地立足時所遭遇的那麼困難。居住在伯羅奔尼撒和阿提卡山谷的原始居民佩拉斯吉人，弱小又不開化，還沒脫離石器時代後期的習慣。有鐵矛武裝的希臘人輕易征服並消滅了他們。

征戰結束後，希臘人就在他們各個小城邦的高牆後定居，並奠定日後歐美所有國家都共同擁有的文明的基礎。

馬其頓
博斯普魯斯海峽
義大利
達達尼爾海峽
希臘領地
希臘人的活動範圍
愛琴海
小亞細亞
克里特
西頓
推羅
腓尼基
地中海
敘利亞
亞述
非利士人住居之地
約旦河
幼發拉底河
底格里斯河
耶路撒冷
巴比倫
埃及
沙漠邊緣
巴比倫城
西奈山
阿拉伯
尼羅河
紅海

希臘人的世界

起初，希臘人沒怎麼注意與自己隔海相望的鄰邦。他們征服了愛琴海諸島，但未試圖進駐亞洲。海上的對外貿易仍然控制在腓尼基人手裡，希臘人探險的範圍很少越過馬勒斯岬角和達達尼爾海峽。

但有一次著名的例外，與耶弗他和參孫同時代的希臘人曾發動著名的遠征特洛伊的戰爭。不過，他們在為墨涅拉俄斯[89]復仇雪恥後便返回自己的家鄉，很少再冒險前往貝爾加馬和哈里卡納索斯海港之外的地方。蔚藍的弗里吉亞山脈後方到底隱藏著什麼，希臘人並不感興趣。對雅典居民而言，巴比倫只是一個名字。尼尼微也絲毫引不起清教徒似的斯巴達士兵的興趣。他們談論這些神祕的城市，就像我們的祖輩說起廷巴克圖[90]和拉薩一樣。

對希臘人而言，迦南是塊未知之地。

他們從來沒聽說過猶太人。

然而，在基督降生前第五世紀，一切都改變了。

歐洲人沒到亞洲，亞洲人卻試圖去歐洲。

亞洲人的這個邪惡企圖差點得逞了。

## 雅典成為文明世界的中心

我們前面提過居魯士。在猶太人被擄期間，他像救星一般來到，讓他們重建了古老聖殿的輝煌。

不過希臘人有理由用不同的眼光來看他。

居魯士本人忙於鞏固自己的帝國，無暇開拓美索不達米亞之外的疆土，但在他去世八年之後，希斯塔斯佩斯的兒子大流士登基做王，希臘人從此不得安寧了。

波斯軍隊（在經過長期準備之後）越過赫勒斯龐[91]，征服了色雷斯[92]。這事發生在公元前四九二年。遠征軍在亞撒斯山附近慘遭擊敗，希臘人將勝仗歸功於偉大天神宙斯的及時相助。

兩年之後，波斯人捲土重來。

他們的進攻在馬拉松[93]遭到遏止。

日後，波斯人又重複進犯了兩次。儘管他們在溫泉關[94]擊敗了希臘軍隊，燒殺擄掠了雅典城，但他們從未在西方大陸上建立穩固的據點。

這是古老的亞洲文明和年輕的歐洲文明第一次交鋒，歐洲贏得了勝利。

希臘人在軍事上連戰皆捷後，接踵而至的是一個無與倫比的思想和藝術蓬勃發展的時期。

89 墨涅拉俄斯（Menelaus），希臘神話中的斯巴達國王，美女海倫的丈夫。海倫被特洛伊王子帕里斯拐走後，墨涅拉俄斯與哥哥阿格門儂召集希臘境內絕大多數國王對特洛伊開戰。經歷十年苦戰，特洛伊淪陷，墨涅拉俄斯奪回海倫。

90 廷巴克圖（Timbuktu），非洲城市名，現稱為通布克圖（Tombouctou），位於馬利共和國中部，撒哈拉沙漠南部邊緣。

91 赫勒斯龐（Hellespont），達達尼爾海峽的古名。

92 色雷斯（Thrace），如今指的是巴爾幹半島西南部地區，過去其邊界經常變動。對古希臘人而言，色雷斯的範圍北起多瑙河，南到愛琴海，東部以黑海及馬爾馬他海為界，西迄瓦爾達河（Vardar River），包括現在的保加利亞、土耳其歐洲部分、希臘東北部、塞爾維亞東北一部分，以及馬其頓共和國東部。

93 馬拉松戰役（Battle of Marathon），西元前四九〇年希波戰爭的關鍵戰役，最後由雅典與斯巴達領導的希臘聯軍獲勝。據說當雅典軍在馬拉松平原打敗波斯軍後，使者費里皮德斯（Pheilippides）由馬拉松平原跑回雅典報捷，途中從未停頓，但他將勝利消息轉告雅典人後就死了。為了紀念他，希臘人在一八九六年舉行第一次馬拉松賽跑大會。

94 西元前四八〇年，波斯國王薛西斯一世為了對馬拉松戰役雪恥，率軍出征希臘。斯巴達王列奧尼達一世率領三百將士在溫泉關（Thermopylae）抵抗波斯，雙方在此鏖戰三天。溫泉關一邊是大海，一邊是陡峭山壁，是一個易守難攻的狹窄通道。後來溫泉關的名字就用來形容以寡擊眾的英勇抵抗。

耶路撒冷被遺忘了。

僅僅一個世紀裡，他們所產生的科學家、雕塑家、數學家、醫生、哲學家、詩人、劇作家、建築師、演說家、政治家和立法者，就遠超過二十個世紀以來任何一個國家的總和。

雅典成為整個文明世界的中心。人們不遠千里跋涉來到阿提卡，研習人體的美學和思想的精妙。

在雅典衛城山腳下聚集的人群中，可能有少數猶太人。

不過我們有理由對此表示懷疑。

耶路撒冷人從未聽說過希臘的首都。那些使西方思想家充滿熱切好奇的事物，正是巴勒斯坦那些嚴肅的宗教狂熱分子深深蔑視的。在他們看來，只有認識耶和華的旨意，才能認識萬物的起始與終局。

他們不知道也不在乎異教徒的土地上正在發生什麼事。

他們只去自己的聖殿。

他們在新建的猶太會堂裡聆聽自己祭司的勸誡。他們只管自己的事。

他們過著不引人注目的生活，我們對他們這段時期的歷史一無所知。

耶路撒冷被遺忘了，而這正是虔誠的猶太人所祈求的。

# 18 希臘的行省：猶大

一百年後，一位希臘最好的學校培養出來的馬其頓少年領袖，決定要把自己獲益良多的希臘文明帶給全人類，並征服亞洲。猶太人的國家遭到亞歷山大大軍的蹂躪，變成馬其頓的一個行省。亞歷山大去世後，他手下的大將托勒密自立為埃及王，並將巴勒斯坦行省納入了自己的版圖。

猶太人在長期定居波斯期間認識了一種新的宗教體系。波斯人是偉大的宗教導師——查拉圖斯特拉，又名瑣羅亞斯德[95]——的追隨者。查拉圖斯特拉認為，生命是善惡之間持續不斷的較量，智慧之神奧馬茲德[96]和無知與邪惡之神阿里曼永遠征戰不休。

這對大多數猶太人而言是一種嶄新的觀念。

到目前為止，猶太人只承認單獨一位萬物之主，名叫耶和華。當事情出了差錯，當他們吃了敗仗，疾病纏身，他們總把這類災禍歸咎於自己的人民不夠虔誠。他們從來沒有產生過這種念頭——罪惡是邪靈直接干擾的結果。在他們眼裡，就連伊甸園裡的蛇都沒有亞當和夏娃來得壞，因為他們兩人故意違背了神聖的命令。

在查拉圖斯特拉的教義影響下，猶太人開始相信有一種邪靈存在，試圖破壞耶和華所成就的一切的善。

他們稱這個靈為耶和華的仇敵，或叫他撒旦。

他們對他又恨又怕。公元前二三一年，他們確定撒旦已經來到人間。

**世界來到新的一章**

在尼尼微平原上，一位年輕的異教徒王子亞歷山大擊敗了波斯大軍的殘餘部隊，波斯帝國最後一位國王大流士三世在本國的皇家大道旁遭到殺害。

過去對猶太流亡者始終十分友好的龐大帝國就此不復存在。亞歷山大和他的希臘戰友大

查拉圖斯特拉

95 查拉圖斯特拉（Zarathustra，西元前628~551），希臘文為Zoroaster（瑣羅亞斯德），古波斯先知、宗教家，創立瑣羅亞斯德教，又稱「祆教」，主張善惡二元，崇拜光明，神廟中日夜燃燒火炬，因而過去又有「拜火教」之稱。

96 奧馬茲德（Ormazd），又名阿胡拉．馬茲達（Ahura Mazdā）。

獲全勝。那是個可怕的時代。

世界末日似乎即將來臨。

只不過，世界從未真正到達末日。歷史總有「新的一章」。此時，猶太人在這個奇怪的形勢下展開了這新的一章。

來自馬其頓王國的亞歷山大不算真正的希臘人。真正的希臘人認為他是馬其頓人，是個「外國人」，但他本人不同意這個看法，他堅定熱愛希臘的生活和文明。

他在少年時就公開聲明要為希臘贏得天下。此後，他的雄心壯志是將梭倫和伯里克利[97]的思想傳播到世界各個角落，讓他們崇高的智慧能惠及全人類。

公元前三三六年，亞歷山大開始他的征程。

十三年後，他的遺體安放在尼布甲尼撒曾居住的宮殿，當時那裡已成為一個新世界帝國的中心。

那時馬其頓已經征服了從尼羅河到印度河的所有土地，把希臘文明的芽苗帶到西亞各國和埃及。

## 亞歷山大征服者

當這位偉大征服者的大軍開始橫掃敘利亞平原時，猶太人面臨了一個難題。

他們該如何應對這個新主人？幾年前（公元前三四五年）他們曾英勇反抗過亞達薛西（敘利亞的末代國王之一）的某些暴政。

有一陣子，在埃及王納達比納斯和一支希臘軍隊的協助下，猶太人能夠保住自己。這場輕易贏得的勝利讓腓尼基人壯了膽，開始發動自己的革命。結果西頓城被燒成平地。不久之後，耶路撒冷也遭到同樣的命運。大部分房屋都被焚毀了。祭壇被放上不潔淨的動物，聖殿遭到褻瀆。大批猶太人被流放到裏海南岸的赫爾卡尼亞省。隨著故土被劫掠一空，猶太人獨立的夢想也煙消雲散。

這對猶太人的自傲是個嚴酷的打擊。他們多年來力圖小心遵守聖潔的律法。他們深信自己的舉止可做典範，也已經贏得耶和華無條件的支持，在耶和華火焰之劍的防衛下，耶路撒冷已經成為堅不可摧的堡壘。

繼亞達薛西和他可怕的僱傭兵之後，此時來了這個未知的新威脅。不幸（或說幸好）亞歷山大沒給猶太人多少時間思考。推羅遭摧毀、撒瑪利亞被征服的消息才剛傳來，猶太人隨即被勒令向馬其頓國王繳納錢糧物資。

由於迦薩已經落入希臘人手裡，通往大海的路已遭切斷，他們逃脫無望。根據某些非常不可信的傳說，亞歷山大親自造訪過耶路撒冷，在那裡作了一個著名的夢，在夢中被敦促要仁慈寬待猶大的百姓。

事實上，這座城市平靜地順從了這位征服者的要求，獻上了他所要求的金銀。這項順從的回報，是在周圍所有帝國與王國土崩瓦解時，猶太人沒碰到麻煩，享有了一段相對寧靜的日子。

97 伯利克里（Pericles，約西元前 495~429 年），雅典政治家，為西元前五世紀末期的雅典民主、希臘帝國帶來重要影響，也讓雅典成為希臘的政治與文化重心，其最大成就之一是建立雅典衛城。

## 耶路撒冷陷落

數年之後，尼羅河口建立起一座亞歷山大城，取代了那時已消失的腓尼基貿易站。亞歷山大需要猶太人的經商才能，便在城的東北區為他們提供住處。許多猶太人熱切抓住這個機會，離開耶路撒冷，移居到埃及。聖城再次被其精力充沛的市民遺棄了，慢慢失去一個國家首都的特性。

從那時起，直到今日，這個猶太民族的屬靈中心一直受到所有人的崇敬，卻只有少數人造訪。

亞歷山大的去世沒有改變這一點。偉大的馬其頓帝國被其將領瓜分了[98]。

其中一位叫托勒密．索特爾的將軍取得了埃及。公元前三二〇年，托勒密對過去的戰友發動戰爭，當時對方統治著敘利亞，而猶大是敘利亞的一個行省。

托勒密在安息日攻打耶路撒冷，謹守十誡的猶太人遵照第四誡守安息日，不予抵抗，耶路撒冷於是陷落。

然而，托勒密十分善待猶太人，結果有更多猶太人遷居到埃及。昔日所羅門的執矛衛隊巡邏的繁忙街道，又開始雜草叢生。

耶路撒冷在安息日不戰而降。

隨後一百年的故事都乏善可陳。亞歷山大部將的後裔紛爭不休，打個沒完。猶大也被再三易手。

最後，在基督降生前第二世紀，猶大變成了塞琉古家族的版圖的一部分。

公元前一七五年，塞琉古王朝第八任國王安提奧古．埃皮法內斯將西亞絕大部分地區納入自己的領土。在這位聰明卻不寬容的君主的統治下，猶太人民族意識的發展開始了嶄新的一頁。

安提奧古．埃皮法內斯登基時，猶大地區的人口正在迅速減少。

安逸又迷人的希臘城市生活，開始對最後一批猶太文化的堅持者產生影響。

這個將亞洲與歐洲所有優劣特質全部完美揉合在一起的奇特希臘文明，很快就會把整個猶太民族併吞了。

然而，安提奧古．埃皮法內斯沒有學會見好就收的智慧。他在有生之年將所有前任國王的努力毀於一旦，讓原本已經與世無爭的猶太人轉變成激烈的愛國者。

98 亞歷山大大帝死後，其部下將領爭權奪利，原來的帝國後來主要分為：安提哥納（Antigunus）取得歐洲部分，統一原有馬其頓王國及希臘城邦，建立「馬其頓－希臘王國」；塞琉古（Seleucus）取得亞洲部分，統一敘利亞、兩河流域、伊朗高原等地，建立「敘利亞王國」；托勒密（Ptolemy Soter）取得埃及地區，建立「埃及王國」。此外還有柏加曼（Pergamun）、本都（Pontus），以及大夏（Bactria）等幾個小王國。

# 19 革命與獨立

兩百年後，一個名叫馬加比的猶太家族揭竿起義，試圖讓國家擺脫外國的影響，重獲自由。不過，馬加比家族建立的王國從未興盛。羅馬人征服西亞後，把巴勒斯坦變成一個半獨立王國，並任命一名政治心腹做這不幸之地的國王。

迦南這塊古老的土地上容不下兩種互相衝突的宗教信仰。一支接受耶和華是自己所處世界之絕對主宰的部族，自然無法容忍不明確的宙斯的對壘較勁。據說（當然是異教徒這麼說），宙斯住在蠻荒之地某處的山巔之上。安提奧古·埃皮法內斯沒意識到這一點，耗費大半輩子時間及所有的精力，試圖讓頑固的猶太臣民勉強轉變為希臘人，結果終究失敗。

如前所述，他是塞琉古家族第八任君主，不該這麼搞不清楚狀況。然而，他年少時曾被送去羅馬當人質，有十五年光陰生活在那個既是世界中心也是罪惡淵藪的城市裡。

那時，羅馬已經富裕無比，這個民族古老的純樸民風（如果有的話，我們深表懷疑）也已經讓位給更有趣的娛樂活動了。那些聲色犬馬的活動，由人數龐大、地位重要的希臘殖民區提供。

那時的希臘人扮演的是現代紐約城裡異鄉人的角色。正宗的美國人忙於建築、買賣、計畫和照料他們這塊大陸上的物質需求。

他的管弦樂團由德國人、荷蘭人和法國人組成，他的劇院裡專門上演俄國人和挪威人寫的戲，他的餐廳聘請法國廚子，他的畫廊展示的是六、七個歐洲國家的作品。

美國人太忙了，無暇親力親為所有的事，他頗有耐心地（即使有時帶著某種輕蔑）把這些事交給能比他親自去做還做得更好的人，而那些人在政治生活或實際創造方面缺乏必要的野心。

羅馬來到共和國晚期和帝國早期時也是同樣情況。

**羅馬的希臘化**

羅馬人首先是士兵、立法者、政治家、稅吏、道路修建者和城市規畫者。

他征服並管裡整個已知世界，從陰暗多霧的威爾斯海岸，到廣闊無垠的達西亞平原和北非的酷熱沙漠。

這是羅馬人的工作。

他做得好，也喜愛這工作。

可是他太忙，以致於無暇顧及學校、學院、劇院、教堂和零售商店之類細瑣的事。

因此，一群伯里克利、艾斯奇勒斯[99]和菲狄亞斯[100]的後裔很快湧進了羅馬。他們很聰明，卻靠不住。

這些英俊黑髮的希臘教師個個都是舌粲蓮花的演說家，成天語焉不詳大談的千百種奇事，老實的羅馬人從未聽過，對他們的生活也沒有意義。

他們可以時而辯論眾神之事，時而又談論人該如何穿著。他們可以對女人解說一種新興東方宗教的神祕之處，同時又告訴她們幾招使用化妝品的祕訣。他們有講不完的玩笑趣聞。總之，他們把沉悶無聊的羅馬社會變得像雅典衛城腳下名聞遐邇的市場。

年少的安提奧古從遠方的敘利亞來到此地，立刻為在這座偉大又美妙的城市的魅力所傾倒（就像一個北密西根州貧苦農場的少年一下被扔到紐約市中心），在客居羅馬的十五年裡，他變成一個對希臘的哲學、希臘的藝術、希臘的音樂及所有一切希臘相關事物都有無比熱情的崇拜者，阿爾西比亞德斯[101]本人對雅典優越長處的熱愛，都比不上這個來自亞細亞的小王儲。

當然，當這位年輕人被召回自己的國家後，他對家鄉的狀況失望透頂。

耶路撒冷再也不曾恢復昔日大衛和所羅門時的光輝。即便是在早年輝煌的日子裡，一旦與歌林多、雅典、羅馬和迦太基這樣的世界文明中心相比，耶路撒冷也不過是個落後的小村莊。

## 安提奧古下令根除迷信

耶路撒冷始終有點偏離文明的正軌。在巴比倫人、希臘人和埃及人看來（如果他們想過這事的話），耶路撒冷雖然是個不錯的地方，但無疑只是一個省會，住著一群思想狹隘又令人不自在的人，那些人自視甚高，並公然蔑視一切外來事物。

這種情況在大流亡時期也未改善。許多猶太人寧願留在巴比倫。兩百年之後，大部分在戰亂中生存下來的猶太人，又受到亞歷山大城和大馬士革吸引，遷到當地定居。正如我們在上一章所見的，只有最虔誠的人留了下來，他們把耶路撒冷的精神生活轉變為極其封閉的神學辯論社群。

此時，安提奧古才剛接受過羅馬的歡樂洗禮，口裡說的、心裡想的皆是體育盛會和酒神慶典的隊伍，卻不得不整日與陰沉又乖僻的學者相處。那些人盲目地盯著古老律法的晦澀條文不放，使國王和他朋友的厭煩之色溢於言表。

安提奧古輕率地決定，自己要成為優越的希臘文化的傳播者。

不過他像個揠苗助長的人，想違背自然規律加速這件事。

結果不但成效有限，還引起一場大禍。

起初，他試圖利用猶太臣民之間的糾紛來達到自己的目的。

那時國內有一小部分人對走向希臘式生活並未完全抱持敵視態度。

這些人讓安提奧古感到鼓舞。他在耶路撒冷舉辦了一場運動會，還撥款資助了幾場向希臘諸神致敬的祭祀慶典。這大大得罪了他的猶太臣民，不過，當時猶太人自己內部發生醜聞，在

---

99 艾斯奇勒斯（Aeschylus, 西元前 525~456 年），與歐里庇得斯（Euripides, 西元前 484~406）、沙弗克里斯（Sophocles, 西元前 496~406 年）並列希臘三大悲劇作家。

100 菲狄亞斯（Phidias, 西元前五世紀），古希臘雕塑家，主導帕德嫩神廟藝術呈現的設計者，代表作品包括：《帕德嫩雅典娜》（*Athena Parthenos*）、《奧林匹亞宙斯像》（*Zeus of Olympia*）。

101 阿爾西比亞德斯（Alcibiades, 西元前 450~404 年），出身雅典的政治家、演說家和軍事將領，在伯羅奔尼撒戰爭後半時期扮演重要角色。

內部事務沒解決之前，他們無暇他顧。

猶太人的事是兩個敵對的候選人都想爭取大祭司的職位。其中一人名叫米涅勞斯，他向國王保證，如果自己獲得任命，將送給國王數十萬元。從旁人看來，這是一筆鉅款，老實說，這個可憐的傢伙根本拿不出來。

為了支付國王第一筆款項，他竊取了聖殿的基金。東窗事發後，舉國譁然，群起反對米涅勞斯，一時之間所有人都支持他的對手耶孫，儘管耶孫也不是什麼好東西。

隨之而來的是一場爭吵，埃及王趁機襲擊了耶路撒冷，洗劫了聖殿（當時聖殿裡值錢的東西已所剩無幾）。

安提奧古向他在羅馬的朋友求援。

不過困難重重。他決定親自造訪羅馬，當面向元老院申訴自己的情況。

然而，偉大的羅馬共和國對其盟邦的內鬥不感興趣。假如西亞的部族沒有破壞帝國的和平，沒有干預或擾亂國際交通要道的安全，那麼他們可以自行其事。東方爆發戰爭可能會擾亂亞洲商業的繁榮，因此安提奧古和埃及都被警告不得輕舉妄動，除此之外羅馬什麼都沒做。

**耶路撒冷聖殿的新祭壇**

埃及人一離開，這位魯莽的年輕人立刻將自己所有時間和注意力投入於一項高貴的任務，他喜歡將這項工作稱為根除臣民的迷信。

他肯定是心意堅決。

他下了一道草率的命令，古老的猶太禮儀必須廢止。安息日不得再守，也不得再獻祭給耶和華。那一切都屬於陳規陋習，屬於該高高興興忘掉的野蠻的時代。

那些關於律法的書卷全被他的親信搜出來燒掉，市民若敢私藏這類書卷，等於自找死路。

耶路撒冷的人民一直生活在一個由典章制度和先知異象所構成的幻想世界裡，這時被這些殘忍且令人討厭的事實粗魯地喚醒了。他們關閉城門，試圖抗拒國王的命令，但敘利亞的將軍在安息日進攻了聖殿，猶太人再次拒絕抵抗，耶路撒冷落入安提奧古手裡，任其擺布。

耶路撒冷再次淪陷。

可以賣做奴隸讓國王獲利的城中居民，得保一命，其餘的全部遭到殺戮。聖殿也未能逃過一劫。

公元前一六八年的十二月，昔日用來獻燔祭的祭壇被推倒，原址建立起一座新祭壇。一切準備就緒後，祭壇上被擺滿死豬，用來祭祀宙斯。

對猶太人而言，豬是最不潔淨的動物（別說摸，沒錯，就連看一眼都會讓他們感到不舒服和不潔淨），這樣的侮辱在世界歷史上可謂空前絕後。

猶太人不得不屈服。一支強大的守備部隊安穩駐紮在新建的要塞裡，虎視眈眈地監視著倖存者。這座不幸之城的聖壇此時擺滿褻瀆之物，若有誰膽敢用牛去把豬換下來，無論男女，都必遭殃。

當然，這愚蠢的暴行必給自身帶來懲罰，安提奧古很快就要自食惡果了。

瑪他提亞的家

## 瑪他提亞的反抗

在耶路撒冷北邊約六英里處有一座邊界小村莊叫莫丁，村里住著一位名叫瑪他提亞的老祭司及他五個強壯的兒子。

新制度推行上路，安提奧古的官員來到莫丁，下令居民要按照最新的規定敬拜宙斯。村民全都聚集到市集廣場，不知如何是好。安提奧古的人近在眼前，耶和華卻遠在天邊。

不久，一個膽戰心驚的可憐農民表示願意執行那項規定的儀式。

瑪他提亞著實忍無可忍，提劍上前，一劍砍倒那可憐村漢，第二劍直接殺了那個發號施令、膽敢要耶和華虔誠子民進行如此可怕、褻瀆神的行動的官員。

當然，如此一來，瑪他提亞和他兒子們只有一條路可走。

他們逃亡了。

猶大．馬加比

他們翻過山嶺，逃進約旦河谷中。

這個好消息傳遍了全國各地。國王的權力受到公然的挑戰了。

耶和華找到了他的戰士。

那些對自己民族的未來仍抱持信心的人，都趁夜急急逃往約旦，加入起義者。

起初，安提奧古希望藉由重施故技來壓制這場動亂。

他下令軍隊在安息日進攻猶太人。不過瑪他提亞是個務實的人。他寧願為律法而生，不願為律法而死。

他下令他的人反擊，敘利亞的軍隊被擊敗了。

瑪他提亞年紀太老，經受不住作戰艱苦。他去世了，但兒子約翰、西門、猶大、以利亞撒和約拿單繼承他的遺志，成為猶太愛國志士的領袖，繼續打仗。

這些兒子中，第三子猶大的名聲最響亮。他總是身先士卒，出現在戰況最激烈的地方。人們基於他的勇氣都喊他「猶大．馬加比」，意思是「鐵鎚猶大」。面對訓練有素的敵軍，他很明智地避免正面交鋒，並且開創游擊戰術。此戰術在兩千年後被華盛頓將軍運用得極其成功。

他從不讓敘利亞軍隊喘息片刻。

他攻擊他們的側翼和後方，又在半夜發動突襲。等到敘利亞大軍安營站穩並列好作戰隊形後，猶大和他的跟隨者便消失在山嶺中，但只要惱怒的敵軍等待到疲倦不耐煩，放鬆戒備時，他們就又回來，將敵軍分批殲滅。

經過幾年這類小規模戰鬥之後，猶大十分巧妙地穩固了自己的地位，他可以冒險前去攻打耶路撒冷了。

他拿下了這座城市，聖殿也恢復了昔日的榮耀和聖潔。

不幸的是，正當猶大名聲大噪時，他在一次戰鬥中被殺，猶太人再次失去了領袖。

約翰和以利亞撒·馬加比也都死了。

約翰在數年後遭埋伏被俘，隨後被敵軍處死。以利亞撒則在戰鬥中意外被一頭戰象壓死。

年紀最小的約拿單被推舉為統帥，但他才上任幾週就被一位敘利亞軍官殺害了。於是領導權落到了瑪他提亞僅剩的兒子西門的肩上。

## 神權統治難以維持

與此同時，安提奧古也去世了。

他的兒子繼承了王位，但沒多久安提奧古的侄子德米特里·索特爾[102]從羅馬歸來，立刻謀害了他的堂兄弟，在公元前一六二年自己稱王，統治西亞大部分領土。

這對猶太人可說是天賜良機。

德米特里在國內執政遇上眾多困難，根本無暇顧及猶太人的叛亂。

他與西門·馬加比議和，隨後西門以「大祭司和總督」的身分統治猶大地區。這個頭銜有點含糊不清，最合適的類比就是十八世紀末奧立佛·克倫威爾[103]的「英格蘭護國公」。

馬加比家族的才幹給外界留下深刻印象，無形中也承認了新猶太國是個獨立的王國，並接受「大祭司和總督」是這個新王國的合法統治者。

那時，大祭司開始著手整頓國家秩序，與鄰國簽定協議。

他的頭像被鑄在硬幣上。

軍隊認可他是統帥。

公元前一三五年，當他和兩個兒子遭到謀害時，馬加比家族的地位已經十分穩固，王位也自動傳給約翰．許爾堪[104]。約翰統治將近三十年，把一個小王國治理得井井有條，王國中的人民按照古老律法的最嚴格要求來敬拜耶和華，外國人除了重要事務可以短暫造訪，此外一律不准入境。

不過，唉！猶太人一開始過起平靜日子，馬上就淪為古老宗教討論與公開論戰受害者，這種爭論已經給他們的國家帶來過巨大的傷害。

理論上，這個國家仍是個神權統治國。大祭司被尊為國家最高首長，瑪他提亞．馬加比家族的祭司職位是世襲制度，每件事都按照嚴格的律法解釋來處理。

然而，世界不斷在變化。

102 即德米特里一世（Demetrius I Soter, 西元前 187~150 年），父親塞琉古四世在位時一直在羅馬當人質。西元前一七五年，塞琉古四世去世，其弟安提奧古四世（德米特里一世的叔叔）趁機奪取王位。西元前一六二年，德米特里一世從羅馬逃出，並謀殺安提奧古五世（安提奧古四世之子），即位為王。

103 克倫威爾（Oliver Cromwell, 1599~1658），英國軍人、政治家，在英國內戰期間戰勝擁護國王的軍隊，處死國王查理一世。一六五三至一六五八年間出任英格蘭、愛爾蘭、蘇格蘭共和國的護國公（又譯為護國主）。

104 西門統治期間，以色列有了一段短暫的繁榮，但他最後死在奪權者多利買手中。不過，西門的兒子約翰．許爾堪（John Hyrcanus）卻以謀略勝過多利買，成為統治者。在約翰．許爾堪的統治下，版圖不斷擴張，把以士買、撒馬利亞和利比亞也收入版圖。

神權統治的概念，在亞洲、歐洲和非洲的其他地區都早已不復存在。

當周圍所有鄰國的人民都願意採納當代希臘和羅馬的治國理念時，這個封閉在內陸的小群體想維持神權統治，事實上是不可能的。

**法利賽人——全能耶和華的真正跟隨者**

迫於外來壓力，猶太人開始分裂成三個截然不同的派別，各自相信一套不同的政治和信仰的原則。

這三個派別在接下來兩百年的猶太歷史中扮演著非常重要的角色，因此有必要詳細介紹一下他們。

首先，最重要的派別是法利賽人。

我們不知道這個派別的起源。

似乎在馬加比起義最艱難的那幾年，這個派別就已經存在了。瑪他提亞勇敢拔劍舉起反叛的大旗後，立刻發現有一群被稱為「哈西德派」或「虔敬派」的人來追隨他。

當艱難的獨立戰爭取得勝利後，起初的宗教熱情開始衰退，「哈西德派」更換新名字叫「法利賽派」，這群人站在最前線，堅持自己的理念，直到獨立王國告終。

就連羅馬皇帝提圖斯[105]的暴怒都無法壓制他們的熱情，直到今日仍有許多法利賽人存在，儘管他們已不再局限於古老的猶太信仰範圍內。

「法利賽」是希伯來語，意思是「分別出來的人」。人如其名，他們是一群與眾不同的人，狂熱地擁護著律法的字句。

他們對古老的摩西五經了然於心，十分熟練。每個字，甚至每個字母，對他們都有某種特別意義。

他們活在一個具有千奇百怪的規條，甚至充滿難以理解之禁忌的世界裡。有些事情是他們必須做的，還有成百上千件事情是他們不可做的。

他們，唯獨他們，才是全能耶和華的真正跟隨者。其餘人類都命定要下地獄，遭遇永遠的毀滅。法利賽人憑著自己對律法中的每個逗點、每個感歎號都加以遵守，深信將來必定能夠上天國。

一代又一代，他們日以繼夜將寶貴的光陰花在凝視那些古老的書卷，解釋、註釋、詳述、闡釋和解明〈出埃及記〉等晦暗篇章裡某些幾乎被人遺忘、晦澀且無關要緊的細節。

他們在公眾面前表現出謙遜的美德。

然而在內心深處，他們對自己具有與眾不同的卓越品質（他們自己這麼認為）驕傲不已。老實說，他們從骨子裡蔑視所有的男男女女。

毫無疑問，這群對上帝的力量具有不可動搖之信心的法利賽人，一開始是被崇高的動機和高貴無私的愛國主義所啟迪鼓舞。

但隨著時間過去，他們逐漸發展成一個愛管閒事的派別，不容許他人對古老的偏見和迷信有異議。

105 提圖斯．弗拉維烏斯．維斯帕西亞努斯（Titus Flavius Vespasianus, 西元 39~81 年），通稱為提圖斯，基督教會稱他提多王，是羅馬帝國弗拉維王朝第二任皇帝。西元七〇年，提圖斯以主將身分攻破耶路撒冷。在他短暫兩年的執政期間，羅馬發生了三件嚴重災害：七九年的維蘇威火山爆發、八〇年的羅馬大火與瘟疫。

他們有意不面對未來，只把雙眼死盯著早已逝去的摩西時代的光榮。
他們痛恨一切外來的事物。
他們厭惡所有的創新，並公開譴責所有的改革都是國家的敵人。
當眾先知中最偉大的一位向他們述說一位仁慈與愛的上帝，傳講世人都是兄弟姊妹時，法利賽人視他為仇敵，發起猛烈的攻擊，以致於他們顛覆並摧毀了這個在他們的幫助下才剛剛建立不久的國家。

**向前看的撒都該派**

勢力僅次於法利賽人的是撒都該派，他們人數並不多。
撒都該派（可能源自於一位名叫撒督的祭司）比法利賽派寬容得多。然而，他們的寬容不是基於認可，而是出於冷漠。
他們屬於猶太人中少數受過良好教育的階層。他們遊歷四處，見識過其他國家和百姓，雖然忠心敬拜耶和華，但同時也承認眾多希臘哲學家所傳講的關於生死的崇高教義。
他們對法利賽人的世界不感興趣，那個世界裡有愈來愈多來自東方的旅行者帶來的魔鬼、天使和其他奇奇怪怪的想像的怪物。
他們接受現實生活該有的樣貌，嘗試活得正直誠實，不把信心過多寄望在所應許的來生獎賞上。
事實上，當法利賽人試圖與撒都該人爭論這個觀點時，撒都該人便要法利賽人從古卷中找出一些證據來，但法利賽人找不到，因為那些珍貴的書卷裡根本沒有提到這類的事。

總之，與法利賽人相較之下，撒都該人與自己所處時代有更密切的聯繫。他們在有意與無意中吸收了偉大希臘鄰邦的智慧。

他們承認獨一之神的重要性，無論這神叫做耶和華還是宙斯。

然而他們認為，如此偉大的一個力量不會對世人的瑣事感興趣。因此，在他們看來，法利賽人對律法的純粹尊重與考察，完全是浪費時間和精力。

他們認為，勇敢並高尚地活著，比逃避生活、躲在學術高牆後的安全避難所專心拯救自己的靈魂更為重要。

他們向前看，而不是向後看，對過往時代中那些虛無縹緲的美德也不感到可惜。

漸漸的，他們對純粹的宗教事務完全失去了興趣，並以一種非常實際的態度投身政治。

若干年後，當法利賽人因為耶穌在宗教上的異端邪說而堅持處死他時，撒都該人也和法利賽人聯合起來，公開譴責那位拿撒勒的先知，因為他對已經制定的法律和秩序似乎是個威脅。

他們對耶穌的教義不感興趣。

不過他們害怕耶穌的理念所帶來的政治後果，因此他們也支持處死他。

對此，撒都該人和法利賽人殊途同歸。

然而，撒都該人的寬容，與他們公開聲明不寬容的對手法利賽人一樣狹隘死板。對於在各各他上演的最後一齣戲劇（在本書稍後的章節中會記述），他們負有同等的責任。

## 艾賽尼派遠離一切紛爭

為了歷史的準確性，我們還必須提到一個派別，不過它在我們的故事裡不是重要角色。

艾賽尼人居住在曠野中。

許多猶太人一直活在無盡的恐懼裡，我們或可將這恐懼稱之為「下意識的罪」。

他們的律法太複雜，沒有人能指望遵守古卷上的每一點每一條。

然而在耶和華（他就是律法的化身）的眼中，這種不順服（無論是多麼無意識或不是故意做出的）是非常可怕的罪，要受的懲罰幾乎與破壞十誡任何一誡同樣嚴重。

為了逃避這種困境，艾賽尼派（或稱「聖潔者」）乾脆放棄了我們所謂的一切「生活的活動」。

他們什麼也不做。

他們逃到曠野裡，遠離一切紛爭，過著與同時代的人隔絕開來的生活。

不過，為了安全起見，他們經常一小群一小群聚居在一起。

他們不信賴私有財產。個人之物都是公有的。除了自己身上穿的衣服、床和到公共食堂盛食物的碗，艾賽尼人不會說別的東西是屬於自己的。

每天，這些虔誠聚居區的成員會挪出部分時間，去耕種幾塊提供他們糧食的貧瘠玉米地。

其餘的時間他們全用來仔細研讀聖卷，用那些早被遺忘的先知書卷中晦暗又悽慘的觀點來折磨自己一文不值的靈魂。

這種生活對大多數人太沒有吸引力，因此艾賽尼派的人數比法利賽派和撒都該派少很多。城市的街道上永遠看不見他們的身影。

他們不經商，不買賣，也避免接觸所有的政治生活。

他們很快樂，因為他們知道自己在拯救自己的靈魂，但是他們對其他人幾乎沒有貢獻，對國家的生活也沒有直接的影響。

然而，他們間接扮演了一個很重要的角色。

當他們樸素嚴格的禁欲主義和法利賽人的實踐熱心結合在一起時（比如施洗約翰的例子），他們就能影響一大批人，變成國家必須認真面對的一股勢力。

## 馬加比王朝走下坡

讀者可以從上面簡短的介紹瞭解，這國家由幾個互相矛盾的狂熱宗教團體把持著，想維持這些勢力的平衡，並加以統治，並不容易。

在如此困難的環境中，馬加比家族一直盡力而為。

在頭一百年裡，他們也做得非常成功。

然而，約翰·許爾堪是這個王朝最後一位偉大的領袖。

他那被稱為「希臘之友」的不成材的兒子——阿里斯托布魯斯——完全無法勝任這項職責，王朝由此開始走下坡。

儘管他已把領導者所有權力都掌握在手中，但猶太臣民就是不讓他使用國王頭銜，這令他非常惱怒。

然而，對喜愛細節又尊重傳統的法利賽人而言，這名分上的微小差別可是天大的事。

猶太人接受士師的統治，正是因為士師總是極其小心地避免使用君王這個頭銜。

此時，這個甚至連大衛的後裔都算不上的人，竟然堅持要得到這個只有耶和華偶爾用來自稱的頭銜。

法利賽人大怒，阿里斯托布魯斯四處找尋支持者，最後竟愚蠢地和法利賽人的敵人結盟。

緊接著發生的家族內訌，讓情況變得更為複雜。家族內訌的事在古代很常見。

新「君王」的母親和兄弟站到了敵人那一邊。

雙方公然開戰。

母親被殺。

稍後，由於一名過度熱心的官員出了差錯，阿里斯托布魯斯最疼愛的兄弟安提戈納斯被刺身亡。

為了讓他的臣民忘記這些不愉快的事，阿里斯托布魯斯借用另一件事來刺激百姓——開始向北方的強鄰發動戰爭。

他占領了從前以色列王國的大部分領土。古老的以色列國已經亡國四百多年，阿里斯托布魯斯沒有恢復「以色列」這個名字，而是把攻占的地區稱為「加利利」，這是北部丘陵地區的地名之一。

## 耶路撒冷面對安全威脅

阿里斯托布魯斯的後續計畫是什麼，我們不知道，因為他登基一年之後就病死了。繼位的是他的兄弟、約翰·許爾堪的第三個兒子亞歷山大·雅奈。這個年輕人從能叫爸爸開始就完全不討父親喜歡，以致於長年流亡在外。他在位將近三十年，等到他去世時，整個王國已衰弱不堪。

這位年輕的王子和阿里斯托布魯斯一樣犯了一個致命錯誤——在兩個宗教派別的紛爭中支持了其中一派。他還效法先人，試圖以攻打鄰國來擴張自己的領土。雖然他在外交和內政上都沒成功，卻從未記取教訓。

他的妻子亞歷山德拉和他一樣糟糕。她淪為法利賽派的工具，國家的實際統治權掌握在一小撮聰明又靈巧的領袖組成的內閣手裡，這群人為一己之私而統治著猶大和加利利。

法利賽人為了能夠更加牢固掌握這個國家，慫恿亞歷山德拉任命她的長子許爾堪擔任大祭司，他是法利賽派最溫順聽話的學生之一。

這讓許爾堪最小的弟弟阿里斯托布魯斯非常不滿。這位阿里斯托布魯斯按其伯父命名，還繼承了伯父許多不討人喜歡的特質，而正是這些特質讓他伯父被認為死不足惜。

法利賽派被自己的勝利沖昏頭，開始施行恐怖統治，試圖處死撒都該派的領袖。這時，阿里斯托布魯斯宣稱自己是撒都該派的捍衛者。

猶太公會[106]（或稱委員會）繼續把持在法利賽派手中，但阿里斯托布魯斯和撒都該派控制

106 猶太公會（Sanhedrin，意思是「坐在一起」），又稱猶太公議會，古代猶太人的法庭系統，由七十一位猶太長老組成，其中包括一名大法官、一名副大法官，以及其他六十九名成員，在開會時，這六十九名成員坐成半圓形。

了國內幾個非常重要的城鎮，並且快速壯大，足以威脅耶路撒冷的安全。

## 三派向羅馬統治者示好

就在這時候，亞歷山德拉去世了。

她留給兒子的，是一個國庫耗空、內亂四起的國家。

這種情況並不鮮見。

世界的這個小角落向來動盪，並且不斷處於某種混亂。

然而，如前所述，時代和環境一直在改變。

假使時間往前推一千五百年，這些閃族部落只要好好待在自己的地界裡，沒有人會在乎他們在做什麼。

不過此時西亞大部分地區都在羅馬人的統治之下，他們繼承了亞歷山大的帝國。

羅馬人主要關心的是穩定且持續不斷的稅收。

亞洲那個地區的絕大部分稅收來自貿易，羅馬人力求維持表面上的和平與秩序井然，因為沒有和平與秩序，也就沒有信譽可言，換句話說，也就談不上商業貿易。

那時，小亞細亞的本都國王米特里達堤[107]試圖阻撓羅馬的政策。經過漫長又悲慘的戰爭後，米特里達堤被迫自殺，王國也被併入羅馬共和國的版圖。

這位富有又強大的專制統治者的命運，許爾堪和阿里斯托布魯斯一無所知，他們兩人繼續爭鬥不休，最後羅馬人也聽說了這場騷亂。

羅馬駐軍東方的指揮官奉命率軍前往耶路撒冷察看和會報情況。當他抵達該城，阿里斯托布魯斯與其追隨者都在聖殿內，許爾堪和其追隨者守在聖殿外，對聖殿布下正規的包圍。聖殿實際上是一座非常堅固的堡壘。

羅馬人一出現，兩位王子都爭取對方對自己的支持。

這位羅馬將軍憑著羅馬民族能冷靜思考複雜情況的特質，判定打敗許爾堪比較容易，因為許爾堪的部隊暴露在外，阿里斯托布魯斯卻躲在陡峭岩石上的高牆之後。

他趕走了許爾堪，阿里斯托布魯斯就此輕易當上了猶大和加利利的統治者。不過為時甚短。

聲名顯赫的龐培來到東方，許爾堪急急前去求見，以便親自陳述自己的情況。

阿里斯托布魯斯一聽說這情況，也立刻快馬加鞭趕到羅馬人的軍營，陳述己方的說法，並且毛遂自薦說，無論羅馬人打算在這地區建立什麼樣的政府，自己都是最合適的人選（因為他最順服）。

然而，在龐培弄清楚雙方所有的爭論之前，軍號聲又響起。

第三支代表團到達。

法利賽派趕來對龐培解釋猶太人如何對這兩位王子厭煩透頂，希望能夠回歸以嚴格法利賽派做基礎的、古老的純粹神權政治形式。

龐培百無聊賴地聽著三方的陳述。只要大馬士革通往亞歷山大港的商路暢通無阻，他才不

---

107 這裡指的應是米特里達提六世（Mithridates VI, 西元前?~ 63年），本都王國在其有力領導下，曾兼併較弱勢的鄰國，有一段期間甚至足以與羅馬抗衡。此段後半所指的「漫長又悲慘的戰爭」，是指本都與羅馬之間的數次戰爭。西元前六十三年，古羅馬軍事家龐培攻陷本都王國，並併為羅馬帝國的一個行省。

關心這些地區發生什麼事，他也拒絕給予承諾。

他只說，等他遠征平定某些阿拉伯部族（他們開始在從前屬於亞述帝國的地區裡鬧事）回來之後，才會給予明確的答覆。

在此期間，三方必須和平相處，好好等待。

## 龐培圍城

即便如此，猶太人仍完全未意識到自己的絕望處境。那時，阿里斯托布魯斯返回他的首都，言行舉止儼然把自己當作真正的猶大王，統治自己領土的態度，彷彿世上沒有任何羅馬士兵。

這情況只在龐培駐留在東方時得以持續。

等到龐培平定阿拉伯人，凱旋西歸，立刻責問猶太人何以如此明目張膽漠視他的要求。阿里斯托布魯斯聽信讒言，走出致命的一步。

他企圖扮演自己先祖的角色。

他退守到聖殿，切斷聖殿與整個城市聯繫的橋樑，公然高舉起義的大旗。

這是一場實力懸殊的戰鬥。哥哥許爾堪加入敵方陣營，以當時最好、最有效的方法開始圍困聖殿。

情況持續了三個月。

聖殿內，糧草極度缺乏，饑餓的守軍十分辛苦。

然而，絕望給予他們更大的勇氣。

許爾堪的背叛，讓他們覺得自己是耶和華的聖職與猶太獨立的捍衛者。

逃兵把這股宗教狂熱的爆發狀況告訴了龐培。

龐培想起數代之前亞述人的作法，下令在安息日發動總攻擊。

那是在公元前六十三年的六月。

羅馬軍團猛然攻進猶太人的大本營，占領聖殿，俘虜所有守衛者。

根據傳統的說法，那天遭處死的士兵有一萬兩千人。

被俘的軍官一律斬首，阿里斯托布魯斯與其妻兒全被帶往羅馬，在羅馬將軍凱旋的隊伍中遊街示眾。

不過，事後他們獲准在羅馬城郊平靜地定居下來，並且在那裡為猶太人的僑居地奠定了基礎。在保羅和彼得的時代，這個聚居區在西歐的羅馬帝國歷史中扮演了重要的角色。

戰鬥一結束，羅馬人展現了他們明智適度的特性（此特性一直持續到羅馬帝國覆亡），沒有洗劫聖殿，並容許它繼續做為敬拜的場所。然而，龐培的寬宏大量並未贏得猶太人的感激。

出於好奇，也出於對猶太人的成見一無所知，龐培和屬下在一次巡察過程中無意間踏進了至聖所。

那是一間小小的石室，裡面空蕩蕩的什麼也沒有。

當羅馬人確信這個神聖的房間裡沒有令人感興趣的東西後，他們就離開了。

然而，無論這次造訪多麼短暫，他們是不潔的外國人，對猶太人而言就等於褻瀆了至聖所，必將遭到耶和華可怕的報復。

他們永遠不會原諒龐培。

無論龐培對這群新臣民嘗試過什麼善舉，都抵不過這次對他們的宗教尊嚴無意識的侮辱。

當然，龐培始終不知道自己闖了禍。

從他的觀點來看，他對猶太人的寬大已非比尋常。

龐培容許許爾堪返回耶路撒冷，甚至任命許爾堪擔任大祭司，以此安撫法利賽人。他最後一項施恩之舉，是給與許爾堪總督頭銜。這個頭銜很空泛，有時用來授與被征服國家的君主。總督擁有的權力不大，但這頭銜能滿足被征服民族的自尊心。只要獲贈者安分守己，聽從指示，羅馬人在授與頭銜方面非常大方。

## 馬加比王朝結束

如果許爾堪是個能幹的人，即便是這時候，依然能讓自己的國家免於毀滅。不過這位總督完全是個無能之輩，他很快就失去了自己享有的最後一點威望。

大約在此三十年前，許爾堪和阿里斯托布魯斯的父親亞歷山大·雅奈做王時，曾經任命一位叫做安提帕特的人治理位於耶路撒冷南方的以東（也叫以土買）地區。

安提帕特從一開始就喜歡混水摸魚，就像古老諺語說的，他是個聰明、不擇手段、伺機攫取利益的冒險家。

他假裝是許爾堪的忠實朋友，經常在他耳邊嘀咕些慎重行事的建議。

然而，隨著這些不必要的建議而來的必是更進一步的混亂，為猶大地區增加更多麻煩。

安提帕特精明地玩著他這套把戲，不久便讓自己獲得了羅馬方面的賞識。

當羅馬發生內戰，龐培率軍與對手凱撒對壘時，安提帕特一旁觀戰，靜候誰是最後勝利者。

公元前四十八年，龐培的軍隊在法薩盧斯戰役[108]中遭擊敗，這位以土買的統治者立刻和凱撒達成聯盟。

為了回報這種忠誠的支持，凱撒授與安提帕特羅馬公民的榮譽，並默許他在如今稱為猶大的國家中暗暗操控那搖搖欲墜的王位。

這位新「公民」充分利用了他有利的地位。

他加強對百姓的控制。

他的猶太臣民獲得長久以來不曾享有的最大程度的自由。

他們可以不為羅馬人服兵役，還獲准重建耶路撒冷的城牆。

他們不需被迫繳納龐培強徵的一點賦稅。

他們的司法和宗教幾乎完全獲得獨立。

然而，在法利賽人眼裡，安提帕特沒比龐培做的好多少。他們指控他是外邦人、暴發戶、篡位者，認為他無權繼承大衛的王座。

法利賽人討論要讓阿里斯托布魯斯的兒子——也就是亞歷山大·雅奈的孫子——安提戈納斯做他們的國王。他們再次表現出自己才是西亞的主人，羅馬人不是。

在這種情況下，這件事沒發生多大作用，因為安提帕特的精明狡猾和肆無忌憚的本事遠比他們更勝一籌。

他有一定的野心，計畫建立自己的王朝，並感覺解決馬加比家族的時機已經到了。

108 法薩盧斯戰役（Battle of Pharsalus）發生於西元前四十八年，是羅馬內戰的決定性戰役，雙方分別是以凱撒為首的平民派軍隊，以及以龐培為首的共和派軍隊。凱撒於此役獲勝，成為羅馬共和國的實際最高統治者，羅馬開始由共和國向帝國轉變。龐培敗逃埃及，繼而被殺。

他步步為營，但雙眼始終緊盯著自己最終的目標。

正當一切準備就緒時，很不幸的，他被許爾堪的一個朋友毒死了。

儘管如此，他的兒子希律繼續依照父親鋪好的路走，並且同樣成功。

安提戈納斯受人慫恿，愚蠢地發動革命反對羅馬政府。

正如希律所料，這場不合時宜的革命以失敗告終。

安提戈納斯率領少數士兵逃進聖殿，曠日持久的圍困激怒了羅馬人，最後他被迫投降。

安提戈納斯乞求饒命。

然而，羅馬人拒絕對這次的情況寬容。

他們治下的這個猶大省幾乎一年到頭沒有不變亂的時候。

他們已給猶太人各種特權，但猶太人回報他們的，卻是接二連三讓他們勞民傷財的叛亂。

這次羅馬人決定要殺一儆百，讓猶太人永遠記住教訓。

安提戈納斯被當作普通犯人對待。

他被公開鞭笞，然後斬首。

馬加比王朝至此告終，希律登上王位。

希律娶了許爾堪的孫女瑪麗安妮為妻，由此建立和猶大合法統治者之間隱隱約約的關係。

就這樣，希律承蒙羅馬軍團之恩，做了部分猶太人的王。

這是公元前三十七年，世界情勢十分混亂。

# 馬加比家族關係表

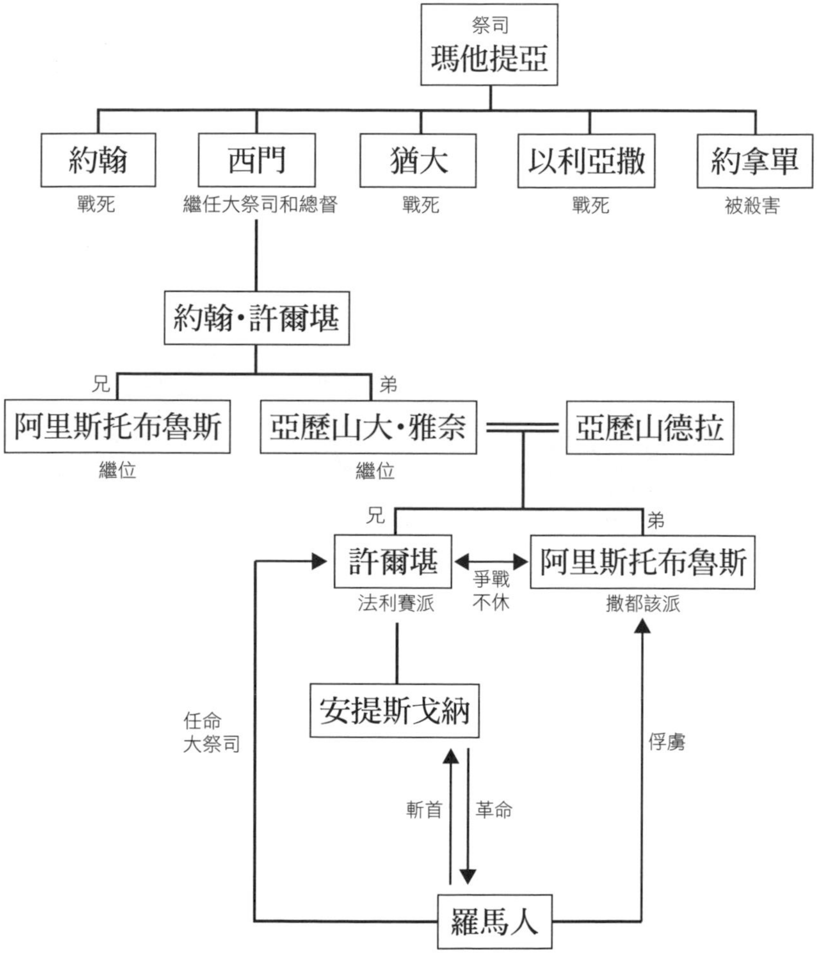

祭司
瑪他提亞
約翰
戰死
西門
繼任大祭司和總督
猶大
戰死
以利亞撒
戰死
約拿單
被殺害
約翰・許爾堪
兄
弟
阿里斯托布魯斯
繼位
亞歷山大・雅奈
繼位
亞歷山德拉
兄
弟
許爾堪
法利賽派
爭戰
不休
阿里斯托布魯斯
撒都該派
安提斯戈納
任命
大祭司
俘虜
斬首
革命
羅馬人

# 20 耶穌的降生

這事發生在希律做王統治期間。
拿撒勒有個木匠叫約瑟，其妻馬利亞生了一個男孩，
他的同胞稱他約書亞，鄰國希臘稱他為耶穌。

公元一一七年，羅馬歷史學家塔西陀[109]試著記下一場發生在帝國全境、對新教派的迫害。塔西陀和尼祿[110]可不是朋友。不過，他仍竭盡全力為這場特定的宗教迫害找尋藉口。他寫道：「皇帝對那些罪行遭人痛恨、被民眾稱為『基督徒』的男女施以酷刑。這稱呼源於『基督』，這個人在提庇留斯皇帝在位時遭本丟．彼拉多處死。那時彼拉多是亞洲偏遠行省猶大的總督。儘管曾遭到一段時間的鎮壓，這個可怕又令人憎惡的迷信，不只在邪惡的陣地猶大地區死灰復燃，在羅馬也傳開了。羅馬這座城市真不幸，世間所有聲名狼藉之事和不法行為，都被這城吸引而來。」

塔西陀以一種超然的態度描述這整件事，就像一個生活在一七七六年的英國記者描述帝國遙遠的殖民地爆發了一場微不足道的革命，看起來應該不是什麼嚴重的大事[111]。

約瑟夫斯

羅馬人並不知道塔西陀以極其輕蔑口吻寫的「基督徒」是些什麼人，更不知道「這些人因此得名」的基督是誰。

他一無所知，也不在乎。

**耶穌之名何時出現？**

像羅馬帝國這樣龐大又複雜的國家，總會有各類麻煩，而在各大城市都可看見身影的猶太人，彼此之間永遠爭吵不休。他們把事情鬧到地方官員那裡時，仍死守著外人難以理解的律法，地方官自然惱怒不堪。

這裡提到的基督，很可能是加利利或猶大地區某個昏暗小會堂裡的傳道者。

當然，尼祿是太過嚴厲了一點。

109 塔西陀（Tacitus，全名 Publius Cornelius Tacitus 或 Gaius Cornelius Tacitus，西元 56~120 年），羅馬帝國演說家、執政官、元老院議員、歷史學家，主要著作包括《歷史》（*Histories*，記錄西元 69~96 年間關於羅馬帝國的歷史）、《編年史》（*Annals*，內容是西元 14~68 年間的羅馬帝國），以及《日耳曼尼亞》（*Germania*，關於日耳曼諸族的描述）。

110 尼祿（Nero Claudius Caesar Augustus Germanicus，西元 37~68 年），羅馬帝國皇帝，荒淫無度、疑似涉嫌縱火燒毀羅馬城、迫害基督徒，因而聲名狼藉，且被列為古羅馬暴君之一。

111 房龍此處的帝國是指大英帝國，革命是指美國獨立戰爭。一七七六年七月四日，美國發表獨立宣言，大英帝國當時不以為意。

不過從另一方面來講，處理這類事情也不能太寬大仁慈。在塔西陀看來，問題到此為止。

他再也沒提起過這個令人厭惡的教派。

他的興趣完全是學術性質的，就像我們會注意加拿大騎警和奇怪的俄羅斯教派之間的麻煩。那些俄羅斯人居住在加拿大西部地區遼闊的森林和田野間。

其他和塔西陀同時代的作家，在同樣主題上沒有為我們留下紀錄。

有個名叫約瑟夫斯[112]的猶太人，在公元八十年出版了一本詳細記載自己國家歷史的書，書中提到了本丟·彼拉多和施洗約翰，但我們在他的原著中沒找到耶穌這個名字。

提比哩亞的猶士都[113]是和約瑟夫斯同時期的作者，雖然對公元一至二世紀的猶太歷史極其熟悉，顯然也從未聽說過耶穌。

所有同時代的歷史學家也都沒有隻字片語提及耶穌，我們對耶穌的瞭解，全靠《新約》的頭四卷書，這四卷書被稱為四「福音」，這個古英語詞彙的意思是「好消息」。

就像〈但以理書〉、〈大衛的詩篇〉及《舊約》其他許多篇章，「四福音書」之名是後人杜撰的。

這四卷書是按使徒馬太、馬可、路加和約翰來命名。但這幾位最初的使徒似乎和這些著名的文學作品沒有太大關係。

書卷何以如此命名依舊是難解之謎。數百年來，這一直是學術爭論中受歡迎的主題，但任何爭辯都比不上與神學相關之爭辯那麼無用和無益。我們應當避免提供明確而肯定的看法，只應簡單幾句解釋為什麼這個主題會引起這麼多討論。

當然，現代人從小就不得不在木質紙漿印製、名副其實的泥沼裡跋涉（報紙、書籍、時間表、菜單手冊、電話簿、護照、電報、信函、收入報稅單等），因此對我們來說，那個時代竟然沒留下關於耶穌生平隻字片語的證據，真是不可思議。

不過從歷史的角度來看，這不是什麼非比尋常或需要大驚小怪的事。

著名的荷馬史詩是在吟遊詩人去世幾百年後才寫下來的。那些吟遊詩人走過一個又一個村莊，為一群群景仰英雄的希臘年輕人吟誦赫克特[114]和阿基里斯[115]的光榮事蹟。

在古代，人們透過口傳來獲取資訊，因此發展出非常精確的記憶。各種故事代代相傳，就如我們現在將印刷成冊的文字交給下代一樣謹慎。

此外，我們必須記住，耶穌曾經拒絕擔任猶太民族的領袖（他的同胞一直如此熱切期盼），他幾乎只和非常貧窮又單純的漁夫和客棧老闆打交道，那些人絕大多數當然不懂寫作的藝術，更不是專業編輯。

當他最後被釘上十字架後，記述他的生平與他的教導似乎完全是浪費時間。

耶穌的門徒堅信，世界末日即將來臨。在為最後審判做準備的時間裡，他們才不會分心去

---

112 約瑟夫斯（全名 Titus Flavius Josephus, 37~100年），猶太祭司、學者、歷史學家。西元六十六年，猶太人反抗羅馬人統治，約瑟夫斯被任命為將領，後遭擊敗，投降羅馬人。他藉由親身經驗及二手資料，寫下了《猶太古史》（*Antiquities of the Jews*）、《猶太戰史》（*History of the Jewish War*）、《駁斥阿比安》（*Against Apion*）和《約瑟夫斯傳》（*Autobiography of Flavius Josephus*）等書，對瞭解古代和羅馬統治時期的猶太人具有重要參考價值。

113 提比哩亞的猶士都（Justus of Tiberias）是與約瑟夫斯同時代的猶太歷史學家、作家，曾受希臘教育，參與反抗羅馬人的戰役，後與約瑟夫斯處於敵對立場。

114 赫克特（Hector），希臘神話傳說中的特洛伊（Troy）王子，也是特洛伊軍隊的將領。在荷馬的史詩《伊里亞德》中，他是理想戰士，也是特洛伊的精神支柱，更是好兒子、好丈夫、好父親，可說幾近完美。

115 阿基里斯（Achilles），希臘神話中的英雄人物，特洛伊戰爭時，他是阿格門儂軍隊中最勇敢的戰士。

寫很快就要被天火燒毀的書卷。

## 四福音書的作者

然而，年復一年，事情變得愈來愈確定，世界還會繼續靜默地穿過空間，繼續面對將來許多個世紀。於是有人開始努力蒐集那些親身與耶穌往來過的人、聽過他講道的人、在他最後幾年中陪伴過他的人的回憶。

毫無疑問，那時還有許多人健在，他們說出所有自己知道的事。眾人所記得的這位先知那次著名的講道，就這麼漸漸一點一滴蒐集起來，最後整理成了一卷書。

接著，那些比喻也被重述，然後蒐集成了另一卷書。

拿撒勒的老翁老婦也都有人走訪。

在耶路撒冷，有些人當時親身去各各他目睹耶穌被處死。他們講述了耶穌在最後幾小時的巨大痛苦。

不久，這個主題有了文學著作出現。

隨著這類書卷的需求量不斷增長，短短時間內，這類題材的書卷就多得讀不完。

如果想找一個現代例子，那就舉林肯為例吧。對於我們美國這位最偉大先知的生平，各種或大或小的書冊正源源不斷地面世。普通人不可能將這些書全都讀過。即使他能把所有書都找齊，也很難選出真正必須讀的是哪些。

因此，不時有些學者會畢生致力在這個主題，篩選所有證據，幫大眾整理出一本簡明扼要的《林肯生平》，把重點集中在重要的議題，排除只有專業歷史學家才感興趣的東西。

描述耶穌生平的四福音書的作者，就是這麼做的。他們每個人按照自己的品味和能力，用自己的話重述了他們的導師受苦和得勝的故事。

沒有人能確切說出馬太是誰，或他的生卒年月，但從他提供給我們的這一卷好消息來看，我們知道他是個樸實的人，喜愛那些耶穌曾講給加利利農民聽的家常故事，因此他按自己的喜好寫了許多比喻和講道。

約翰就完全不同。他肯定頗有學問，說不定是個呆板乏味的教授，對當時亞歷山大港各學院教導的最新學說瞭若指掌，因此他的「耶穌生平」具有一種莊嚴的神學口吻，這是另外三本福音書完全沒有的。

第三卷福音書以路加命名，根據傳統說法，路加是個醫生。

他也很可能是一位學校老師。

路加極其鄭重地聲明，他讀過坊間流通的所有關於基督生平的論述，但對它們全都不滿意，因此決定自己寫一卷書。

他打算告訴讀者所有他們已知的，並增加一些過去從未發表出版過的細節。為了言而有信，他花了許多時間和注意力在馬太和約翰避開的細節，靠著他不辭勞苦的研究，為我們提供了寶貴的貢獻。

至於馬可，他曾經是（也依舊是）聖經學者特別關注的對象。

耶穌最後那段日子的模糊背景裡，我們經常瞥見一個聰明機靈少年的身影，他在各各他的悲劇中扮演了一個明確但很小的角色。

有時我們看見他為耶穌跑腿辦事。

在最後晚餐那夜，他衝進客西馬尼園警告那位先知，公會的士兵要來逮捕他了。我們再次聽到他名字時，他是保羅和彼得旅行時的同伴和祕書。

然而，我們從來不知道他究竟是誰、實際做什麼工作，以及和耶穌本人究竟是什麼關係。那卷福音書以他的名字命名後，事情變得更複雜。這樣的書卷，似乎只有這樣的少年人才能寫得如此精采。書卷中許多事件都帶有親身經歷的熟悉感。書卷省略了相當多其他福音書記述的事，但是當描述某個特定事件時會寫得特別詳細，故事會立刻變得栩栩如生，充滿了生動的小趣聞。

這種親密與親身經歷的筆觸，經常被用來當作有力的證據，證明作者是握有第一手資料的人，至少在這卷福音書裡我們可以如此論證。

不過，唉！就像所有其他福音書，〈馬可福音〉所具有的文學特徵，明確證明它是第二世紀的作品，讓它成為原來的馬可、馬太和約翰的孫子輩的作品。

## 基於愛的傳承來重建故事

我們盡全力依據史實來重建耶穌生平，而那些說我們這麼做必定要失敗的人，總是拿「完全缺乏同時代的證據」來做為強力的論據。他們說，除非有進一步的證據出現（也許到處都埋藏著），讓我們能將第一世紀上半葉和第二世紀下半葉連結，否則依舊是白費力氣。

然而，就個人而言，我們不同意這個觀點。

按我們今日所擁有的福音書來看，毫無疑問，四福音的實際作者都未親身接觸過耶穌，但同樣明顯的是，凡是認真研究過四福音的人都看得出來，四福音所包含的共同訊息，取材自公元二世紀最流行的一些文本，只是那些文本都早已失傳。

這類的空白，在早期歐洲、美洲和亞洲的歷史上很常見。即使是著名的自然書籍，偶爾也會任性跳過數百萬年的時間，而其間的空白，我們容許自己盡情發揮想像力，或靠我們的科學信念來加以填補。

然而，眼前我們所處理的不是一個模糊的史前人物，而是一個極具個人魅力、極有力量的人，他活得比兩千年前存在的任何事物更為長久。

此外，那些在歷史研究中迫切需要的直接文獻，在我們談論或書寫耶穌時，似乎完全是多餘且不必要的。圍繞著這位拿撒勒先知所寫的文學作品，就足以支撐我們的談論。

過去兩千年來，論及耶穌與其工作的書籍多得數不清。這些書以各種語言、各種方言出版，其中包含了各種你所能想得到的觀點。

這些書以同樣的熱忱來證明他的存在，或不存在。

這些書肯定或質疑四福音提供給我們的證據的權威和可靠性。

這些書大膽懷疑或虔誠相信使徒書信的絕對可靠性。

然而，事情不止如此。

《新約》中的每一個字，都經歷過文獻學、年代學和教義學最苛刻的檢視和批判。

《聖經》兩大著名的陳述者陣營，碰巧對〈啟示錄〉和〈使徒行傳〉中的一些疑難有不同看法，這些疑難與耶穌的理想一點關係也沒有，卻因此爆發戰爭，導致一些國家被毀，整個民族遭根除。巨大的教堂修建來紀念從未發生過的某件事，而某些無法否認的真實事件卻遭到可怕的攻擊。

有人向我們傳講基督是神的兒子，又有人說他是騙子（有時他還激烈和頑固得令人難以置信）。

耐心的考古學家挖掘了上千個部族的民俗傳說，解釋人成為神的奧祕。崇高的、荒謬的和淫穢的說法，伴隨著豐富的文本和材料、詞句、段落，被拽到這場討論當中，看似無可辯駁。

然而一切毫無改變。

或許早期的門徒最清楚。

他們不著述，他們不爭論，他們也不過多思考推理。

他們滿懷感激地接受賜給自己的一切，其餘的全交託給信心。

我們必須基於這個愛的傳承，來重建我們的故事。

## 世界發生很大的變化

希律是王，而且是個很壞的王。

他靠著謀殺和欺騙登上王位。

他不講原則，卻充滿野心。

在西亞地區，人們對偉大的亞歷山大記憶猶新。

三百年前一個小小馬其頓王子所做的，此時一個更強大的猶太王也能做。

於是，希律玩起冷酷的遊戲、殘忍的算計，努力為安提帕特王室牟取更大的光榮。他既不關心人也不關心上帝，心裡只有羅馬總督。正是靠著總督的恩惠，他才能保住自己惡毒的統治。

一千年前，這類專制統治沒有人反抗。

然而世界已經發生很大的變化，希律在慘死之前將會經歷挑戰。

羅馬人已在地中海周圍的土地上明確建立了秩序。與此同時，希臘人也記錄了靈魂的未知浩瀚，以科學追索的精神力求對善惡本質得出合理結論。

為了便於海外人士使用，希臘人大大簡化了自己的語言，在每個國家中，希臘語成為文明社會的通用語。

希律

就連對所有外來事物都抱持強烈偏見的猶太人，也因簡單好寫的希臘字母而屈服。

雖然四福音書的作者毫無例外都是猶太人，但他們的書卷是用希臘文而不是自己的阿拉米語寫的。從巴比倫流亡回來之後，他們就用阿拉米語取代了古希伯來語。

當時，羅馬被認為是世界的中心，為了抗衡羅馬的影響，希臘化時代的希臘人將精力集中於一座可與羅馬抗衡的城市——也就是以那位馬其頓英雄命名的亞歷山大港。這座城坐落於尼羅河口，距離著名的古埃及文明中心不遠，但古埃及文明在耶穌降生前數世紀就已滅亡。

希臘人聰明，不安於現狀，有永不滿足的好奇心。他們仔細查驗和澄清所有人類的知識，此外，還經歷了所有可能的成功與失敗。

他們記得自己的黃金時代，那時他們的小城市獨當一面，擊敗了強大的波斯君主，拯救歐洲免於外國的侵略。

他們也無法不回憶其他的歲月。彼時，由於他們的自私、貪婪，使自己的國家更容易被有組織的羅馬強敵下手攻擊。

不過，一旦政治獨立遭到剝奪，希臘人反而獲得了更大的名聲，成為這些在幾年前征服他們的同一批羅馬人的老師。

嘗過生活所有的歡樂後，他們的智者得出結論（這類結論我們已從〈傳道書〉的作者那兒熟知了）：一切都是虛空，若無精神的滿足，生命皆不圓滿，而精神的滿足不是來自於地窖裡堆滿金子或閣樓裡塞滿來自印度的財寶。

希臘人所有的結論都根基於嚴謹的科學推理，幾乎不採信有關未來的模糊預測。

他們稱那些有才智的領袖為哲學家或「智慧之友」，而不是猶太人常說的先知。

然而，雅典的蘇格拉底和巴比倫的無名先知，兩者之間有一個極大的相似處。

只要自己靈魂的內在信念認為對的事，就竭力去行，完全不顧自己同胞的偏見和非議。他們熱忱地嘗試教導四鄰的人自己有關公義的概念，如此一來，所有人可能會發現，世界變成一個更人性也更適於居住的地方。

他們當中有些學派——比如犬儒派——道德標準的嚴苛性與住在猶大山地裡的艾賽尼派足以相提並論。

其他學派較為世俗，比如伊比鳩魯派[116]和斯多噶派[117]。他們常在帝王宮殿中傳講自己的教義，也常受聘擔任羅馬富家子弟的私人教師。

不過他們全都秉持一個共同信念。他們知道幸福感全然要靠內在信念，與外在環境無關。

## 掌握東方神祕之謎的人

在這些新學說的影響下，古希臘和羅馬的諸神很快就在廣大群眾中失去了威信。

首先，上層階級遺棄了古老的神廟。

比如凱撒和龐培這樣的人仍會參與祭祀朱比特的所有規定儀式，但他們把高踞在奧林帕斯山雲霧之上的大雷神故事視為神話傳說，只有小孩和台伯河對岸郊區沒受過教育的群眾會信以為真，如果受過教育、會動腦的人認真看待這類傳說，那就太荒謬可笑了。

當然，沒有哪個社會是完全由聰明人和善於思考者組成的。羅馬的歷史從一開始就充滿靠戰爭發家的投機分子。羅馬成為世界首都長達三百年，受它吸引而來的人形成一個奇特的國際社會，今天這個情景不可避免地轉移到了紐約、倫敦或巴黎等城市。一個人在這些城市裡比較容易取得社會成功，也沒有人會問他人身分經歷等令人尷尬的問題。

在歐洲和西亞征服那麼多新土地，讓許多貧窮的羅馬人搖身變成富有的鄉紳。

這些鄉紳的兒女靠父母的地產收入為生，晉身那個視宗教問題為最新時尚的上流社會。他們發現，伊比鳩魯派和斯多噶派那些簡單樸素的學說對他們沒什麼吸引力（就更別提為了更方

116 指信守伊比鳩魯主義（Epicureanism）者。伊比鳩魯主義是構成希臘化時期哲學的三大主要運動之一，由伊比鳩魯（Epicurus, 西元前 341~271 年）與夥伴共同創立，其理論可區分為物理學、知識論及倫理學三部分，認為所有感覺都是真實的，快樂是我們內在自然的目標，其他價值相對都是次要的。

117 指信守斯多噶主義（Stoicism）者。斯多噶主義的創立者是西提姆的芝諾（Zeno of Citium, 西元前 334~262 年），他將此派理論架構分為邏輯、倫理學與物理學三類。斯多噶學派主張，感官知覺是確定知識的基礎，後來逐漸轉向唯心論的觀點，認為所有引發個人激動的熱情都是譴責的對象。其倫理學基礎為：只有德性才是善，只有罪惡才是惡的原則。

便而堅持住在舊木桶裡、偏執到不梳洗的第歐根尼[118]了）。他們要求某種生動別致但又不那麼嚴肅的東西——某種能引發想像又不干擾日常生活的東西。

他們的願望得到了滿足。全世界各地的騙子、空想家、詐騙犯和江湖術士從埃及、小亞細亞和美索不達米亞匆匆趕往羅馬，鼓吹獲得幸福和救贖的捷徑，以此換取一定的金錢報酬。如果他們生活在我們這個科學昌明的時代，也會成為百萬富翁。

他們為自己這種精神靈性上的騙術取了高貴的名字：「神祕之謎」。

他們知道，大多數人（特別是女人）都非常渴望擁有某些祕密，某些用不著與他人分享的祕密。

斯多噶派會坦率直言，他們的人生準則會讓世上所有人都獲得幸福、滿足和美德，無論貧富，無論膚色是黃、白還是黑。

不過，那些說自己掌握著奇妙的東方神祕之謎——這神祕之謎以看不見的知識為基礎——的狡猾之輩，從來不會犯這種錯誤。

他們非常排外。

他們只在小圈子裡傳授神祕之謎，並且索價極高。

他們不會在光天化日之下演講，因為那是全體免費的。他們會聚在燈光昏暗、空氣中充滿薰香、牆上掛著奇怪圖畫的小房間裡。他們在當中表演的巧妙哄騙，永遠能讓那些半文盲如癡如醉。

這當中無疑有少數新傳教士是真誠的。他們相信自己看見的異象，也真的認為他們聽見有聲音在黑暗中對自己說話，為他們帶來另一個世界的消息。不過，他們當中大多數人都是精明的冒險家，他們愚弄群眾，因為群眾偏要讓他們愚弄，並且為這樣的特權付出高價。

有很長一段時間，他們非常成功。神祕派術士之間競爭之激烈，不亞於我們現代城市中看手相的算命師和占星專家。不久，一切突然歸於沉寂。群眾厭倦了這種新奇把戲。這種冷漠的產生，是因為羅馬帝國發生了某種外在的變化。

通常，人的幸福感與他們的財富成反比。當他們變得富裕，財富超過了一定限度，他們開始對簡單的快樂失去興趣，而少了那些樂趣，人生從搖籃到墳墓之間的過程便成為漫長無盡的無聊。

羅馬帝國或許是這個歷史原理的最佳例證。對於人數迅速增加的羅馬公民來說，存在變成一種負擔。他們吃太多、喝太多、享樂太多，以致於很難從正常的人類生活經驗中獲得一點點滿足。他們對自己的問題尋求解決之道，卻得不到答案。

古老的諸神幫不了他們。

新真理的傳播者也幫不了他們。

那些與崇拜埃及生育女神伊希斯、波斯光明之神密特拉、希臘酒神巴克斯相關的飽學之士也幫不了他們。

沒有出路，只剩絕望。

---

118 西諾卜的第歐根尼（Diogenes of Sinope, 西元前 400~325 年左右），犬儒學派（Cynics）代表人物之一。犬儒學派是標榜禁欲主義的古希臘哲學流派。第歐根尼認為，在世間一切價值的追求中，沒有任何其他事物可以與德行相提並論，強調靈魂和自我的充足性，否定一切約定俗成的事物，例如宗教、儀態、服裝、食物、禮節等。他想要用真正的自然標準來代替已貶值的習俗標準，因而決定生活在一個酒桶裡。據傳，當亞歷山大大帝問他想要什麼時，他說：「不要擋住我的太陽。」

約瑟

拿撒勒

接著，耶穌降生了。

## 耶穌在伯利恆誕生

那是我們的紀元開始之前四年。

在寧靜的加利利谷地的山坡上，坐落著一個叫拿撒勒的村莊。

村裡住著木匠約瑟和他妻子馬利亞。

他們不富有，也不貧窮。

他們就和周圍的鄰居一樣。

他們辛勤工作，教導孩子世界對他們有所期待，因為他們的父母都是大衛王的後裔，而他們全都知道，大衛的曾祖母是溫柔的路得，所有猶太兒童，無論男女，都知道路得的故事。

約瑟是個老實人，從未離開自己的家鄉到外地去，但馬利亞曾在大城耶路撒冷待過很長一段時間。

那發生在她與約瑟訂婚之後。

馬利亞有個表姊名叫以利沙伯，嫁給在聖殿供職的祭司撒迦利亞為妻。

撒迦利亞和以利沙伯都已年紀老邁，但他們卻

撒迦利亞

馬利亞

因膝下無子而十分悲傷。

但是，看啊，有一天，馬利亞接到以利沙伯的消息，說家裡快要有個孩子了，馬利亞能不能來幫幫親戚的忙，因為家裡有許多事要做，以利沙伯也需要有人照顧。

馬利亞去到耶路撒冷郊區一座小城猶大，她許多親戚都住在這城裡。她在那裡待到小外甥約翰出生為止。

然後她返回拿撒勒，準備和約瑟結婚。

但沒多久，她又被召喚踏上另一趟旅程。

在遙遠的耶路撒冷，邪惡的希律仍在做王。

只是他的來日無多，他的權力也在衰退。

在更遙遠的羅馬，凱撒掌握了政權，將羅馬共和國變成了羅馬帝國。

帝國很花錢，臣民必須支付花費。

於是全能的凱撒頒布法令，整個國家從南到北、從東到西，所有他鍾愛的子民都要及時找到某個官府登記名冊，如此一來，稅官就可知道誰已繳稅，誰還沒盡自己的責任。

伯利恆

前往伯利恆。

基督的誕生

沒錯，那時猶大和加利利地區都還是獨立王國名義上的一部分，但一旦提到稅收問題，羅馬就聰明地增加一、兩種條目，要求百姓無論住得多遠，都必須在規定日期裡返回自己家族或部族的原籍所在地進行登記。

因此，身為大衛後裔的約瑟必須返回伯利恆，而他忠心的妻子馬利亞也與他同行。

這趟旅途很不容易。路途遙遠又艱辛。

當約瑟和馬利亞終於抵達伯利恆，城裡所有客棧的房間都已被先到一步的人住滿了。

那是個非常寒冷的夜晚。

善良的人們很同情這名年輕的妻子。

他們在老舊的馬廄角落搭了張床讓她休息。

耶穌就在馬廄裡誕生了。與此同時，野外的牧羊人正守護著羊群，提防盜賊和野狼的偷襲。他們好奇那位在很久以前就應許要給他們的彌賽亞[119]，什麼時候才能將他們這不幸的國家從外國君主手中解放。那些外國人嘲弄耶和華的權力，嘲笑猶太人

119 彌賽亞（Messiah），基督教專有名詞，意指受上帝指派，前來拯救世人的救主。

景仰崇拜

牧羊人

心目中視為神聖的一切事物。

所有這一切都發生在很久以前。

這事很少有人提及，原因是在那之後，人們匆忙又驚懼地逃往荒野，躲避殘暴的希律王的追殺。

**希律下令屠殺男嬰**

一天傍晚，馬利亞在老馬廄前給嬰兒餵奶。老馬廄這時是她和約瑟的家了。

突然間，街上傳來一陣很大的吵鬧聲。

一隊波斯商人正經過此地。

他們的駱駝、他們的僕人、他們華麗的衣袍、他們的金戒指和他們色彩鮮豔的頭巾，讓村裡所有人都走到門口台階上觀望。

馬廄前年輕的母親和她的嬰孩吸引了那些陌生人的注意。他們停下駱駝，過去逗那嬰孩玩，當他們離開時，還拿出成捆的絲料和一盒盒的香料送給美麗的母親當作禮物。

所有這一切本來是很平常的事，但猶大是個小國家，消息傳得很快。

希律陰暗的王宮

在耶路撒冷陰暗的王宮裡，希律坐在黑暗中，對未來充滿恐懼。他衰老、多病、景況悽涼。

謀殺妻子的陰影始終籠罩著他。

陰影很快降臨。

他的晚年以疑慮為伴，恐懼始終悄悄尾隨著他。

當他底下的官員談論到波斯商人造訪伯利恆，希律立刻大為恐慌。就如當時所有的人一樣，這位猶大王堅信，那些皮膚黝黑的東方博士會表演從以利亞和以利沙時代之後就再沒人見過的神蹟。

他們絕不只是普通商人，他們一定負有某種特別的使命。此時坐在王位上的人做了那麼多邪惡的事，他們是不是來復仇的？這王位在幾千年前屬於大衛，大衛是伯利恆城的人，而那些東方博士豈不是在伯利恆引發了一場騷動？

希律王詢問了詳情，並聽到許多與那神祕的孩子相關的神奇的事。

這男孩是個長子，出生不久就被帶到聖殿。當他們在聖殿獻祭完畢後，有個叫西面的老人及一個名叫亞拿的年老女先知，都說了一些有關得釋放的日子將要來到的奇怪的話。西面還要求耶和華可以釋放他安然去世，因為他已經看見要領自己百姓脫離邪惡和墮落之路的彌賽亞。

無論這些傳聞是真是假，希律並不感興趣。有人說過這話，還有廣大的群眾相信了這話，這就夠了。希律下令，殺掉過去三年中所有在伯利恆方圓內出生的男嬰。

他希望透過這種方式除掉任何可能奪取他王位的人，但這項計畫並未完全成功。

發生在伯利恆的謀殺。

西面和亞拿

有些父母得到官員或耶路撒冷親友的警告，得以先一步逃跑。馬利亞和約瑟逃到了南方，按照傳統的說法，他們遠逃到了埃及（人們喜愛把耶穌童年的故事和亞伯拉罕及約瑟連結在一起）。

希律一死，大屠殺隨即停止，馬利亞和約瑟返回了拿撒勒。

約瑟的木匠鋪再次開張，馬利亞忙於照顧日益增多的孩子。

她又多了四個兒子，他們名叫雅各、約瑟、西門和猶大，並且還生了幾個女兒。他們都將親眼目睹那位奇特的長兄的勝利與慘死。這位長兄把從小自母親那裡學得的溫柔的愛，帶給了全人類。

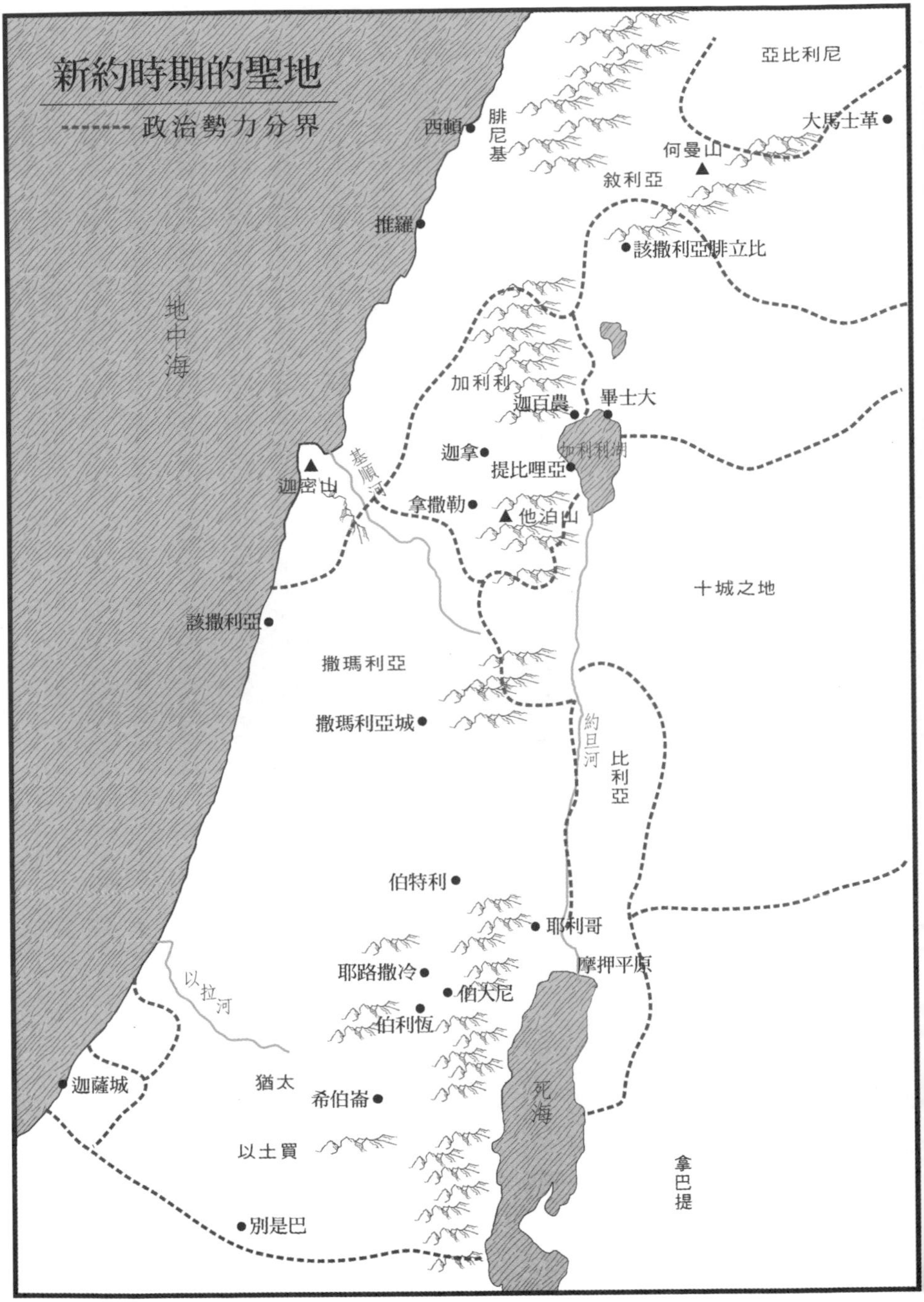
新約時期的聖地
政治勢力分界
亞比利尼
大馬士革
西頓
腓尼基
何曼山
敘利亞
推羅
該撒利亞腓立比
地中海
加利利
迦百農
畢士大
迦拿
加利利湖
提比哩亞
迦密山
基順河
拿撒勒
他泊山
十城之地
該撒利亞
撒瑪利亞
撒瑪利亞城
約旦河
比利亞
伯特利
耶利哥
摩押平原
以拉河
耶路撒冷
伯大尼
伯利恆
迦薩城
猶太
希伯崙
死海
以土買
拿巴提
別是巴

# 21 施洗約翰

先知的精神尚未在猶太人中死絕。在耶穌的青年時代，一位名叫約翰的人（即我們後來所稱的施洗約翰），大聲疾呼地警告人們，要為自己的罪和所犯的罪行悔改。

猶太人絲毫不想改變自己行事的方式。

當約翰繼續用講道和勸誡煩擾著猶大地的人們，希律王下令將他處死。

希律[120]已死，凱撒已死，耶穌長大成人，平靜地生活在拿撒勒。

從他幼年開始，發生了許多事。

希律結過十次婚，他的產業在分配繼承上引起相當大的麻煩。

本來他子女眾多，但經過謀殺與處決之後，只剩下四個繼承人。

這些野心勃勃的後嗣彼此敵對，而羅馬人拒絕聆聽他們對繼承權的申訴。

羅馬人將希律的領土分為大小不等的三份，以最符合當時羅馬帝國政治利益的方式分封給這些繼承人。

其中最大的一份幾乎占了原來領土的一半（包含猶大地），分給長子亞基老。加利利與北

羅馬衛隊

邊的大部分土地給了希律安提帕，他與亞基老是同母兄弟，兩人的母親是撒瑪利亞人。剩下一塊無足輕重的領土則分給某位腓力，此人似乎與希律沒有親族關係，只是特別討羅馬人歡心而已。他的名字當時很常見，因此給史學者帶來不少困擾。

更麻煩的是，還有另一位腓力，通常加上父名稱為希律腓力[121]。他娶了一位名叫希羅底的女子為妻。希羅底的父親是老希律異母兄弟阿里斯托布魯斯，她有一個女兒名叫撒羅米，後來撒羅米嫁給前述那位領土延伸至加利利海以北的腓力。

數年之後，在一樁最駭人聽聞的家族醜聞裡，這兩位腓力和希律成了主角。這樁醜聞間接造成施洗約翰過早身亡。這是為什麼必須在這裡先提到這些人。

## 小希律和彼拉多

長話短說，老希律的家業被瓜分完畢，一貫順服的人民歡迎他們的新主子，羅馬皇帝台比留指示他派在猶大地的總督，對這塊騷動不安的轄區裡所有事態變化必須嚴密監視。

這位總督的名字，也流傳到了現在。

120 即耶穌降生後屠殺小孩的老希律。

121 希律腓力（Philip Herod），一般稱為小希律。

他叫本丟．彼拉多（我們一般稱為彼拉多），是羅馬皇帝在此地的個人代表。這些行省直接納稅給皇帝，而非參議院。

我們很難以現代人所能理解的詞彙來解釋彼拉多的地位與職權。

不過，如今在不列顛及荷蘭的部分殖民地，還能看見類似當時猶大地的情況。印度的許多地區依然由所謂獨立的蘇丹與酋長統治，在形式上，他們指揮自己的衛隊，並且頒布法令，實際上已完全被剝奪權力，聽憑外國主子處置。

出於政策上的考慮，不兼併這些地區，讓它們保留一點表面的自治，似乎比較合適。不過在當地首都一定得有一位「總督」、「常駐代表」或「總領事」，監督國王大臣施政。只要這些人服從總督足智多謀的建議，就能繼續保有原職。然而，如果他們忘記自己是部屬，忘記自己必須聽命那看不見卻始終保持警戒的權力，就只能求老天幫忙了。總督閣下將以明確無誤的措辭禮貌地表達不滿。如果他感覺自己的初次警告被當成耳邊風，那麼這國的造船廠將會突然一陣忙亂，不久，一名深膚色的流亡者就會孑然一身地被放逐到某座遙遠小島的寂靜海岸。

本丟．彼拉多就是這位不幸的官員，他的職責是對猶太人施行這種隱而未顯卻又明確的主權。他的轄區很大，他每年一次（甚至更少）離開位於海邊的該撒利亞，前去耶路撒冷視察。他妥善安排自己巡訪的時間，讓自己在盛大的猶太節期[122]露面，這樣就能接見所有的地區領袖，不必浪費時間從一村巡視到下一村。他可以聽這些人訴苦，提供建議，要是有什麼麻煩（古都裡的群眾都很容易激動，麻煩屢見不鮮），他可以親自督導各種措施，以重建秩序。

總督在耶路撒冷沒有自己的官邸，他每次到訪都占用王宮的側翼。這座宏偉古蹟的主人可能不喜歡這種安排，但這位嚴肅的羅馬代表做事直截了當，對猶太國王的私下意見毫不關心，就像英國駐印度總督不會受到幾乎被不列顛兼併的卑微穆斯林王子個人好惡所影響。

再說，希律非常清楚如何在最短時間內送走這位不受歡迎的客人。

總督從進城就不願多留一刻，一旦確保所有賦稅都已上繳、道路清靜沒有強盜、公會裡宗教領袖們的個人異見不至於造成內戰，他自然巴不得盡快離開。

## 不合時宜的野人

如同其他許多羅馬制度，這種雙軌制管理並不理想，但是有效，而這就是征服者想要的。他們樂於把政府理論留給對共和政體感興趣的希臘學者，自己專注於平庸的日常生活就好。他們在這些實際之事通常都很成功，因此世人接受他們簡單粗暴的方法，奉為至今為止所有民族裡最為實用的統治手段。

看啊！偏偏就在一切順利進行時，一位來自沙漠的野人突然出現，不合時宜地打亂了猶大地的和平。

對於住在約旦河西邊的居民而言，棄絕所有世俗物質、在孤寂沙漠中尋求聖潔的艾賽尼派是耳熟能詳的老故事。他們是一群與世無爭的人，聚居在自己的小聚落裡，很少涉足村莊，也從不進城。城裡都是壞人，他們做買賣，累積財富，對這些虔誠隱士憂慮的未來與身後之事漠不關心。然而，這位新先知雖然穿著與生活方式很像艾賽尼派，卻少了他們那眾人皆知的害羞。他沿著約旦河谷往來，耽溺於宗教勸誡，以現代人的角度來看，這種行徑讓人聯想到幾年前美

122 即逾越節。

國非常受歡迎的信仰復興布道會。

當人們不同意他的觀點時，他便以嚴厲的措辭譴責他們。沒有多久，他與撒都該派就起了衝突。情況糟透了，因為平日的寧靜遭到破壞，意味著巴勒斯坦必有官方報告送至羅馬，然後羅馬會對巴勒斯坦派出調查委員會，甚至政府有可能改組，導致猶大地的王被流放，最後在羅馬某個城市或遙遠的黑海畔小村莊怨憤度過餘生。

總督遠在該撒利亞，趁著這些衝突還未傳到他耳裡，嚴刑峻法開始用來對付這個煽起騷動的宗教叛亂分子，對付這個膽敢擾亂國家和平與安寧的人。

死海

## 他恪守自己選擇的身分

看啊！這人被證明是撒迦利亞和以利沙伯之子，出生於三十年前，那時馬利亞還造訪了這對年邁的夫婦。

約翰（比耶穌年長十二個月）是個非常嚴肅的孩子。他早年離家深入曠野，在孤寂的死海邊默思聖潔。

遠離農地和作坊的操勞，他深思這世上的奸惡。

曠野中的施洗約翰

然而，事實上，他對奸惡一無所知。

他本身是個無欲無求之人。

他唯一的財物是一件老舊的駱駝毛外衣。

他吃最簡單的食物，分量只夠維生。

他只讀祖先的著作，靠近西方那些較文明之人有些什麼言行思想和作為，他一無所知。

他以絕對的忠誠堅定不移地事奉耶和華。不久，他就自比為以利亞、耶利米，以及昔日族中有名望的領袖。他本人很良善，他希望世人都具有他的美德。當他看見老希律與幾個可怕的兒子所做的惡，發現同胞無心遵守祖先的法度，他覺得自己必須挺身而出，告訴猶大地的人們，他們應該明白一些特定的道理，這些道理是他們久已遺忘的。

他的外表粗野，言詞激烈，每次出現都引來大批人群圍觀。

他蓬頭垢面，未加修剪的長鬚在風中飛揚。他講述著最後審判日的到來，激動地揮舞著雙臂。他能在鐵石心腸的罪人心中激發起畏懼與猶疑。

不久，人們開始彼此竊竊私語，此人不是別人，正是眾人盼望已久的彌賽亞。

可是他不願意聽到這種說法。

他不是彌賽亞。耶和華只是差遣他來為真正要來的彌賽亞做準備。

然而，熱愛神祕事物的人並不相信這麼簡單的解釋。如果這人不是彌賽亞，他至少得是回到世界上來再行一些神蹟的先知以利亞。

但約翰也否認了。

他恪守自己選擇的身分。他只是上天差遣來的謙卑使者，奉命帶來絕望和希望的信息。

當所有人都在等候末日必須接受的烈火的洗禮（好洗清他們的罪）時，他願意用約旦河的水為那些顯出悔改之意的人洗禮，以此做為他們在耶和華力量中重新恢復信心的象徵。

猶大地區的人對此十分震驚。約翰的名聲迅速從一個村莊傳到另一個村莊，猶太人從四面八方趕來，想親眼親耳聽他講道，並接受這位奇怪的新先知親手為他們施洗。

最後，約翰成就斐然的消息傳到了加利利。

## 或許他也能在孤獨中找到自己的靈魂

耶穌在自己的家鄉拿撒勒一直平靜過著木匠學徒的生活。

十二歲那年，他父母帶他去耶路撒冷過逾越節。那次造訪聖殿給這男孩留下了深刻的印象。他父母在必要的儀式進行完畢後立刻啟程北上，耶穌沒跟他們一起走，但他們以為他與另一群拿撒勒人在一起，大概傍晚就會出現。

然而，當夜幕降臨，他們的兒子還是不見蹤影，而且沒人見到他。約瑟和馬利亞害怕出了意外，立刻匆忙趕回耶路撒冷。

不知名的先知

施洗約翰

找了一天之後，他們在聖殿裡找到耶穌，他正與一群拉比[123]討論深奧的宗教問題。

當耶穌看見可憐的母親是多麼的驚懼，他答應以後再也不亂跑了。

不過，此時他長大了，對當時社會上的各種問題很感興趣。當他聽見約翰（這時人們普遍稱他為施洗約翰）的事蹟後，他離開拿撒勒，徒步前往死海，加入那群亦步亦趨緊跟著嚴厲先知的群眾，他們大聲要求要在泥濘的約旦河水中受洗。

看見這位表兄，耶穌有一種奇特的感動。

這裡終於有一個勇敢表達出自己信念的人了。

約翰的態度和抨擊方式和他的風格大不相同。

耶穌在北方令人愉快的草原上長大，約翰則是南方貧瘠農場培養出來的，這些早年的經歷讓表兄弟兩人的個性具有不同的特徵。

耶穌覺得約翰可以教自己很多東西。他也要求約翰為他施洗。不久之後，他決定前往曠野，或許他也能在孤獨中找到自己的靈魂。

123 拉比（rabbis）在希伯來語中的意思是「我的老師」。在猶太教當中，指有能力研究《希伯來聖經》及塔本德，且足以在猶太社群擔任精神領袖或宗教導師的人。

## 他至死仍為世界發出嚴肅警告

當他從曠野中回來，約翰的職業生涯迅速進入尾聲，之後兩人只見過一、兩次。這不是耶穌的錯，而是特定環境造成的結果，耶穌無法左右環境的變化。施洗約翰若只是談論天國即將到來，當權者不會找他麻煩。然而，當他開始批評更具體的猶大王國時，那就是另一回事了。

不幸的是，約翰有絕佳理由批評國王在私生活上的錯誤。這個分封的小希律和他父親是一丘之貉。

當他和同父異母兄弟腓力獲召前去羅馬商討政事時，他無可救藥愛上了自己兄弟的妻子希羅底。

耶穌在曠野中。

希羅底毫不在意自己的丈夫，很樂意嫁給希律，只要希律先和原來的妻子離婚就行。希律的妻子是來自著名的佩特拉城的阿拉伯女子。

那個時代的羅馬，一個人只要有錢，什麼事都能安排。於是希律和妻子離了婚。

希律娶了希羅底當王后，希羅底的女兒撒羅米也搬來住在繼父家。

加利利和猶大的人民對這種冷酷無情的安排震驚不已，但他們明智地保持沉默，不大聲公開表達自己的意見，以免隔牆有耳，讓附近的國王的士兵

地牢

聽見。

然而，約翰身為耶和華旨意的執行者，意識到自己的責任重大，面對如此邪惡的行為絕不能保持沉默。

無論何時何地，他只要一有機會就公開指責希律和希羅底。

他的嚴詞譴責遲早會引發人們怒火並導致暴動，當權者當然要不惜一切代價阻止。

約翰被下令逮捕。

即便如此，先知仍拒絕保持沉默。他在黑暗的地牢深處繼續嚴厲斥責國王夫婦，在他眼裡，他們和一般的姦夫淫婦一樣壞。

這名地區統治者左右為難。他非常懼怕這個不知底細之人的神祕力量。不過他更怕自己妻子那張尖刻的嘴。

有一天，他想處死約翰。隔天，他又大發慈悲說，只要約翰保持沉默就放了他。

最後，希羅底不耐煩了，決定結束這一切，不再猶豫。她知道自己的丈夫非常寵愛繼女撒羅米。那姑娘是個非常優雅的舞者，希律很喜歡看她跳舞。

希羅底告訴女兒，除非國王答應她所有的要求，否則不會在大殿上跳舞。

希律輕率地答應了。接著撒羅米聽從母親的催促，要求要施洗約翰的頭顱。

這位繼父對自己的愚行深感後悔，他對撒羅米說，如果她同意他收回誓言，他願意將整個

約翰被帶出關他的地牢。

國家送給她。然而母女二人不為所動，最後約翰還是被處死了。

劊子手爬下關著先知的地牢。不久，約翰的頭被呈給驚恐萬分的撒羅米。

約翰——一個膽敢對只關心逸樂世界發出嚴肅警告的人——就這麼死了。

# 約翰人物關係表

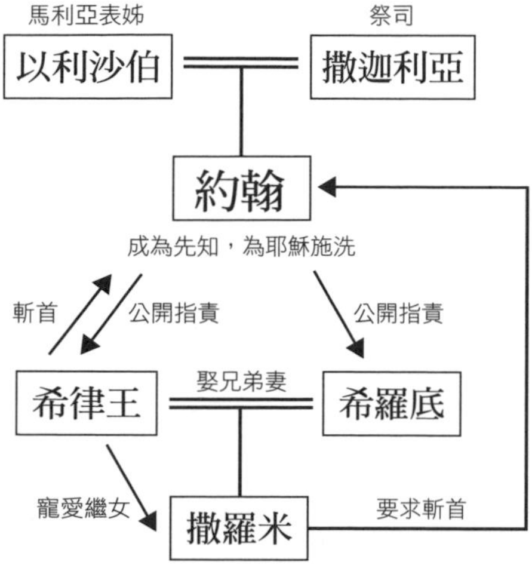
馬利亞表姊
以利沙伯
祭司
撒迦利亞
約翰
成為先知，為耶穌施洗
斬首
公開指責
公開指責
希律王
娶兄弟妻
希羅底
寵愛繼女
撒羅米
要求斬首

# 22 耶穌的童年

說起耶穌，他住在一個名叫拿撒勒的小村子，在一群樸實的農民和手藝人當中長大。他學會了木匠的活計，但不滿足於這樣的生活。他觀看世界，發現世間充滿殘酷與不公。他離開了父母和兄弟姊妹，去宣講他在心中奉為真理的事。

耶穌在曠野裡只生活了很短一段時間。在此期間，他幾乎不吃不睡。他的確有必要用自己全部的時間規畫未來。他即將滿三十歲，未曾娶妻，來去無牽掛，能以當時那種十分簡樸的標準度日。

**什麼是生命的真諦？**

然而，約翰的話讓他開始思索。他在拿撒勒度過的那段靜默、平凡無波的人生，全部的印象與經歷似乎都在為約旦河邊那一刻做準備——他在那時突然自問：「什麼是生命的真諦？」

那時，一系列重大的政治事件使古老的羅馬共和國變成帝國。帝國的基礎是數個高價雇傭軍團的武力與忠誠。這些政治事件，他一無所知。

對於希臘語以及用那種語言記載下來的一切，他一竅不通。

他說阿拉米語，許多世紀以前用來寫成聖卷的古希伯來語，他大概也能閱讀一些。

然而，希臘思想與希臘科學無異於羅馬法學與羅馬政治，對他都是毫無意義的。

況且，他是他的族人和那個時代的產物。他是一個不起眼的猶太木匠，精通古老的摩西律法，諳熟先知與士師的傳說，而那些人物都是他在猶太會堂及聖殿裡聽說的。

他非常忠於自己的宗教義務。

無論何時，只要有必要，他就會前往耶路撒冷，按照古老習俗要求，在聖殿裡獻上燔祭。

他接受自己加利利這一方小天地，並未質疑約瑟和馬利亞的教導。

然而他並非毫無疑慮。

他是與眾不同的。

他覺得自己具備一種有別於旁人的、特殊的靈性特質。拿撒勒那些好鄰居根本不曾注意到這點。他們對他太熟了。對他們來說，他永遠是木匠的兒子。

不過一旦他離開自己家鄉的村莊，情況就變了。

他得到了矚目。

他的目光與手勢都流露著某種氣質，吸引著碰巧路過之人的注意。約旦河邊聚集著盼望見證偉大奇蹟的人群，當他到達那裡，他聽見施洗約翰的信徒在他背後竊竊私語，互相再三詢問：「那就是要做我們的彌賽亞的男子嗎？」

然而，對那些蜂擁前來聆聽約翰講道的人來說，彌賽亞是個偉大的戰士、嚴厲的法官，是像至尊的復仇者那樣的人物。彌賽亞會建立一個偉大的猶太王國，讓世界上所有民族都服從耶和華選民的律法。

## 他心中充滿對同胞的愛

在耶穌單純的頭腦中，再沒有比這種世俗的想法更荒唐的了——另一個參孫，騎著一匹大黑馬，揮舞著劍，率領得勝的軍隊，對抗那些不信奉法利賽派的偏見或撒都該派政治信念的人。

問題的關鍵在於一個字。

使耶穌不同於殘酷的羅馬人、世故的希臘人，以及教條的猶太人的，是他對「愛」這個字的理解。

他心中充滿了對同胞的愛。他愛的不僅僅是自己在拿撒勒的朋友、在加利利的鄰人，還有那更廣闊世界裡的人，而那個世界仍隱藏在通往大馬士革之路最後一個轉彎之後更遠的地方。

他憐憫他們。

他們的紛爭顯得如此沒有意義，他們的野心顯得如此徒勞無果，他們對金子與榮耀的渴望，如此浪費了寶貴的時間和精力。

的確，許多希臘哲學家曾經得出完全相同的結論。他們也已經發現，真正的幸福是一件與靈魂相關的事，而不是口袋裡裝滿德拉克馬[124]，或競技場中人群的歡呼稱讚。

不過，他們從未把自己的看法推廣到名門紳士專屬的小圈子以外的地方。在那個時代，只有名門紳士才容許享有不朽的靈魂。

他們只能接受奴隸、窮人、數百萬注定終生困苦的人存在的事實，認為這是不可避免的既定秩序的一部分，是某種自己無能為力的不幸。

他們寧可向田野中的狗和後院裡的貓解釋伊比鳩魯或斯多噶學派的學說，也不會傳授給在他們農場裡幹活的農人，以及為他們做飯的廚師。

在某些方面，這些希臘哲學家遠遠領先早期的猶太領袖，那些領袖堅持拒絕承認不屬於自己部族的人的權利。

然而，在（對希臘哲學家一無所知的）耶穌看來，那些都遠遠不夠。

## 為更美好的世界獻出生命

耶穌偉大的心中包容著所有的生靈。雖然他隱約有預感，在一個頑固的法利賽人主導的國度裡傳授忍耐、善良和謙卑的教義，自己將會遭遇不測，但他無法拒絕遵從那個聲音，它敦促他為了一個更美好的世界而獻出自己的生命。

這是他生涯中的決定性時刻。

他有三種選擇。

第一，將來就在拿撒勒安度晚年，在村中做些零工，與傍晚時聚集在水邊聽村裡的拉比宣講的鄉下人討論深奧的法律和儀式的問題。

耶穌對此毫無興趣。這意味著靈性會慢慢變得空虛。

124 德拉克馬（drachma），古希臘的銀幣，約從西元前六世紀開始通用，是世界上最早使用的硬幣之一。

耶穌離家。

第二，他若有心過冒險生活，現在正是機會。僅僅是現身，他便在施洗約翰的信徒中引發了宗教熱情，他可以利用這種熱情。如果他容許這些頭腦簡單的人相信他們迫不及待要相信的，就可以輕易讓自己被認為是那位人們期盼已久的彌賽亞，並且可以仿效馬加比家族的先例，成為民族運動的領袖，有可能為嚴重分裂的猶太民族帶來獨立與統一（但也可能不成功）。

然而，他立刻摒棄了這麼做的誘惑。（一生中，誰不曾短暫夢想過這樣的未來？）對一位嚴肅之人的雄心而言，這完全沒有價值。

因此，剩下的路只有一條。他必須離開，必須離開父母，冒著流亡、仇恨和死亡的危險，向所有願意聆聽的人宣講他心中至高無上之道。

他在三十歲時開始他偉大的工作。

不到三年，他的敵人便殺害了他。

# 23 門徒

他從一座村子遊歷到另一座村子，與三教九流的人交談。男女老少都來了，熱切地聆聽關於善念、仁慈與愛的新說法。他們稱呼耶穌為主，做他忠實的門徒，無論他去往何處，他們都跟從。

在耶穌的時代，有新想法的聰明人想得到聽眾，相對容易。他不需要演講場所，也不必花費寶貴時間苦等旁人授與他教授職位，或任命他為牧師。在猶大地，食宿問題就像在埃及或西亞任何地方一樣容易解決。這地氣候溫和宜人。一套衣服幾乎可以穿一輩子。這地食物充足，大多數人吃的足以維生就行，而且每天要吃的食物可從樹上採摘就有。

在士師和國王的時代，當祭司階層掌握至高統治權時，傳講奇怪異教的流浪演說家是不會被人容忍的。然而，此時羅馬的巡捕守衛著大道，監視著繁忙城市中的人來人往。

羅馬人對靈性信仰方面的問題保持中立態度，容許任何人以自己的方式尋求救贖，前提是和政治的關係不要太緊密。只要不主張公開叛亂或進行煽動，對言論自由實際上沒有限制。羅馬的地方官一心將這個規則付諸實施，法利賽人若敢干擾這樣的聚會，便要吃苦頭。

因此，這位新先知很快就有大批好奇村民追隨，也不足為奇。不到一個月，他就贏得了演說者與先知的聲譽，名氣遠遠傳出了狹小的加利利一地。

如此一來，輪到約翰好奇了。儘管猶太公會密切監視著他，但他仍可自由行動。他離開了心愛的猶大地，北上去見耶穌。

## 約翰與耶穌看待世界的不同角度

這是兩人最後一次見面。

約翰極有可能從未真正理解這位表親心裡在想什麼。這兩位先知看世界的角度截然不同。由於懼怕耶和華的憤怒與報復，約翰呼籲人民悔改認自己的罪。

對此，他只是遵循自己從《舊約》所學的，它們就鑿刻在西奈山的花崗岩上[125]。

相較之下，耶穌（尚未立下任何堅定的決心）所設想的生命，就像家鄉的花朵受到溫暖氣候裡宜人陽光的眷顧。

施洗約翰傳講的是：「不！」

耶穌同樣熱切的答覆是：「是！」

約翰與他的猶太人同胞享有同樣的信仰，他們按著堅韌不懈的耶和華的樣子，構想出即將到臨的彌賽亞的模樣。

耶穌看見一幅更高貴的景象，並把永恆的寬容與超越人類理解的愛，賦予萬物共同的聖父

125 指《舊約》的「十誡」。

伯利恆

身上。

這兩種觀點絕無可能達成妥協。

有那麼一刻，約翰似乎隱約感覺到了耶穌可能具有的意義。他告訴自己的門徒，絕對不要對他期望太高，他只是另一位比他更偉大的老師的先驅。當有兩個學生（依照他的建議行事）離開他去追隨耶穌時，他也並未生氣。

他已經全力以赴，盡力了。

不知何故，他覺得自己失敗了。

無論他的死有多麼可怕，對他來說都是值得歡迎的解脫。

**迦拿之宴**

至於耶穌，他與約翰會面之後幾乎就立刻返回加利利，在拿撒勒待了短暫時間。約瑟已經去世，但馬利亞巧妙地支撐著小小的家業。無論何時，孩子們只要想休整，隨時可以返回老家。

當天才的母親並非易事。馬利亞從來不曾完全理解這個奇特的兒子——他來了又走，雲遊四方，不過，只要有三個猶太人聚在路邊閒聊，他們提到他的名字時若不是懷著欽佩敬畏，就是含著切齒仇恨。

她顯然很明智，不會阻攔一個對自己在做什麼已經成竹在胸的人。有時候她也許無法贊同這位先知，但她從不曾停止愛自己的兒子。

這一次，當她兒子結束了首次前往外地的旅程，回到家來，她有個好消息要告訴他。家族中有人要結婚了，他們全都受到了邀請。

耶穌說，他樂意前去，但他不再是獨自一個人。他還有一群跟著他回到拿撒勒的新朋友。他明確表示，他把他們當作兄弟，因此他去迦拿時也會帶他們同去。

這場親密無間的友誼自此開始，一直持續到受難之日。

數百年後，為了讓頭腦簡單的野蠻人相信耶穌是直接從「一位慈愛的上帝」那裡獲得啟示，耶穌生平的每件事蹟都被添上了一抹神蹟的色彩。一場愉快的家庭聚會，其間人人都很高興，馬利亞是最後一次開心地看著兒子與親朋好友共聚一堂——這樣的故事沒有足夠的說服力。於是，迦拿婚宴被粉飾成一個神祕的傳說，中世紀的畫家們將它當成繪畫的熱門題材，反覆繪製這個主題。

迦拿

按照這種新的說法，在突然來了這麼多不速之客以後，葡萄酒不夠了。

侍者十分為難。他們除了水，什麼都沒有，不過，無論猶太人、希臘人或羅馬人，作夢都不敢想像用水來招待進了家門的陌生人。

僕人們趕去找馬利亞，她是細心周到的主婦，

迦拿的婚宴

或許知道該怎麼辦。

馬利亞於是對兒子說了這件事，徵詢他的意見。

耶穌本來正在沉思，卻被這等吃喝的事引發的問題打斷，不免有些懊惱，但他十分善解人意，明白瑣事也很重要。這場精心安排的宴會，被六位不速之客的到來打亂，耶穌能理解主人的尷尬。

為了幫他的親戚脫離困窘，他悄悄把水變成了酒，於是宴會圓滿成功，人人盡興。

**祂帶來的影響如此深遠**

隨著歲月流逝，類似的神奇情節繼續被添進原來的故事。這種事很自然。人們總是喜歡把非凡的力量和自己崇拜的記憶連結在一起。

希臘眾神與英雄全都施行過大量神蹟。古老的猶太先知曾令鐵塊漂浮在水面，還曾徒步走過深深的河流，有時甚至能夠干預行星的運行規律。

在中國、波斯、印度、埃及，無論我們看向何地，都會發現講述種種超自然事蹟的奇怪記載。在那些遙遠國度的先民中，這類事蹟十分常見。

這證明人類對想像世界的需求。在這個想像世界裡，不可能的事經常變成不證自明、不言而喻的事，而且不局限於特定國家或民族才有這種事。

不過，對我們大部分人而言，耶穌為世界帶來的影響之深遠，令人吃驚，並且無法解釋，就算沒有那些不明不白的魔法與驅邪的潤飾，我們還是願意接受他。

我們這麼看事情有可能完全是錯的。

不過，讀者可在成千上萬本其他書籍中找到對所有神蹟的完整描述。在此，我們只要把耶穌最後一次離開家，開始教導眾人彼此寬容和愛的福音，以及那些導致他死在十字架上的事件的關係說清楚就可以了。

# 24

# 新導師

不久，舉國上下就都知道，這裡有位先知在傳講一種奇怪的教義，聲稱世界上所有的人（不只猶太人）都是一位慈愛的上帝的兒女，因此，所有的人類彼此都是兄弟姊妹。

迦百農

耶穌在朋友陪伴下，從迦拿走到迦百農。迦百農是不久前才在加利利海北邊建立起來的小村莊。彼得和安得烈的家就在這裡，當耶穌開始他那探索上帝的靈與人類靈魂的偉大旅程時，這兩名漁夫拋下了他們的工作，跟隨了耶穌。

他們一行人在迦百農待了幾個星期，然後決定前往耶路撒冷。

這麼做有兩個原因。

首先，逾越節快到了，所有善良本分的猶太人都有義務到聖殿附近去過這個神聖的節期。

其次，這讓耶穌有機會看看首都的人們對他有什麼看法。

**聖殿旁的交易**

真正的耶路撒冷人向來公開鄙視加利利人（因為加利利人不像在聖殿裡敬拜的人那麼小心敬虔——聖殿在古代猶大和以色列的較勁上生存了下來），然而，加利利人真的很友善，願意聆聽新的道理。

彼得和安得烈

他們或許並不總是充滿熱情，但算得上有禮貌。另一方面，法利賽人控制的耶路撒冷是古老信仰的強大堡壘，它對抱持異見者毫不留情，不包容異說已被提升為民族的美德。耶穌平安到達了耶路撒冷，但在他有機會解說自己的新理念之前，城裡發生了一件事，迫使他不得不匆匆離開。

在古代，當人希望獲得自己所拜神靈的幫助時，便殺害俘虜來祭祀。後來，隨著文明的進展，牛羊取代了人類被獻為祭牲。在耶穌降生的時代，猶太人依舊宰殺動物獻給耶和華。富有的人家宰殺一頭牛，把肉和油脂放在聖殿的祭壇上獻為燔祭，餘下可食用的部分送到祭司的廚房。付不起那麼多錢的窮人家會買一隻羔羊，如果他們非常非常窮，連羔羊都買不起，可以買

貨幣兌換商

一對鴿子殺來獻祭。奇怪的是，他們相信這類無意義的屠殺行為可以博得上帝歡心，但在不久之前以無限關愛創造了這些美麗動物的，正是同一位上帝。

此時，大部分猶太人居住在海外（他們從不願意為了耶路撒冷彎曲陰暗的街道，放棄在亞歷山大港和大馬士革的舒適生活。僅僅埃及一地，就有超過五十萬的猶太人住在那裡），因此，有必要為遠道而來的猶太人備好大批牲口，因為他們不可能千里迢迢把自己的牲口從尼羅河趕到耶路撒冷東垣下的汲淪谷。

多年以前，當聖殿剛落成時，提供祭祀的牛羊都是在聖殿入口大門外的街道上販賣。後來，為了讓顧客更方便，牛販子把牲口趕進聖殿的院子裡。緊跟在他們後面的是貨幣兌換商，他們坐在木桌子後，幫顧客將巴比倫的金幣兌換成猶太的舍客勒，或把哥林多的銀幣兌換成猶大的邁納[126]。

## 為聖殿找回肅靜

這些善意的商人並無不敬之心，他們完全沒意識到自己的行為有何不妥。這種糟糕的習俗是逐步發展出來的，因此沒有人注意到它。

耶穌剛從安靜的加利利村莊來到城裡，心裡正思考著和買賣交易毫無關係的問題，此時眼前竟出現痛苦咆哮的牛羊和大聲吆喝的銀錢兌換商，這簡直是對上帝的褻瀆，他大為憤怒。上帝的殿堂竟然變成嘈雜的菜市場了——這樣的事不可饒恕！

他抄起一根鞭子（到處都有趕牲口用的鞭子），把成群烏合之眾趕出聖殿，可憐的牲口跟在主人後面被匆匆驅離，耶和華聖殿的恥辱就此被清洗乾淨。

看熱鬧的群眾不嫌事大，不顧腳下高低不平的鵝卵石路，爭先恐後衝到事發地點去觀看。許多人認為耶穌做得對。把聖殿當作牛棚使用，本來就是丟臉的醜事。

不過其他人卻非常生氣。在那麼靠近至聖所的地方，無疑本來應該保持安靜，如此吵鬧很不應該，但話說回來，這怎麼也輪不到一個從加利利或拿撒勒之類的地方冒出來的外省無名青年來管。他製造那麼大混亂，還掀翻堆滿錢幣的桌子，讓兌換商滿地爬著找自己丟了的錢。

還有些人不知該怎麼看待此事。這些人當中有一位名叫尼哥底母，他是猶太最高公會的成員，是忠誠的法利賽人。

在這麼一個公開、神聖的場所，尼哥底母不方便讓人看見自己和一個舉止缺乏尊嚴的人會面，但

耶穌驅趕貨幣兌換商。

126 邁納（mina），古代重量單位，通用於巴比倫、西臺、亞述、埃及、希臘、希伯來之間，但相對重量各地有所不同。對古代猶太人來說，一個邁納相當於六十個舍客勒。

尼哥底母

他想知道那個人是誰，竟敢大膽做出這麼魯莽的事。

他派人去找耶穌，請他天黑之後到自己家來。

耶穌接受了邀請，他和尼哥底母有一場會談。這位法利賽人相信耶穌完全誠實無偽，儘管他的行為有些過於激烈。當他聽說耶穌在加利利做的各種事，他對耶穌的信心更堅定。他很喜歡這位拿撒勒青年，建議對方愈快離開耶路撒冷愈好。

宮裡的國王向來耳目眾多，對任何破壞公共和平的事十分敏感，而販賣牛羊與兌換銀錢的商人，無疑會煽動百姓對抗那位精力充沛、喜歡行動而不只是空談的先知。

因此，耶穌和他的朋友一起離開了耶路撒冷，經由撒瑪利亞回到了加利利。

## 遭誤解的撒瑪利亞人

我們之前說過，撒瑪利亞這個可憐的地方，享有（或說未能享有）非常不幸也相當冤枉的名聲——不信神者的溫床。

撒瑪利亞在數百年前曾是古老的以色列王國的一部分，自從以色列亡國後，當地居民被驅逐到亞述，他們荒蕪的田地被交給從美索不達米亞和小亞細亞遷來的移民。這些新移民和留在當地的少數猶太人一起組成一個新的民族，就是後來眾所周知的撒瑪利亞人。

在真正的猶太人眼裡，住在撒瑪利亞那塊土地上的人全都卑賤到了極點。美國人經常毫不思索地用「義大利佬」、「猶太佬」、「匈牙利佬」之類的可怕字眼來侮辱外來移民，但這些詞彙的侮辱程度，都比不上心腸冷酷的法利賽人用「撒瑪利亞人」來形容來自示劍或示羅的人。

法利賽人和撒瑪利亞人

該撒利亞

由於這個緣故，無論何時，當猶太人要前往大馬士革或該撒利亞腓立比，不得不經過撒瑪利亞時，他們都會把驢子騎得飛快，若非絕對必要，也不與當地人接觸。

耶穌的朋友都是恪守摩西律法的善良保守人士，和眾人一樣對「骯髒的撒瑪利亞人」具有偏見。他們該學點教訓了。

## 傳道生涯的開始

耶穌來到撒瑪利亞時，不但在此逗留，事實上還非常親切地和一些撒瑪利亞人交談。有一次，他甚至在井邊坐下，向一個婦女解說他的理念，這婦女就屬於這個令人鄙視的民族。

門徒上前聆聽兩人的對話，他們發現，這個「撒瑪利亞婦女」比那些對律法熱心、對自己的敬虔感到傲慢自大、自認優秀的猶太人更懂得他們導師說的話。

耶穌和撒瑪利亞婦人

這是他們第一次領會到所有人都是兄弟的原則。這也是耶穌做為新信仰先知的傳道生涯的開始。

他使用的方法非比尋常。

有時候他會對門徒講故事。

不過他很少向他們說教。一個字或一個暗示，便足以道出他內心想法。

耶穌在這一點就像在其他事一樣，他是天生的教師。因為他是個偉大的教師，所以他瞭解人心，能夠幫助許多無力自助的人。

自古以來，就是有些人能對罹患某種疾病的人產生極大的影響。他們不能治好骨折，也不能靠點點頭就阻止流行病，但如今全世界的人都知道，想像力對疾病具有重大的療效。如果我們覺得自己哪裡痛，就真的能感覺到那裡痛。但只要有人能說服我們，說我們對自己的診斷是錯誤的，那種疼痛便會立刻消失。

單純親切的人經常具有這種說服他人的天賦，他們能夠獲得病人的信任，即使他們對於醫術完全一無所知，也能治癒病人。

毫無疑問，耶穌以他個人絕對的真誠和個性中的慈愛純樸贏得人們的信任，從而能夠幫助那些覺得自己滿身病痛的人。

當人們聽說這個年輕的拿撒勒人（先知、彌賽亞，或人們在盲目相信他的情況下給他取的名號）能夠為人暫時解除病痛，男女老少開始從四面八方趕來，請求他使自己恢復健康。

## 他接納所有人共同的人性

由於迫切想讓一個好故事變得更好，耶穌第二次行經加利利的描述，便按傳統硬被寫成一名神醫的勝利之旅。

首先，在前往迦百農的路上，耶穌救活了一個富裕人家的孩子，他原本已被當地醫生放棄治療。

接著，彼得的岳母得了熱病，高燒不退，卻也在眨眼之間被治好，能夠起床做飯，親自招待客人用餐。

然後，病人開始源源不斷前來。有人認為自己是癱子，被人用擔架抬到耶穌面前。有人多年來得了無法描述的怪病。還有各種神經緊張的病人，只要說一、兩句鼓勵的話讓他們安心，就能讓他們踏上康復之路。

無論這類故事是真是假（死人很少復活），它們確實在加利利引起高度的興奮和好奇，很快就在耶路撒冷傳得沸沸揚揚。

不過法利賽人無法完全相信。他們對耶穌醫治生病同胞的事無疑十分感激，但耶穌對自己同胞和對外國人竟然一視同仁，他們認為這點太過分了。他醫治羅馬官員的僕人，醫治一個希

瘸子、癱子和瞎子

臟母親生病的女兒，甚至為一個偏偏在安息日病痛的老婦人解除痛苦，甚至同意痲瘋病人觸摸他的外袍，讓他們在絕望中相信這能減輕他們的慘況。

此外，他還願意接納受雇於羅馬人並派駐在迦百農當稅吏的人做自己的門徒，這件事太可怕了。接納這些令祖國深受痛苦的人簡直就是叛國，有些善良的人都如此提醒耶穌。

不過，耶穌儘管很感謝他們的好意，卻不認為自己做的有什麼錯。

在他看來，所有的男人和女人、稅吏、政客、聖人和罪人，都是一樣的。

他承認並接納他們共同的人性。

他對這件事無疑明確表明了自己的立場。他帶著所有門徒，一起去一位令人厭惡的官員家裡吃晚飯，彷彿在羅馬人的心腹家裡吃便飯是件很光榮的事。

當法利賽人聽說這件事，他們沒有公開議論。

然而，他們私下商定了，只要耶穌再來到他們的司法管轄區，他們會怎麼處置他。當耶穌返回耶路撒冷過他人生中最後一次逾越節時，他感受到了這群心意堅決者的沉默的敵意。這群人明白，這位奇怪的先知的理念若得以實現，他們的小世界就完了。

# 25 宿敵

當然，那些從現存規則中獲益的人（人數眾多），都不喜歡聽見有人在公共場合宣講這類的教義。他們宣布，這位新先知是個危險的敵人，他危及了所有現存的律法和秩序。不久，耶穌的這些敵人便達成共識，開始著手除掉他。

畢士大水池

耶穌第二次造訪耶路撒冷，還沒抵達聖殿，就和統治耶路撒冷的勢力公開發生衝突。

事情是這樣的。耶穌來到羊門外的畢士大水池附近，聽見有人大聲喊他求助。那個可憐人已經癱了三十幾年，他聽說了（就像眾人聽說的）加利利所發生的治病神蹟，希望自己也能被治癒。

耶穌看著他，然後告訴他，他的腿沒有毛病，吩咐他起身拿著鋪蓋回家。

那個滿心歡喜的病人按照耶穌的吩咐做了，但是他忘了那天是安息日。依照法利賽人的律法，安息日連在衣服上多別一根針都不行，何況拿著鋪蓋。

他對自己能夠走路實在太高興了，匆匆趕往聖殿，要為自己的痊癒向耶和華獻上感謝。然而，有好幾個法利賽人當然被告知了此事，他們不能容許破壞神聖命令而不受懲罰。他們攔下那個可憐的瘸子（現在他有一雙完好的腿），告訴他，在安息日背著鋪蓋行走違反了所有的律法和先例，他必須要為破壞體統受到懲罰。

不過，這個興高采烈的人腦子裡自然想著其他的事。

「那個治好我的人叫我拿起鋪蓋回家去。」他回答說：「我是按照他的吩咐這麼做的。」

於是，法利賽人沒有多費周折，讓他走了，但他們卻氣得不得了。他們很清楚一件事：除非立刻制止這類事情，否則沒有人敢說接下來會鬧出什麼事來。

**猶太公會的計畫**

在他們的煽動下，猶太公會召集成員開會，商討對策。就像所有對自己情勢沒有足夠把握的地方官員，公會成員決定先做調查。他們命令耶穌來見他們，為自己的行為做出解釋。他欣然前往，耐心傾聽他的敵人提出的各種控訴，然後他清楚表明，無論是否合乎律法，他都不會因為那天碰巧是一週中某個特定的日子而不行善。

這個回答，公然挑戰了既定的權威。

然而，猶太公會深知這個拿撒勒人廣受群眾尊敬，這次最好還是放他走，等下次有更明確事實時再來控告他。

猶太公會開會。

事到如今，猶太公會開始明白，耶穌不會像他們所期待的那麼容易被除掉。要激怒他顯然是不可能的。他從來不對那些恨他的人表現出情緒，總是安安靜靜走出每一個陷阱。當他被逼到死角，他會講個小故事，讓所有聽的人都站到他那一邊。

猶太公會明顯感到困惑。當然，他們可以把事情呈報國王，而他們的國王（連這頭銜都很不確定）在未跟總督商議之前也不會採取行動，但努力對羅馬人解釋這種事能有什麼用？

對於找他申訴宗教委屈和不滿的人，彼拉多已經不只一次表現出完全缺乏同情的態度。

這個例子，他的處理方式還是會跟以前一樣。他會保證自己一定密切關注此事，等過了好幾個月後，他會拿出官方的結論說，耶穌沒有觸犯羅馬的法律，然後他會撤銷這個案子。所有的事還是老樣子，但耶穌的地位會因為他被宣告無罪而益發鞏固。

因此，補救和報復的唯一希望就落在希律身上了。如果找他商量的方式能投其所好，而且他願意保密的話，這事能辦成的。沒錯，希律王和公會不合已經很多年了，但現在不是計較個人恩怨的時候。

猶太公會決定對希律停戰，收起他們精心打磨用來收拾希律的斧頭，態度溫順地前往王宮，呈上一長串對耶穌種種不滿的罪狀，指責耶穌自封為先知，傳講一些煽動性的教義，要顛覆古老的神權統治（或殘餘的神權統治）。此外，耶穌和被稱為施洗者的約翰一樣，都是威脅國家安全的危險人物，幸虧約翰已經不能再惹任何麻煩了。

希律如他父親一樣多疑，很樂意聆聽公會的控訴。

不過，當他們打算逮捕耶穌時，他又不見了。他第二次離開了耶路撒冷，並且有愈來愈多的門生跟隨。他慢條斯理地走回加利利，他在那裡比在猶大地更感覺自在。

## 聖山寶訓

從世俗的觀點來看，他的事業正如日中天。群眾都深信耶穌是真正的彌賽亞。只要耶穌願意領導他們，他們就願意進軍耶路撒冷，甚至願意對抗全羅馬的軍隊。

不過令他們遺憾的是，那完全不是耶穌的夢想。

他沒有個人野心。

他不追求富貴，不渴望榮耀，也不享受成為民族英雄接受喝采。

他希望眾人的眼界能夠超越現世短暫的慾望，去尋求與聖靈的夥伴關係，聖靈會在愛、寬容和憐憫中將他們與同胞聯合在一起。

他不能容忍別人把他看成是古老王權的另一個代表（比較好的一個），那個王權如今和希律的名字連結在一起。

他不承認自己是彌賽亞，相反的，他盡可能一再公開明確地表示，他自身的幸福和舒適都不重要，但他關乎眾人彼此相愛與仁慈上帝之愛的理念才是一切。

他不追溯上帝在西奈山的閃電雷鳴中向少數人啟示的那些誡命，相反的，他告訴來到生機蓬勃的加利利山坡上聽他演講的群眾，他所傳講的上帝是一個慈愛的靈，待人不分種族也不分信仰宗派。他也不給人勤儉致富的具體建議。他提醒自己的朋友，要抗拒守財奴堆積在閣樓上的無用財寶（狡猾的小偷能輕易盜取它們），並要求他們把自己的靈魂打造成不朽的儲藏室，裝滿善行和高貴的思想。

最後，他在一次單獨演說中總結了他全部的哲理，那就是著名的「登山寶訓」，在此我將最受讚揚的段落重述一遍：

「虛心的人有福了！因為天國是他們的。哀慟的人有福了！因為他們必得安慰。溫柔的人有福了！因為他們必承受地土。饑渴慕義的人有福了！因為他們必得飽足。憐恤人的人有福了！因為他們必蒙憐恤。清心的人有福了！因為他們必得見上帝。使人和睦的人有福了！因為他們必稱為上帝的兒子。為義受逼迫的人有福了！因為天國是他們的。人若因我辱罵你們，逼迫你們，捏造各樣壞話毀謗你們，你們就有福了！應當歡喜快樂，因為你們在天上的賞賜是大的。在你們以前的先知，人也是這樣逼迫他們。你們是世上的鹽。鹽若失了味，怎能叫他再鹹呢？以後無用，不過丟在外面，被人踐踏了。你們是世上的光。城造在山上是不能隱藏的。人點燈，不放在斗底下，是放在燈檯上，就照亮一家的人。你們的光也當這樣照在人前，叫他們看見你們的好行為，便將榮耀歸給你們在天上的父。」

至於每天在生活的艱難路途上跋涉的人，他給了一個具體的指南，一則簡短的祈禱文，至今仍有千百萬的人每天唸誦：「我們在天上的父：願人都尊你的名為聖。願你的國降臨；願你的旨意行在地上，如同行在天上。我們日用的飲食，今日賜給我們。免我們的債，如同我們免了人的債。不叫我們陷入試探；救我們脫離那惡者。因為國度、權柄、榮耀，全是你的，直到永遠。阿們！」

## 引發人們想像力的故事

接著，在為這個論及生死的新哲理——和法利賽人老舊又狹隘的信仰完全不同——描繪出大綱後，他要求如今堅定又忠心的十二個同伴跟隨他，他要向全世界表明，自己與古老的猶太偏見如何徹底決裂，而這種偏見已經讓他的民族淪為所有其他民族的敵人。

他離開了加利利，去造訪那自古以來被人稱為腓尼基的地方。

登山寶訓

接著，他再次穿過自己出生的鄉村地區，搭船渡過約旦河，專程去希臘人（占當地人口大多數）稱為「迪卡波利斯」的「十城」之地。

他在當地異教徒中治好了幾個精神錯亂的人，獲得與在自己家鄉一樣的感激與欽佩。

之後，耶穌緊接著開始用簡單易懂的故事來說明自己的教導。這些故事大大引發人們的想像力，他們蜂擁而來聽他講論，而這些故事也成為每個歐洲國家的語言的一部分。

若我要用自己的方式重述一遍這些故事就太愚

蠢了。

正如我之前一再說的，我不是在寫一本新版的《聖經》。我只是提供你一本書的概要。對每天生活忙碌的現代讀者來說，這本書早期的部分實在太複雜了。

不過，四福音非常簡單、直接，而且簡短。就算最忙的人也能找到空閒閱讀它們。

幸好，有一群精通語言的學者已經把四福音都翻譯成英文了。自從十七世紀以來，人們多次嘗試翻譯《聖經》，希望把古希臘文的思想轉換提升為現代語言。所有這些嘗試都令人失望，沒有一個版本能取代英國詹姆斯王下令翻譯的欽定本。三百年來，欽定本依舊具有最高權威。

如果我這本小書能激起你的渴望，讓你去閱讀原著，去閱讀那些智慧的比喻，去理解這位有史以來最偉大的教師的浩瀚見識，那麼我就沒白寫這本書。

而這正是我努力要做到的。

# 26 耶穌之死

耶穌的案子被呈報到羅馬總督面前。總督只求自己所管的行省能維持表面上的和平和穩定，其餘的事他不在乎。他允許耶穌被判處死刑。

耶穌很清楚結局是無法避免的。當他還在加利利與朋友在一起時，他就不止一次向親朋好友暗示過這一點。

數百年來，耶路撒冷一直是個宗教壟斷的中心，這不僅為當地大多數居民帶來巨大的個人利益，並因恪遵摩西時代流傳下來的古老律法而繼續保持它的成功。

從大流亡開始直到此時，絕大部分猶太人都堅持住在國外。他們認為，由於埃及、希臘、義大利半島、西班牙和北非的城市貿易興隆，財源廣進，住在這些地方比住在猶大地幸福。猶大地土地貧瘠，

廢棄的農場

就算整日勞作，耗盡地利，也不過勉強餬口而已。

當波斯人允許猶太人返回自己故鄉時，若不是使用軍隊的力量，根本不可能有足夠多的居民回到耶路撒冷。從那時起，情況始終沒有改善。

耶路撒冷的商人

**誰住在耶路撒冷？**

無論身在何處，猶太人始終懷著最深的敬意來看耶路撒冷，視為自己民族的宗教中心。不過，猶太人也向來都是哪裡舒服哪裡就是自己的祖國，若不使用武力強迫，他們不會返回自己的出生之地。

如此一來，居住在這座古老國都城門內的人民，幾乎都以聖殿為生，無一例外。就像今天我們的許多小型大學城一樣，直接或間接依靠大學營生，如果大學被迫關門，他們若不搬走就要挨餓。

這個掌握著經濟和宗教的貴族群體，由一小群專業祭司組成。

其次是他們的助手，負責照料獻燔祭和獻次要祭物的複雜儀式。他們是真正受過高度訓練、技巧嫻熟的屠夫，每個人都只關心送到自己手裡的牲口的數量和品質，因為那是他們日用飲食的重要來源。

再下來是普通僕人，負責保持聖殿的清潔，在傍晚人群散去後負責把聖殿的內院外院刷洗乾淨。

然後還有貨幣兌換商，今天我們稱他們「銀行家」，他們把來自世界各地的奇怪金屬換成當地流通的貨幣。

再來是經營旅館、客棧和寄宿處的老闆，他們為每年成千上萬按時前來耶路撒冷、在祖先祭壇上持守律法和敬拜的朝聖者提供食宿。

最後，是任何變成旅遊中心的城市裡能夠看見的一般零售商人、裁縫、鞋匠、酒販、燭台匠人等。

以上便是耶路撒冷當時真正的情景。

耶穌渡海前往異邦。

## 耶路撒冷將因「愛人如己」崩壞？

人群聚集到這個宗教旅遊中心，目的不是為了娛樂，而是為了舉行特定的儀式，他們深信這些宗教儀式不能在其他地方舉行，也不能由別人主持，只能由自古以來就執行祭司職務的人來做。

你一定要牢記這些事實，否則就無法理解，當耶穌再次大膽進入這座城市時，眾人為何以強烈憎恨的目光看著他。

這個來自加利利荒涼村落的木匠，這個用偉大的愛擁抱罪人和稅吏的謙卑教師，又來了。在此之前，他已經兩次被勒令離開。

耶路撒冷不歡迎他。

他回來會引起更大的麻煩嗎？或者他會只做幾場演講就滿足了？

確實，有時他告訴同伴的那些話聽起來顯得無害，但那些話是最危險的。他總是意有所指。有些文士喜歡把自己說的每件事的意思隱藏在大量希伯來句子的冗詞贅語之下，這些冗長的句子給人學問淵博的感覺，而這種曖昧模糊的術語很受歡迎。

耶穌不是這樣，他的話人人都能聽懂。他說：「你要盡心、盡性、盡意愛主你的上帝，這是誡命中的第一，且是最大的。其次也相仿，就是要愛人如己。」

接著，還有那些有關牧羊人以及各種日常事物的比喻，也都是直指核心。

有些人嘗試回應那些絕對不會令人誤解的、對假領袖和假神的影射。

然而，耶穌又用一串新的故事把他們給說糊塗了，並且讓群眾大笑表示贊同耶穌所言。就連小孩都來聽，因為他們喜歡這個人，他們甚至爬到他腿上。耶穌說：「讓小孩子到我這裡來，不要阻止他們，因為天國正屬於這樣的

耶穌進入耶路撒冷。

耶穌和異邦人一起吃飯。

人。」

總之，這個拿撒勒人所做所說的每一件事，都是一個自尊自重的正派拉比絕不會說也絕不會做的。他愉快安靜地自行其事，執法人員也無權干涉他。

再看看這人所掌握的教義！

他豈不是在許多場合說，上帝的國無處不在，遠遠超過耶和華所偏愛揀選的一小撮住在猶大地範圍內的百姓？

他豈不是藉口醫治一個生病的婦女而公開破壞安息日的誡命？

加利利的人豈不是說過，他去異邦人、羅馬官員以及不容許進入聖殿外院大門的人的家裡吃飯？

如果這城的百姓認真看待他說的這些話，並確實開始相信，無論是在大馬士革還是亞歷山大港，都可以像在亞摩利山上一樣敬拜上帝的靈，那麼，耶路撒冷、聖殿、祭司、客棧老闆、屠夫和所有各行各業的人，會面臨什麼結果？

這城會被毀了，並且祭司、客棧老闆、屠夫和各行各業的人全都會跟著一起毀了。

只要暗暗想一下就好，整套複雜的摩西律法都將在「愛人如己」這句可怕的新標語面前土崩瓦解。

## 他讓人學會獨立思考

事實上，這句話正是耶穌人生最後幾個月所教導的教義主旨。

他希望並懇求群眾要愛自己的鄰人，彼此不要爭吵。他看見周圍各種殘酷和荒謬不公的事，悲痛萬分。他天生是個快樂又有趣的人。生活對他是享受而不是負擔。他愛他母親、他家人和他的朋友。他參與村子裡所有簡單快樂的活動。他不是隱士，也不鼓勵人藉由逃避生活來拯救自己的靈魂。然而，這世界充滿了毫不必要的浪費、痛苦、暴力和混亂。

耶穌以他簡樸偉大的心，提供了他醫治這些疾病的藥方。他稱之為「愛」。這個字是他全部教導的總綱。

他對事物的現有秩序沒太大興趣。

他不主張反抗羅馬帝國。

他也從不說討好羅馬帝國的話。

法利賽人問他對羅馬帝國有什麼看法，想偷偷逮住他煽動叛亂的把柄，但耶穌深知所有形式的政府統治都是一種妥協，而他拒絕表態。他勸告他的聽眾遵守所在地的法律，多反省自己的過錯，而不是對統治者的優劣說三道四。

他從不叫自己的學生迴避聖殿的服事，反而鼓勵他們要虔誠履行自己的宗教義務。

他真誠讚賞《舊約》的智慧，並在自己的談話中不斷引用《舊約》。

總之，任何可能被理解為挑戰固有律法的事，他都克制不說、不宣傳，也不鼓吹倡導。

然而，從法利賽人的觀點來看，他比所有最凶猛的反叛者還要更危險。

他讓人學會獨立思考。

## 對耶穌的讚頌歡迎

關於耶穌最後的時日，已經被人說過太多，我們在此只簡單描述。在基督教的編年史中，這位偉大的先知的一生，沒有哪一段比在他受難前那幾天更受人矚目了。

事實上，這是那群堅定開倒車的人，和一個勇敢展望未來的人，彼此間永恆較量的一部分。耶穌最後一次進入耶路撒冷，是以勝利者的姿態進入的。

這並不表示群眾真的開始理解他對他們苦口婆心解說的新理念。群眾永遠都在找一個新英雄來崇拜（哪怕時間短暫），此時他們開始把這位拿撒勒的先知當作偶像來崇拜，因為他討人喜愛的個性對他們的想像充滿吸引力，而且他在全能的公會成員面前展現鎮定的勇氣。

他們願意相信所有有關耶穌的傳說，尤其傳說裡夾帶了離奇的色彩。

單單治病已經不足以滿足他們對刺激的原始需求。

病人重病時耶穌碰巧經過他的村莊？

不！

病人已經處於垂死狀態了！

直到最後，變成病人實際上已經死了，埋了，然後被這個行神蹟的人從墳墓裡拉出來，復活了。

這個眾所周知的拉撒路的故事，最後在易受騙的猶大農民間造成巨大的影響。故事很快被加油添醋了許多細節，在農莊之間一傳十，十傳百，使得拉撒路的復活成為中世紀傳奇和畫作裡最受歡迎的題材。

最後，當眾人聽說引發所有這些騷動的人要來耶路撒冷了，所有人都想爭睹他的風采。當

狂熱分子

耶穌騎著小驢進入城門，群眾高聲歡呼，向他拋擲鮮花，場面十分熱鬧，就像你在盛大慶典裡看到的那樣。

不幸的是，這種公眾的讚許就像岩石山丘上的營火，它會發出奪目的光芒，卻不能持久。

耶穌知道這點，他並未自鳴得意，也沒把群眾高呼的「和散那」或「哈利路亞」[127]當一回事。他從前聽過這樣的歡呼。其他人日後也還會聽見。

群眾若夠明智，就不會把這些歡呼太當真。接下來幾頁的敘述會讓你清楚這種智慧。

## 與權威當局公開交手

耶穌到達之後所做的第一件事是找住的地方。他沒有停留在城裡，而是到橄欖山上的伯大尼郊區。前幾年，他常會來這裡的拉撒路和他兩個忠心的姊姊馬大和馬利亞家裡住宿。

從伯大尼走路到耶路撒冷並不遠，當他吃過東西，從前一天的旅途勞頓中恢復過來後，他便返回聖殿，第二次揮鞭將賣牛羊的販子和貨幣兌換商趕出聖殿的院子。

127 和散那（hosanna）是對耶穌基督的稱頌，哈利路亞（hallelujah）是對耶和華的讚頌。

第二天清早，他碰上對手了。

猶太公會的人接受了他的挑戰。

當耶穌出現在聖殿門口，他被全副武裝的守衛攔下來，盤問他，憑誰的權力做出昨天下午那種褻瀆的行動。

人群立刻聚攏過來，大家開始選邊站。

有人說：「這人做得對。」

其他人說：「他應該被處以私刑。」

他們爭吵，開始指手畫腳，甚至快要打起來。耶穌轉過身來看著他們，眾人立刻變得鴉雀無聲，耶穌又對他們說了幾個故事。

對法利賽人來說，沒有什麼比這更觸怒他們了。

耶穌再次採取主動，他直接越過祭司對群眾說話，並且一如往常，他一露面就立刻贏得了群眾的好感。

在這場與權威當局的公開交手中，他是勝利者。士兵們被迫放他走，他的朋友跟著他安靜地走回下榻之處。那天他未再受到任何的騷擾。

不過這一切並不意味著沒事了。

當法利賽人決心要除掉一個人，他們一定要等到受害者被殺之後才會歇手。耶穌知道這種情況，隨著夜晚降臨，他的心情益發沉重。

另外還有其他事令他感到焦慮。

## 等待復仇機會的猶大

到目前為止，他的學生一直對他非常忠心，始終跟隨他的十二個門徒已經像許多兄弟一樣彼此相愛，並且以恩慈對待彼此的缺點。

然而，其中有一人讓大家感覺不好過。

他叫做猶大，是加略村或凱略村一個村民的兒子，因此他是猶大人，而其餘十一位門徒是加利利人。這多少決定了他對耶穌的態度。

他覺得自己出身的籍貫連累了自己，那些加利利人的鋒頭都勝過他，他從頭到尾都備受冷落。

這些都不是真的，但對一個氣量狹小的人而言，最沒有惡意的話都可能變成不可饒恕的侮辱。

猶大似乎是因一時衝動而加入耶穌門下。他是個貪婪的惡棍，因為自己低劣的品性而對他人懷恨在心，渴望報復。

他在數字與算帳方面很有天賦，因此其他門徒請他管理財務和記帳，讓他負責將微薄的財物平均分為十二份。

即便如此，猶大也沒做得讓人完全滿意，其他門徒開始不信任他。他總是對別人硬塞給耶穌的禮物嘀咕抱怨個不停。當他們把錢花在他喜歡稱之為「無用的奢侈品」上時，他會公開表示惱怒。

對這種事，耶穌曾經開導過他，試圖讓他明白，對別人誠心誠意送來的禮物顯得這麼不滿，是愚蠢又沒禮貌的事。

然而猶大聽不進去。

他什麼也沒說。

不過他也沒離開耶穌。他繼續稱自己是「十二門徒」之一，無論何時，當耶穌講解一個自己喜愛的觀點時，他都假裝熱切聆聽，但他心裡卻有自己的想法。耶穌的責備傷了他的虛榮心，他決定犯下所有罪行中最卑劣的一種。他要「出口氣」。

在耶路撒冷城裡，他是身在自己人當中，要找復仇的機會可說易如反掌。

**暗夜裡的交易**

當其他門徒全都睡著後，猶大溜出屋子。不久之後，仍坐在一起商量該採取什麼步驟對付耶穌的公會成員聽見外面來了一個人，要提供他們一些很重要的消息。

報酬

他們叫守衛帶那人進來，圍著他要聽他的故事。

猶大開門見山，直指問題的核心。

猶太公會想抓耶穌是嗎？

他們當然想抓他。

可是猶太公會害怕抓這個眾望所歸的拿撒勒人會引發暴亂，對嗎？

再次說對了。

如果他們公開抓捕他，並惹出任何麻煩，羅馬士兵會出面，這會給法利賽人的威信帶來嚴重打擊，

猶大

撒都該人還會利用這把柄來達到政治目的，對嗎？

完全正確。

因此，無論要採取什麼行動，都得在黑夜的掩護下悄悄進行，盡量不出聲音，對吧？

猶大確實非常瞭解整個情況。

假設有人對耶穌的行動瞭如指掌，能夠告訴公會成員如何在神不知鬼不覺的情況下抓捕耶穌，把他安全送進監牢，豈不大好？

那將跟公會的計畫配合得天衣無縫。

公會打算為這個極有價值的消息付多少錢？

眾人磋商了片刻。

然後開出了價碼。

猶大很滿意。

買賣成交。

耶穌被出賣給他的敵人。

價錢是三十個銀幣。

## 最後的晚餐

耶穌在伯大尼郊區安靜地度過了自由的最後幾小時。

最後的晚餐

客西馬尼

那天是逾越節。猶太人吃烤羊羔和無酵餅過節。

耶穌吩咐門徒在城裡一個小客棧訂了一個房間和一頓晚飯，他們可以聚在一起吃逾越節的晚餐。

傍晚時分，猶大若無其事地和其他人一起離開住處。

他們下了橄欖山，進了城，發現一切都已準備妥當。

他們圍著一張長桌各自坐下，開始吃晚餐。

這頓飯吃得並不開心。他們感覺到某種可怕的事即將發生，有股陰影已經籠罩在這一小群忠心的朋友身上。

耶穌很少說話。

其他人也都陰鬱沉默地坐著。

最後，彼得再也忍不住，脫口說出大家心裡的話。

「主啊，」他說：「我們想知道，你是不是在懷疑我們當中某一個人？」

耶穌輕聲回答說：「是的。你們坐在這裡的人當中，有一個會給我們所有的人帶來災難。」

於是，所有門徒全站起來，圍到耶穌身邊，表明自己的無辜。

這時，猶大悄悄溜出了房間。

現在，他們都知道要發生什麼事了。

客西馬尼園

他們無法再在這小房間裡待下去。

他們需要新鮮空氣。他們離開客棧，走出城門，回到橄欖山上，打開一扇小門，走進一個朋友的花園，那朋友曾告訴他們，任何時候想要獨處，都可以到這花園來。

這花園被稱為「客西馬尼」，這名字得自花園角落裡老式榨橄欖油的設備。

這是個溫暖的夜晚。

他們全都非常疲憊。

**他決定留下來**

過了一會兒，耶穌起身離開眾人。不過，和他最親近的三個門徒遠遠跟著他。

他轉身吩咐他們在原地等候，並在他禱告時警醒守望。

做出最後決定的時刻到了。想逃跑還來得及，但逃跑意味著默認自己有罪，自己的理念遭到了挫敗。

他獨自置身沉默的樹林，內心進行最後的掙扎。

他正值人生的盛年。

生命充滿了無比的希望。

一旦他的敵人抓住他，死亡將以最可怕的形式臨到。

他做出決定。

他留下來。

他回到朋友當中。

看啊！他們全都睡著了。

片刻之後，整個花園全都騷動起來。

猶太公會的衛兵在猶大的帶領下，衝上來抓捕這位先知。

猶大走在最前面。

他張開雙臂抱住自己的老師，親吻他。

該亞法和亞那

這是衛兵該抓哪個人的信號。

彼得在這時候明白發生了什麼事。

他奪過一名士兵的匕首，凶狠地砍他。彼得砍中那人的耳朵，鮮血立刻從傷口湧出來。

耶穌伸手按住彼得的手臂。

絕不能使用暴力。

這士兵只是在執行自己的職務。

攻擊只能招來回擊，理念不能拿來跟刀劍互鬥。

## 彼得不認耶穌

耶穌被綁上雙手，押著穿過黑暗的耶路撒冷街道去到亞那家，亞那和女婿該亞法那時擔任大祭司。

他們大聲歡呼。

敵人終於落到自己手裡了。

他們立刻開始審問。

耶穌為什麼要教導那些具毀滅性的教義？

他攻擊那些古老的禮儀，居心何在？

誰給了他權柄讓他那樣說話？

耶穌平靜地回答，但答覆無用。祭司們心裡知道自己問題的答案。他從未對任何人隱瞞任何事。何必浪費時間說這些？

有個衛兵從未聽過有犯人敢用這種態度對公會的成員說話，上前狠狠揍了耶穌一拳。其他人蜂擁而上，把他綁得比先前更緊，然後把他拖到該亞法家，他在那裡過了一夜。

時間太晚，無法召聚公會成員開會。

然而，興奮的法利賽人和心煩意亂的撒都該人一聽說耶穌被捕，紛紛起床，穿過黑夜，趕到囚禁耶穌的地方，只見耶穌坐在屋裡，平靜地等候接下來要發生的事。

突然，門外傳來一陣喧鬧。守衛們抓到一個門徒。他們說，有個使女報告說這漁夫是耶穌的好朋友，當耶穌進城時總看到這人跟他在一起。

彼得不認耶穌。

可憐的彼得陷入了恐慌。

火把的光、吵雜聲和咒罵聲，讓他心中充滿恐懼。

他發著抖說，他從來就不認識耶穌。

失望的守衛很生氣地將他踢出了房間。

耶穌再次獨自面對他的敵人。

**彼拉多的審問**

紛紛擾擾的一夜就這麼過去了。第二天一大清早，公會就召開會議，可是他們沒有審查證據，也沒有聽任何證人作證，就判了這個拿撒勒人死刑。

本丟·彼拉多

根據傳統的說法，這天是四月七日，星期五。

法利賽人的目的已經達到，他們為自己的城市除掉了一名心腹大患。

不過，他們的工作依舊只完成了一半。

從羅馬總督那裡接連來了幾位信使。

彼拉多想知道這場騷亂是怎麼回事。

他得到了報告。

這整件事無疑很有意思，但他難道不該提醒猶太人，無論是他們的國王還是他們的公會，在未經當地羅馬總督審訊之前，都沒有權利判一個人死刑？

猶太公會雖然很不願意，但還是把耶穌帶到彼拉多暫住的王宮，讓他接受彼拉多的審問。那些偽善的法利賽人都等在宮殿外。這日是逾越節，猶太人都不可觸碰任何屬於異教徒的東西。

彼拉多非常氣惱。打從他來到猶大地，麻煩就接連不斷。一直有人拿那些他既不瞭解、他看來極其荒謬又無用的問題來打擾他。

他下令把耶穌帶到他私人的房間裡。

他在那裡和耶穌談話。

只談了幾分鐘，他就確信沒有理由判耶穌死刑。

那些指控太荒唐了。

耶穌應該被釋放。

彼拉多派人找來公會的發言人，直截了當告訴他，他查不出耶穌犯了哪一條羅馬的法律。

這對法利賽人是個沉重的打擊。

他們的受害者眼看要逃脫了。

他們懇求總督，告訴他，耶穌從猶大地到加利利一路不斷挑起麻煩。

這話提醒了彼拉多。

「這人是加利利人還是猶大人？」他問。

「是加利利人。」他們告訴他。

彼拉多回答：「那把他帶去見加利利的王希律安提帕，讓他做決定。」他很高興自己找到藉口可以不必插手這件事。

## 希律採取行動

然而，國王陛下和這位羅馬官員一樣，不願對這件事負責。他是來耶路撒冷慶祝逾越節，不是來判人死刑的。他之前聽了大量有關耶穌的事，並且一直想像耶穌是個魔法師之類的人。

他要求耶穌展示魔法的祕密，對於這麼荒唐的要求，耶穌當然一口回絕。就在這時，審訊遭到打斷。

群眾這時大剌剌地湧進了法庭，沒有理由把信徒與自己的同胞隔開。群眾喊道：「他說他是王。他親口對我們說他凌駕在律法之上。」所有這些愚蠢的指控，這時又在耶路撒冷大街上激烈地重複叫喊起來。

希律知道，如果他不迅速採取行動，就要為可能產生的暴動負責了。犧牲一個不受歡迎的人，勝過冒險丟掉王位。

「把這人拿下。」希律下令說：「把他打扮成他所說的國王的樣子，然後送回去給彼拉多。」

有人不知從哪裡拿來一件骯髒的舊袍子披在耶穌肩上。衛兵押著他，在一群烏合之眾的前呼後擁下，前去見彼拉多。

耶穌被帶到希律面前。

## 彼拉多屈服於猶太公會

一個勇敢的人或許能救耶穌，但彼拉多只是個心存好意的人。他曾跟妻子提過這個案子，妻子鼓勵他要開恩饒那人一命。不過，在耶路撒冷他只有一支小小的衛隊，而公會成員的勢力卻愈來愈大。事到如今，撒都該人已經和法利賽人達成了協議。他們都是政客，他們對宗教的興趣只是次要的。他們害怕如果耶穌遭到釋放，後果會不堪設想，因此決定，為了這個國家好，耶穌一定得死。他們陰險地暗示彼拉多，他們已經準備好了祕密報告要送給凱撒，報告中詳細說明了發生的事，以及總督如何公然站到帝國的敵人那一邊。

這意味著彼拉多官職不保，並且還拿不到養老金。

彼拉多拿不定主意。

然後他屈服了。

大祭司和其同夥可以隨心所欲地處理他們的受害者。

公會開會討論執行死刑的具體方法。

按照慣例，犯人要被人拿石頭打死，但耶穌的案子是個例外。他的死一定要飽受屈辱。逃跑的奴隸通常會被釘在十字架上，然後掛在那裡直到餓死或渴死。眾人決定，把耶穌釘死在十

耶穌被押進監牢裡。

往各各他的路

各各他

字架上。

一名羅馬隊長和四個羅馬士兵奉命執行這項工作。

他們從地上揪起耶穌，讓他站好。

那件骯髒的紫色袍子再次被披在他肩上。一頂用荊棘匆匆編成的王冠被扣在他頭上。一個用兩根沉重的木樑釘成的十字架，壓到了他背上。

還有兩個要一併處死的強盜被從地牢裡提了出來。

## 各各他山丘上的十字架

天色漸暗，這支可怕的隊伍開始向豎立著刑架的山丘走去。那山丘叫做各各他，又名骷髏地，因為那裡遍地都是骷髏。

耶穌舉步維艱。他因為缺乏飲食而虛弱不堪，所受的鞭打和所挨的拳頭讓他頭暈目眩。

路的兩旁擠滿了圍觀的群眾。

他們看耶穌背著十字架，拖著蹣跚的步履走在通往山丘的陡峭小路上。

喧鬧已經平息。

群眾的憤怒已經耗盡。

這個無辜的人將被殺害。

空氣中響起請求開恩的呼聲。

但是已經太遲了。

這場可怕的戲劇將被演到至死方休。

耶穌被釘在十字架上。

羅馬士兵在他頭上安了一個牌子，上面寫著「猶太人的王，拿撒勒人耶穌」。

這句話用拉丁文、希臘文和希伯來文各寫一遍，好讓所有的人都能看懂。對法利賽人和撒都該人而言，這意味著侮辱，他們要對這可怕的、不公平的審判負責。

當最後一根釘子釘下，士兵便坐下來賭博。人群圍成一大圈站在那裡觀看。有些人只是好奇，其他人是他以前的學生。他們冒險進城，為的是陪自己的老師走完最後的時刻。此外，還有幾名婦女。

天色很快就暗了。

耶穌在十字架上低聲喃喃自語，沒幾個人能聽懂。一個好心的羅馬士兵把一塊蘸了醋的海綿插在槍尖上送給耶穌喝。這劑量能減緩他被撕裂的手腳的疼痛，但是耶穌拒絕了。

他靠著最後一絲氣力保持清醒，做了最後一次禱告。

他請求上帝饒恕他的敵人對他做的事。

然後他低聲說：「成了。」

接著他就死了。

**他復活了**

同一天晚上，有個名叫約瑟的人從亞利馬太的村子趕去見彼拉多，請求從十字架上取下耶穌的身體，送去安葬。這約瑟是個富有的人，多年來一直聆聽這位奇特的新先知所傳講的道理。這時，他很容易就說服這位羅馬總督批准了他的請求。

不過，當這消息傳到法利賽人耳裡，他們同樣急忙趕到總督下榻的宮殿。法利賽人害怕門徒會把耶穌的屍體挪走，然後四處散布謠言，說耶穌做到了不久前自己說過的話。耶穌在生前公開宣告，他將在死後第三天從死裡復活。

為了防止這事，法利賽人有意封死了耶穌的墳墓，並派士兵看守它。從頭到尾都很軟弱又猶豫不決的彼拉多，吩咐他們想怎麼做就怎麼做，只要他們不引發進一步的騷亂就行。

然而，悲劇發生後的第三日，兩位虔誠的婦女逕自前往曠野，要在他們所愛的老師墳前

耶穌之死

哀悼痛哭。可是，看啊！看守墳墓的士兵都趴倒在地，墳前的大石頭被滾開了，墳墓已經空了。

那天晚上，渾身顫抖的門徒彼此奔走相告這個榮耀的消息：「我們的老師真的是上帝的兒子，他已經從死裡復活了。」

# 耶穌人物關係表

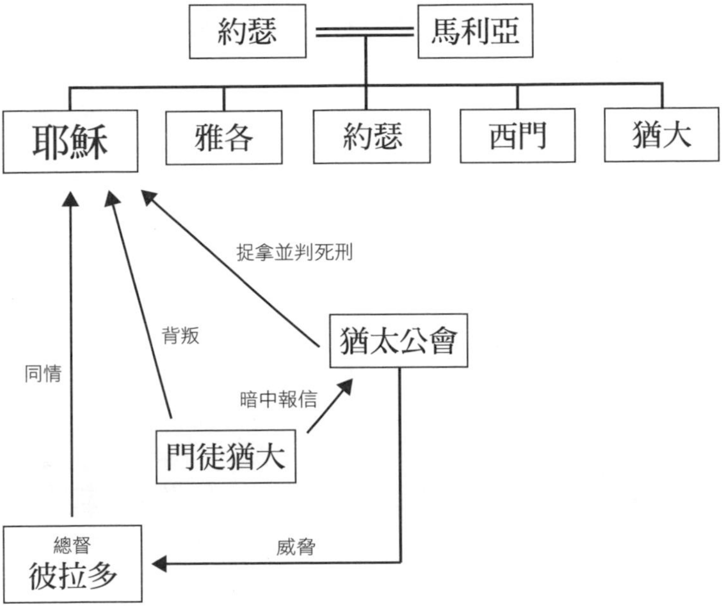
約瑟
馬利亞
耶穌
雅各
約瑟
西門
猶大
捉拿並判死刑
背叛
同情
猶太公會
暗中報信
門徒猶大
總督
彼拉多
威脅

# 27 信念的力量

然而，當愛和希望這兩個新名詞被悄悄傾訴到不幸者的耳中時，羅馬總督和嫉妒的猶太祭司無論採取什麼行動都壓制不了了。不，就連羅馬皇帝本人也無法阻止耶穌門徒將導師的信息帶給所有願意聆聽的人。

耶穌教導人要在實踐愛與正義中尋求幸福，這是一個人的靈魂的最高貴展現。這也是為什麼千百年來，在有那麼多人試圖摧毀這個信念的情況下，它得以存活並獲得最後的勝利。

耶穌所生活的那個世界非常不公平。有權有勢者要什麼有什麼，受人奴役者一貧如洗。然而前者的人數不及後者千分之一。

耶穌的話首先是在最窮苦的人當中傳開的。他那有關仁慈的教導，有關統治這宇宙的強而有力的聖靈，是一個愛的靈的保證，也最先在窮人中受到議論和接受。

這些單純的人民從未接觸過伊比鳩魯學派和懷疑論者等貌似有理的哲學思想。他們不識字，也不會寫字。

不過，他們有耳朵可以聽。

在他們的主人眼裡，他們比田野間吃草的牲口強不了多少。他們的生死無人在意，也沒有人會為他們失去親人而哀悼。然而，突然間，禁錮之門大開，他們得以瞥見真理，得知所有的人都是獨一天父的兒女。

正如所預期的，最先接受這種嶄新信心的人，是住在周圍鄰里的猶太鄰居，他們聽過他說話，感覺到他話語中的魅力，並見過他眼中無畏的光芒。

## 有恨他的猶太人，更有愛他的猶太人

數百年後，中世紀的人天真地接受了所有書寫下來的傳統記載，對猶太人懷有強烈的憎恨，因為有一群猶太人對這人（他們稱這人是上帝之子）的死負有直接的責任。

按照我們的理解，這種態度和看法完全站不住腳。

耶穌是猶太人。他母親是猶太人。他的朋友和他的門徒都是猶太人。他本身很少離開自己成長的猶太人社群。他很樂意與異邦人往來，比如希臘人、撒瑪利亞人、腓尼基人、敘利亞人和羅馬人，但是他為自己的人民而活、為自己的人民而死，死後也埋葬在猶太人的土地上。

他是最後一位也是最偉大的一位猶太先知，是無畏的屬靈領袖一脈相傳的真正傳人。每次民族發生危難，那些領袖總是挺身而出。

那些殺害耶穌的法利賽人和撒都該人是猶太人沒錯，但他們只是猶太人中最狹隘又最偏執頑固的一群人。

法利賽人和其受害者。

他們出於自私，捍衛著早在數百年前就過時的狹隘信條。

他們粗暴壟斷了外表的聖潔，自詡為宗教的管理者[128]。

他們犯下可怕的罪行，但他們犯下此罪的身分是政治和宗教黨派成員，而不是猶太人。如果他們對這位新先知的憎恨無人能及，那麼，其他猶太人對他們遭謀殺的導師所懷的愛也同樣堅固無比。

## 新舊信仰分道揚鑣

正是那些生活在加利利和猶大地的忠心學生建立了第一個基督徒群體，建立了第一個由所有相信耶穌是基督（即「受膏者」）的人組合而成的群體。

這時用「基督徒群體」來稱呼他們有點不太正確，因為這名稱要好幾年後才首次出現在小亞細亞的安提阿城。不過，門徒組成的群體確實存在，並且人愈來愈多。在那座將耶穌送上可怕死亡之路的耶路撒冷城中，幾乎就是在十字架陰影的籠罩下，成員們定期聚會。

然而，不久之後這群人開始爭吵，彼此意見分歧，理念觀點相同的人各自組成小團體。例如，熟悉希臘哲學的司提反等人就明白新舊信仰肯定要分道揚鑣，摩西那嚴厲的耶和華和耶穌所傳講的愛的上帝，無法在他們的教會中共處一室。

不過當他們說出這個觀點，其他人群起攻之，並且殺害了他們，因為他們似乎支持撤除所有反對異邦人的屏障，但這種想法對從小在古老聖殿旁長大且深受其影響的人而言，還是太過可怕。

然而，鴻溝愈來愈深。在耶穌死後不到十二年，他的教導就被定了型，基督教和猶太教從此永遠分家，兩者的不同就像基督教和佛教或伊斯蘭教的不同。

從那時起，新的教義和信仰相對更輕易地在西亞傳播開來。

古老猶太律法的智慧被埋葬在遭人遺忘、無人會說的希伯來語中。

然而，每件和「基督」有關的事都被用希臘文寫下來，而馬其頓的亞歷山大已經使希臘文成為古代的國際通用語。

舞台已經搭好。

西方世界已經準備好接收來自東方的信息。

只需要有一個人來把加利利所知之事帶到羅馬。

他來了。

他名叫保羅。

128 意思是只有按照他們的要求去做才合乎律法所要求聖潔，其餘一概不合法。

# 28 信念的勝利

然而，在基督教成為世界性宗教之前，還需要做一件事，那就是必須和耶路撒冷以及古老信仰所執守的狹隘部族偏見徹底決裂。那位才華橫溢、名叫保羅的演說家和組織者，挽救了基督教，使它擺脫退化成另一個猶太小宗派的命運。保羅離開猶大地，渡海進入歐洲，將新成立的教會變成對猶太人、羅馬人和希臘人都一視同仁的國際性機構。

我們對保羅很熟悉。

從歷史的角度來說，我們對他的認識比對耶穌的認識多很多。《新約》的第五卷書，緊接在四福音之後的〈使徒行傳〉，用了整整十六章篇幅來描寫保羅的生平與工作。我們發現，他在西方異教徒當中旅行所寫下來的書信，非常仔細地描述了他的教義。

保羅的父母都是猶太人，住在大數城，位於小亞細亞西北角的西里西亞地區。他們給兒子取名叫掃羅。

保羅有相當優越的社會關係。他在羅馬帝國的許多地方都有親戚，從小就被送到耶路撒冷上學。他的身分有些特殊，雖是猶太人，正好也有羅馬公民的身分。這項榮譽似乎是因他父親曾為羅馬立下某種功勞而被授與的。那時，這身分就像一本能讓持有者享有許多特權的護照。

當掃羅完成學業（所有猶太兒童都要接受的傳統教育），他到織帳篷的師傅那裡去當學徒，之後便自立門戶做同樣的行業。

掃羅是在法利賽派嚴格的學校受的教育，當猶太公會下令處死耶穌時，年少的掃羅衷心贊成。後來，他積極加入了青年愛國主義者的組織，他們試圖根除具煽動性的教義，也就是那可恨的拿撒勒人在加利利和猶大地四處傳講的信念。

當司提反被人拿石頭打死時，掃羅就在場。他看著那可憐人做了第一個殉道者，把自己的生命獻給了新信仰，完全無動於衷。

他成天領著一幫年輕的無賴，打著古老律法的名義去犯新的罪，因此他幾乎天天都會和耶穌的跟隨者接觸。

聖司提反

## 他被蒙蔽的雙眼，終於得見真相

這些最早期的基督徒和同時代的人大不相同，他們在個人行為方面堪稱典範。

他們過著簡樸又節制的生活，不欺騙人，樂善好施，接濟窮苦的鄰居，被送上絞架時還為迫害他們的人祈禱。

起先，掃羅很困惑。

接著他開始明白，耶穌一定不單單是個革命煽

大馬士革

動者，否則不可能讓那麼多從未見過他的人受到啟發，變得如此虔誠。

他是個非常聰明的學生。耶穌曾經是個非常聰明的老師。突然間，掃羅理解了耶穌，他對這位自己一無所知的老師投降，聽任擺布。

他的轉變，發生在一條孤寂的道路上。

那時，他正前往大馬士革。耶路撒冷當局得到消息，大馬士革城裡有一群猶太人顯然傾向於信仰基督教。大祭司派掃羅送信去給大馬士革的同僚，要求拘捕那些異端分子，並且全部帶到耶路撒冷受審並處死。

掃羅是去執行這項令人毛骨悚然的差事，他像孩子一樣高興。然而，在他抵達敘利亞的首都之前，他看見了異象。

他被蒙蔽的雙眼，終於得以看見真相。

耶穌是對的，大祭司是錯的。

從那時起，有數百萬人得出了這個合乎邏輯的結論。

掃羅沒有呈上拘捕文件，也沒有要求當局把異議人士交給他監管，而是直接前往亞拿尼亞的家。亞拿尼亞是大馬士革基督徒群體的領袖，掃羅請亞拿尼亞為自己施洗。

**他成為向異邦人傳教的使徒**

從那一刻起，他改名叫保羅，成為向異邦人傳教的使徒，且因此聞名天下。

他放棄了自己的職業，並應巴拿巴（來自賽浦勒斯島，很早就改信了基督教）的邀請，前往安提阿城。正是在這座城市，那些接受耶穌並且不再在古老猶太會堂裡敬拜神的人，第一次被公開稱為基督徒。

安提阿

保羅只在安提阿待了很短一段時間，便開始他四處奔波的傳道生涯。他走遍羅馬帝國的所有角落，最後獲得的獎賞是成為一個殉道者，葬在某個不知名的羅馬公墓。

保羅起初主要在小亞細亞的濱海城市中傳道，並使許多人歸信了耶穌。希臘人顯然樂於聽他傳道。他們跟得上他的思路，十分欽佩他能運用機智辯贏他們的反對意見，於是很樂意加入這個新的信仰。

然而，大部分地中海港口城市中的猶太基督徒小團體對保羅恨之入骨，總是盡其所能地破壞他的工作。

對祖先正統信仰的偏見已經傳了二十代，無法在一時半刻間擺脫。對那些善良的群眾而言，保羅做得有點過火。他對信奉宙斯和波斯神密特拉的人

特羅亞

使徒

太友善，他首先應該知道自己是個猶太人，其次才是他基督教的信念，而且他應該盡量遵守古老的摩西律法。

保羅試圖向這些猶太人證明兩者毫無共通之處，一個人不能同時事奉耶和華[129]又事奉耶穌的上帝[130]，他們對他的厭惡轉變成公開的憎恨。

他們多次試圖謀殺這個可恨的做帳篷的師傅。最後，保羅開始明白，如果基督教想要生存下來，一定要能吸引一個全新的公眾群體，並且一定要徹底和猶太教決裂。

他依舊待在小亞細亞，不過他最後在特羅亞（距荷馬吟誦的古城特洛伊廢墟不遠的海港）下了決心，前往歐洲。

他橫渡赫勒斯龐海峽，直接前往馬其頓的中心重鎮腓立比。

## 在以弗所講道

這時，他來到了亞歷山大的家鄉，並使用他熟悉的希臘語向他的第一批西方聽眾傳講耶穌的話。

他才講沒幾次就被逮捕入獄。

不過那裡的人民喜歡他，讓他悄悄逃走。

這個不幸的經歷並未使保羅氣餒，他決定在敵人的堡壘內部發動攻擊。他去到雅典。雅典人很有禮貌地聆聽，但在過去四百年來，他們已聽過太多新教義，他們對傳教士不感興趣。保羅的工作從未受到干涉，但也沒有人前來要求受洗。

保羅在哥林多大獲成功，我們可從他後來寫給哥林多教會會眾的兩封書信得知這些事，他在信中闡釋了更多自己的思想。隨著時間流逝，這些思想離猶太基督徒內心所寶貝的古老教義愈來愈遠。

這時保羅已經待在歐洲好幾年了。所有未來傳教工作的基礎都已經打好，他可以返回小亞細亞自己的世界了。

首先，他造訪了位於西海岸的以弗所。自古以來，這座城市一直供奉著黛安娜女神。黛安娜（希臘人稱她阿特蜜斯[131]）是阿波羅的孿生姊妹，不僅是月亮女神，人們還相信她對一切生靈具有影響力，

聖保羅前往外國。

129 亦即信奉猶太教。

130 也就是信奉基督教。

131 阿特蜜斯（Artemis），聖經和合本譯作亞底米，相當於羅馬神話中的黛安娜（Diana）。她是奧林帕斯山十二主神之一，宙斯的女兒，阿波羅的雙胞胎妹妹，是希臘神話中月亮女神與狩獵的象徵。

黛安娜的神廟

在他們的想像裡，她比父親宙斯更具威力，就像中世紀時期，耶穌的母親馬利亞比耶穌本身更受人崇敬一樣。

保羅不瞭解這城市的狀況，他請求在當地的猶太會堂講道，也獲准了，但當猶太人聽過幾次之後，就不讓他繼續了。保羅於是租了一個演講廳，屋主從前是希臘哲學家。保羅在那裡講授了三年，那可說是有史以來第一所神學院。

以弗所和耶路撒冷一樣，是一座宗教壟斷城市。戴安娜神廟的祭祀給許多人帶來利益。

神廟有許多訪客，也有許多祭品。朝聖者總是會購買戴安娜的塑像帶回家，生意非常興隆，這就像今天我們去法國盧德爾時買聖母塑像、去羅馬時買彼得聖像一樣。

如果保羅傳教成功，那麼女神能用超自然力量行奇蹟的古老信仰將會毀於一旦，所有相關生意當然也會面臨破產。該城的金匠、銀匠、神廟的祭司，於是做了幾年前耶路撒冷同行做的事。他們試圖用法利賽人和撒都該人謀殺耶穌的方式來除掉保羅。

有人向保羅示警，他逃跑了，但是他的工作也完成了。

以弗所的基督教團體十分強大，已經無法消滅，儘管保羅從此再未造訪以弗所，當地也已經成為早期基督教世界最重要的中心。你能在公元第二和第三世紀的基督教編年史中讀到，為確定新教義最終的內容，基督教的代表曾召開一連串會議，其中最早幾次就是在以弗所。

## 平安離開耶路撒冷

保羅這時年紀已經大了。他在傳道生涯中受過許多的苦，不知道自己還能活多久。他決定在死前再去看看他的主受死的地方。許多人勸他別去。

保羅回到聖殿。

耶路撒冷的基督徒團體事實上是猶太教的一個分支。那些不能原諒這位使徒關愛異教徒的人，一聽到保羅這個名字就憎惡咒罵不已。對一個仍被法利賽人精神所控制的城市而言，他在希臘所獲得的成功可謂一文不值。

保羅拒絕相信這件事，但是他一踏進聖殿就馬上被人認了出來，群眾迅速聚集，威脅要以私刑處死他。

然而，羅馬的軍隊及時趕到救了他，將他帶到城堡。

羅馬人不知道該拿他怎麼辦。起先，他們以為他是從埃及來到猶大地打算挑起麻煩的革命煽動者。不過，當保羅證明自己是羅馬公民，他們立刻道歉，馬上解開為防止他逃跑而銬住他的枷鎖。

駐防在耶路撒冷的衛隊指揮官呂西亞，發現自己和幾年前的彼拉多一樣進退維谷。他沒有理由起訴保羅，但維持秩序是他的責任。他批准保羅被帶到猶太公會，耶路撒冷再次瀕臨內戰爆發。法利賽人和撒都該人自從為了殺掉共同敵人耶穌而匆忙結盟後，就一直對此後悔不迭，他們發生了一連串嚴重的爭執，使耶路撒冷的人民一直處於宗教騷動的混亂中。在這種情況下，保羅不可能預期會受到公平的審判。呂西亞明智地將保羅移到城堡中，免得遭到暴民的攻擊。

然後，等群眾不再那麼注意這件事後，他便把保羅送到總督居住的該撒利亞。保羅在該撒利亞住了兩年多，那段期間，他享受著幾乎完全自由的生活。然而，他厭倦了猶太公會成員對他沒完沒了的指控，最後，他要求當居將他送去羅馬，容許他向皇帝當面解釋自己的案件，這是他身為羅馬公民本來就有的權利。

## 他是從加利利通往羅馬的橋樑

公元六十年秋天，保羅啟程前往羅馬。

那是一趟充滿災難的旅程。

使徒搭乘的那艘船在馬爾他島觸礁，發生船難。

保羅前往羅馬。

馬爾他島

耽擱了三個月後，才有另一條船將保羅和他的同伴送往義大利本土。公元六十一年，保羅抵達羅馬城。

他在羅馬似乎也享有極大的自由。羅馬人真的沒為難他。他們只希望他別再去耶路撒冷，因為他一在那裡出現就會引起暴亂。羅馬人對猶太人的神學不感興趣，自然也不願意審判一個他們自己的法庭都認為沒有罪的人。

此時，他既然不再威脅國家的安全，便獲准自由來去，而他也充分利用了這個料想不到的機會。

他在一個貧民區裡租了安靜的房間，再次開始傳教。

在他人生最後這幾年，他的勇氣令人讚歎。他已經是個老人了，過去二十年艱苦的歲月幾乎擊垮了他。然而，有機會來到文明世界的首都親口傳講耶穌的信念，坐牢、受鞭打、被石頭打（有一次他差點被自己的同胞用石頭打死），沒完沒了的徒步跋涉、馬背顛簸、舟車勞頓、饑渴交迫，相較之下都不算什麼了。

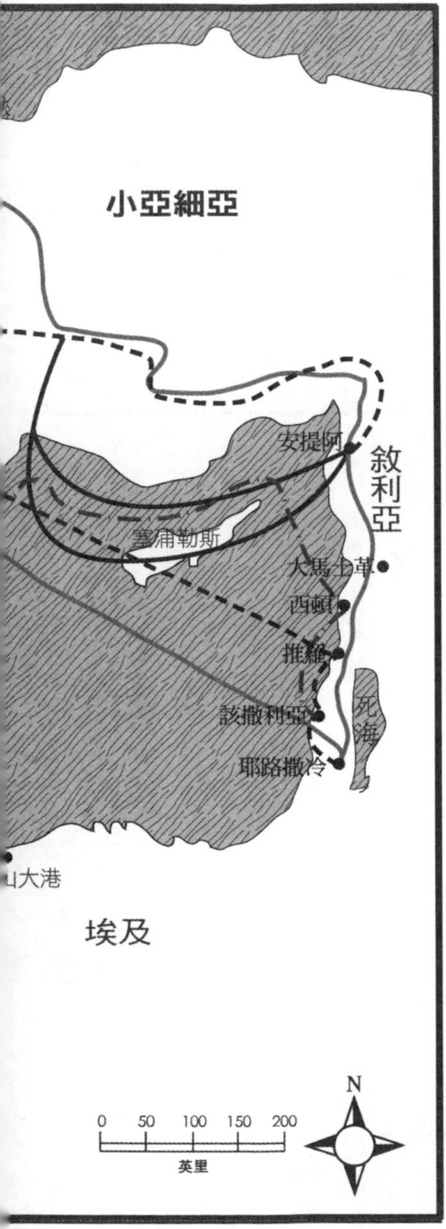


他繼續傳教多久，或他最後的命運如何，我們都不知道。

公元六十四年，羅馬突然爆發一場愚蠢的反基督教活動，並且很快盛行到各地。尼祿皇帝鼓勵暴民掠奪並殺害所有皈依這個新信仰的人。

保羅似乎是在這場大屠殺中遇害的。

從那時起，我們再也沒有聽人提起他的名字。

然而，現代教會像一座豎立起來的紀念碑，見證著保羅的天賦才能。

保羅是從加利利通往羅馬的橋樑。他拯救了基督教，使它沒有淪為另一個猶太教的小宗派。

他使基督教成為世界性的宗教。

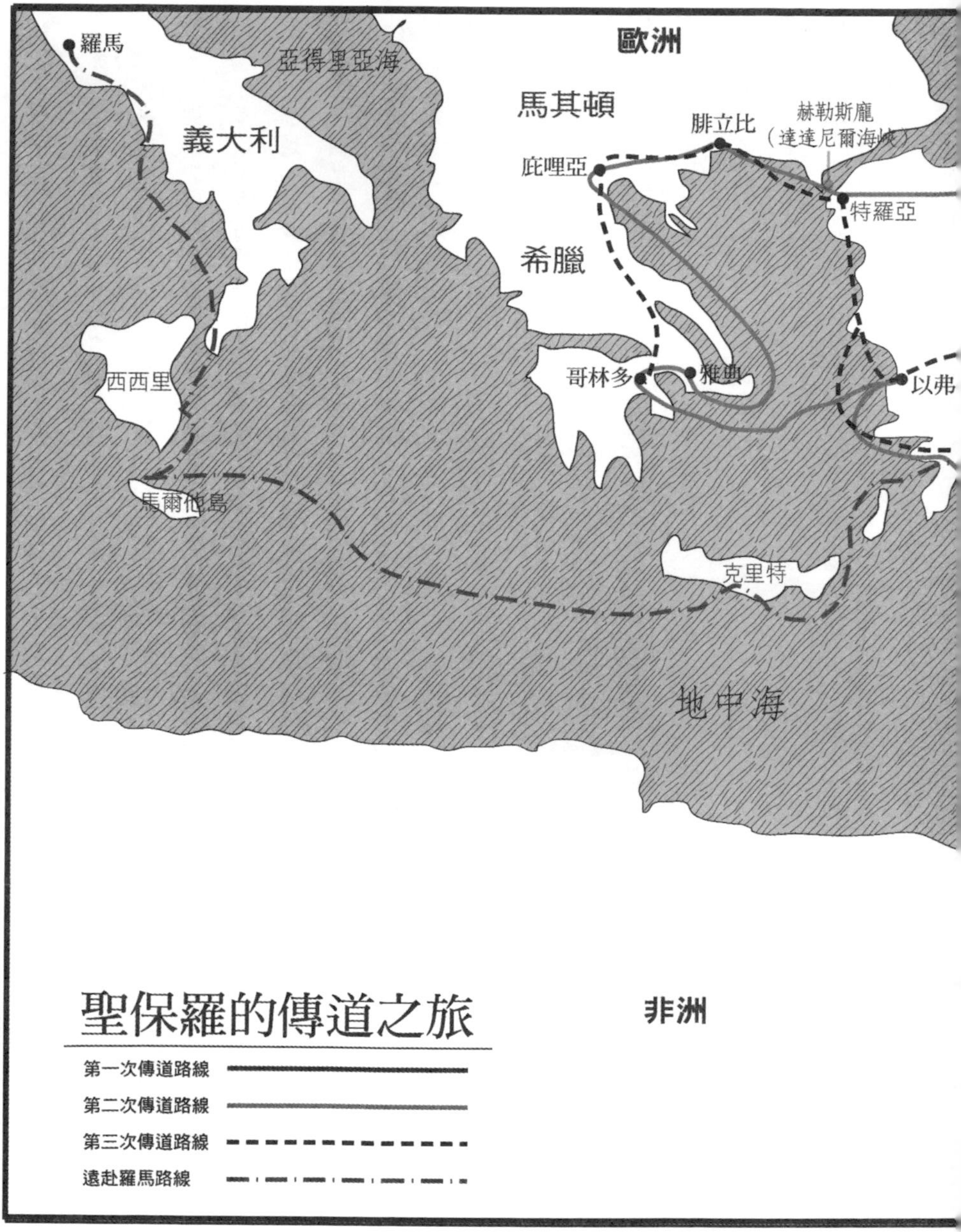
羅馬
亞得里亞海
歐洲
馬其頓
腓立比
赫勒斯龐
（達達尼爾海峽）
義大利
庇哩亞
特羅亞
希臘
西西里
哥林多
雅典
以弗
馬爾他島
克里特
地中海
非洲
聖保羅的傳道之旅
第一次傳道路線
第二次傳道路線
第三次傳道路線
遠赴羅馬路線

# 29

# 教會的建立

不久之後，另一位名叫彼得的使徒也來到羅馬，去探望台伯河畔基督徒聚居的小社區。羅馬的幾任皇帝因為害怕這個新興宗教團體的影響力，多次下令屠殺基督徒，彼得本人在一次大屠殺中遇害。不過，教會毫無困難地從這些攻擊中存活下來。三個世紀後，當羅馬不再是西方世界的政治中心時，羅馬的基督教主教們卻使該城成為整個世界的屬靈中心。

彼得的名字和我們的屬靈中心從耶路撒冷轉移到羅馬這點密切相關。我們對彼得的情況知道得比保羅少。

我們上次看見彼得，是他在該亞法家中否認自己認識耶穌，然後極其痛苦地逃走。隨後在耶穌釘十字架時，我們瞥見他在場。此後許多年，我們未再看見他露面。他再度出現時，已經是個非常成功的傳教士，從遠方的城市寫來很有意思的書信。他可能就在那些城市往來傳講他的老師的話。

彼得是加利利海邊一名純樸漁夫，所受的教育比保羅少得多，也缺乏保羅那樣的個人魅力。保羅無論到猶太、希臘、羅馬或西里西亞，在每個群體裡都占據首要地位。

不過，我們不能因為彼得在耶穌受審時一時怯懦，就斷定他缺乏勇氣。一些最勇敢的士兵和名聲最顯赫的軍團，在遭遇意外的時刻也會做出奇怪的事，但等他們恢復理智後，他們總是重新忠於職守，彌補自己一時所犯的錯誤。

彼得就是這樣。

此外，他是個有才幹的人，很會做有用的事，也非常有效率。他知道自己的短處，因此把出頭露臉的事都交給保羅和耶穌的弟弟雅各去做。保羅長年在海外傳教，雅各則成了這古老國家所認可的教會領袖。

與此同時，彼得心甘情願地在猶大地周邊比較不重要的鄉村傳教，他與忠誠的妻子經常長途跋涉，從巴比倫到撒瑪利亞，從撒瑪利亞到安提阿，向人傳講昔日跟耶穌在一起在加利利海打魚時，耶穌對他的教導。

聖彼得

## 迫害史重新上演

我們不知道最後是什麼事讓彼得去了羅馬。

就嚴格的歷史觀念而言，我們對彼得的這趟遠行沒有可靠的資料記載。然而，使徒彼得的名字和早期教會的發展緊緊連結在一起，而教會那時已經是一個世界性的機構。因此，我們必須多費些筆墨記述這位精彩的老人，他可是耶穌最鍾愛的門徒。

第二世紀中葉，一位編年史作者提到，彼得和保羅同時在羅馬傳道，並且在短短幾個月內先後遭暴民殺害。

在羅馬歷史上，這種大規模屠殺異教徒的事前所未有。

羅馬政府對耶穌的跟隨者的態度，開始從之前的冷漠逐漸轉為憎恨。

如果基督徒只是一群「怪人」，偶爾聚集在城中某個不知名角落的昏暗屋子裡，用彌賽亞的故事互相啟發——這位彌賽亞像逃亡的奴隸一樣被釘死在十字架上——那麼當局不必害怕他們的聚會有什麼危險性。

然而，基督的話語漸漸地開始被愈來愈多的人接受，當局的耐心終於用完了。

這是個老套的故事了。

首先，那些靠朱比特的祭祀來謀生賺錢的人開始怨聲載道，他們沒有錢可賺了，神廟無人祭祀荒廢了。羅馬人把他們所有的金子都給了一個來路不明的外國神，而牲口販子和神廟祭司卻損失慘重。

各種利益相關群體爭取到治安單位的合作與支持後，開始群起詆毀基督徒。一些被剝奪繼承權、在郊區悽慘度日的農民形成的半野蠻暴民群，向來看不慣品性端莊的基督徒鄰居，當他們聽見對基督徒的卑鄙指控時，都幸災樂禍起來。當有羅馬婦人彼此搬弄是非說，「那些基督徒每個星期天都殺小孩，喝血來取悅他們的上帝」，這群暴民便互相眨眼暗示，「動手」的時候到了。

## 關於基督徒的傳言

當時所有可信的作者都有同樣的看法——他們的基督徒鄰居都過著聖潔的生活，委實可做羅馬人的典範，但羅馬人總是一邊哀歎著「黃金時代」一去不返，一邊在糟爛現實生活中幹盡壞事。

不過，另一個更有力的群體純粹出於自私的動機而害怕基督教昌盛。那些巫師、東方祕術術士，以及才從東方「獨家」引進數以百計祕術的神棍，都發現自己的生意即將毀於一旦。他們怎能和基督教競爭？那群虔誠的男女寧可清貧度日，也不肯為傳講他們的加利利老師的教誨而向人收取分毫。

這些不同的團體全都在貪婪的驅使之下，迅速聯手向當局指控基督徒是一群邪惡與煽動人的罪犯，正在密謀危害帝國的安全。

羅馬大火

羅馬當局沒那麼容易被嚇唬，有很長一段時間，他們都不願意採取明確的行動。然而，有關基督徒的詭異故事被一再渲染，四處傳播，這些故事繪聲繪影，有各種豐富的細節，說得彷彿真有其事一般。

與此同時，基督徒自己出於對一個更好的新世界的熱切期盼，經常暗暗地、意味深長地提到末日審判，據說那時整個世界將被從天上來的閃電清除淨盡。這些都助長了人們的懷疑。

有一次，尼祿皇帝大醉，一時興起下令縱火燒了大半個首都，這時，人們想起了基督徒說過所有大城市將遭毀滅的預言。

## 教會成為祕密社團

恐懼爆發，羅馬人完全失去了理智。猶太人和基督徒像過街老鼠一樣被四處搜捕，丟入監牢。嚴刑逼供下，他們被迫承認了最令人感到不可思議的叛國陰謀。每次負責行刑的劊子手和野獸一忙就是好幾個星期，保羅和彼得就是在這種情況下被砍死的。

教會轉入地下。

不過，羅馬人隨後得知，視死如歸的殉道者是這個新信仰最好的宣傳。在此之前，基督徒的信條大部分只能在廚房裡找到擁護者。如今，客廳裡的人也開始感興趣了。到了公元第一世紀末，許多達官顯貴和貴族婦女不願再向古老帝國的神祇獻祭表達忠誠，因而被懷疑改信基督教並遭處死。

迫害招致憤恨。一開始原本非常溫馴謙卑的基督徒，終於開始採取措施保護自己。當公開聚會或在私人家中聚餐已經不再安全時，教會轉入了地下。

羅馬近郊一些廢棄的採石場很快轉變成為教堂，信徒每週一次到此聚會，聆聽一些遊走四方的虔誠傳教士講道，一次又一次從那位百年前出自拿撒勒的木匠的故事中獲得安慰。

這使得所有的基督教成員變成了一個祕密社團，這是他們過去從未想過的。

## 小群聚集的基督徒逐漸壯大

羅馬官員之所以對祕密社團的恐懼遠超過所有其他的事，是有各種充分理由的。在一個百分之八十的人都是奴隸的國家，允許人們進行連治安單位都控制不了的祕密聚會，實在太不安全。

各處行省開始傳來報告，令人頭痛的基督教還在散布蔓延。少數明智的總督保持頭腦清醒，安靜等候群眾恢復理智的時刻。有些總督收受了當地基督徒的賄賂，保持沉默不加舉報。不過，還有其他總督藉由大屠殺來博得羅馬皇帝的青睞。他們安排計畫，將凡是與可疑的「加利利祕教」相關之人，無論男女老少，一律處死。

然而，無論何時何地，當局從受害基督徒那裡獲得的回答都一樣——他們總是否認所有被控的罪，他們在斷頭臺前高尚無畏的舉止讓他們贏得更多朋友，以致於每次公開處決一批人之後，就會有更多的人皈依基督教。

奴隸

事實上，當迫害終於結束時，原本小群聚集的基督徒已增長壯大，變成一個必須指派專門人員管理的團體。這些專人在法律面前代表教會，管理那些虔誠信徒為病人治病所奉獻的慈善捐款。

起初，一些被稱為「長老」的長者受託管理教會的日常事務。後來，為了合作更有效率，同一城鎮或地區的幾個教堂便聯合起來，強迫或任命一名

教會打敗了神廟。

羅馬成為屬靈的中心。

主教或總監督來指導和管理他們共同的政策。

由於工作性質的關係，這些主教被視為十二使徒的繼承人。隨著教會日益富裕，他們的權力自然也愈來愈大。當然，猶大地和小亞細亞村莊裡的主教影響力比不上義大利或法國大城市的主教。

其他地區的主教，自然會對他們在羅馬的同僚懷有更多的敬畏和尊重。同樣的，過去將近五百年來，羅馬這座已經習於主宰世界命運的城市，也勢必會有大批精於管理國家內政和外交的人士。

## 教會終究獲得最後的勝利

在羅馬帝國日趨衰落的年日裡，充滿活力的年輕人已經沒有機會在軍隊或市政上謀求發展，於是他們轉向教會，尋找可以發展自己的抱負和成就自己事業的出路。

最不幸的是，古老的帝國已經走上了窮途末路。從早期的羅馬共和國開始，小農場的農民就是羅馬軍團的主要兵源，帝國低劣的經濟管理使農民變得更加窮困，如今他們蜂擁進入城市，大聲吵著要麵包和娛樂。

此外，亞洲中心地區的動盪騷亂，也驅使大批蠻族向西遷移，那些世世代代以來屬於羅馬人的疆域，逐步遭到蠻族的蠶食。然而，和首都的政治情勢相較之下，各省的混亂失序根本不算什麼。在首都，皇帝一個接一個被擁立登基，隨後又在他們的宮廷院牆之內遭外國傭兵謀殺，這些外國傭兵才是帝國的真正主人。

最後，當羅馬皇帝認為住在自己的城市裡已不再安全，這些凱撒的繼承人離開了台伯河畔，住到其他地方去了。當這事發生時，羅馬的主教們自然而然變成他們教區裡最有影響力的人，並且取得完整的領導權。他們代表帝國僅存的一個組織完善的力量，而從古都遷走的羅馬皇帝，也需要主教的支持才能在義大利半島上保有自己表面上的威望。

他們願意為此討價還價。

公元三一三年，羅馬皇帝頒布了正式的寬容法令，終止所有迫害。一個世紀之後，羅馬被公認是東西南北各國在信仰靈性上的首都。

教會獲得了最後的勝利。

從此，那位拿撒勒先知的話迴盪在戰爭和衝突的喧囂之上，要求那些愛他的人，藉由理解萬物的完全之愛，去醫治這世界的各種疾病創傷。

## 【譯後記】多走一里路

二〇一六年一月，浙江文藝出版社／果麥文化出版了我翻譯的《聖經的故事》（繁體中文版則決定與漫遊者文化合作）。編輯告訴我，她查出這本書從過去到現在，總共出版了一〇二個品種（譯本），但她確信果麥文化這個譯本是最好的。

一〇二這數字確實讓我吃了一驚。經典重譯的事常有，《聖經的故事》若有十種、二十種譯本，我不覺奇怪。未料竟有一〇二種，太超出想像。按我過去的習慣，這消息會讓我盡可能蒐羅多個譯本，把書中某些我存疑的段落一一比對。一〇二，我忍不住想，第一個中譯本是哪一年出的？譯者是誰？他熟悉基督教的語言嗎？時移世易，滔滔時間長河裡，譯本出了一個又一個，如今二〇一六年，我的這個最新譯本，又比別人的好在哪裡？

### 宗教語言

我知道自己翻譯《聖經的故事》的優勢是，我熟悉《聖經》文本。好歹信了大半輩子耶穌，讀的基督教大學，又在神學院裡上過幾年聖經課，翻譯時肯定能夠避免《聖經》知識和詞語上的錯誤。

但凡宗教，都有一套自身的語言，這些傳達抽象和具象的專有詞彙，教外人士經常一頭霧水。書籍翻譯，譯者通常來回於兩種語言之間，但是遇到宗教書籍，譯者實際上要具備三種語言能力——對譯的兩種語言，加上宗教語言。以《聖經的故事》為例，譯者除了要懂中英文，還需要懂基督信仰或《聖經》的語言，否則就會出現令人啼笑皆非的譯文。比如：

房龍在第二章〈創世之說〉的開頭有這麼一段：

You will now understand how the poet who gave unto the Hebrew people their final version of the beginning of all things, came to describe the gigantic labour of creation as the sudden expression of one single and all-mighty will, and as the work of their own tribal God, whom they called Jehovah, or the Ruler of the High Heavens. And this is how the story was told to the worshippers in the temple.

我手裡有兩個已出版的《聖經的故事》譯本，一大陸（二〇一三年出版）一臺灣（二〇一四年出版），都是我開始翻譯這書之後找來的。有時譯完一章我會翻翻別人的譯本，看看自己有沒有哪裡譯的不一樣，是否弄錯了作者的意思。（翻譯之前或翻譯當下最好不看，以免受到別人文風和思路的干擾。）

大陸譯本是這麼譯的：「有位詩人曾得出希伯來人對萬物起源的最終說法。現在我們可以明白，詩人是如何把這樣龐大的創世工程描述為無所不能的意志表現，描述為希伯來部族神靈的傑作。下面便是神靈供奉者在寺廟裡所聽到的創世故事。」

臺灣譯本是：「現在你們可以理解，那位詩人在為希伯來人寫下萬物之始化章，何以會把創世的巨大功勞描述成一個全能意志的靈機一動，完全歸功於自己部族所信奉的、他們稱之為耶和華或者上天主宰的神。下面要講的就是神廟裡的信徒所聽到的創世故事。」

首先，大陸譯本少了這一句「whom they called Jehovah, or the Ruler of the High Heavens」的翻譯，不知是譯者漏譯，還是編輯或審查者把譯文刪去。

其次，最後一句裡的 worshippers 和 the temple，在基督教裡有專門的詞彙，譯者不知情，就會發生外行人說外行話的尷尬。Worship 當譯做「敬拜」，worshippers 是「敬拜的人」；the temple 是「聖殿」，其形狀既不是中國概念裡的廟宇，也不是希臘羅馬式的神廟。

我的譯本：「現在，你們明白，為什麼那個給希伯來人寫下萬物起始的最終版本的詩人，會把創世的龐大工程，描述成一個單一、無所不能的意志的瞬間展現，並且這事是他們自己部族的神做的，他們把這個神叫做『耶和華』，或『諸天之上的主宰』。對那些前來聖殿中敬拜的人，創世故事是這麼說的。」

還有一個描述：the sudden expression，大陸譯本未譯「sudden」，可能是譯者抓不準意思乾脆跳過；臺灣譯本的「靈機一動」，還真是譯者看見這描述時的靈機一動。我的翻譯「瞬間展現」既是字面的意思，也是根據《聖經》文本——〈創世記〉一開頭：「神說要有光，就有了光。」這是那個單一、無所不能的意志的瞬間展現。

僅僅一小段內容，譯者熟或不熟《聖經》，就會產生這樣的差別。

## 令人扼腕的失誤

譯者會犯百百種錯，包括我。翻譯像偵探破案，必須追究每個細節，即便看起來毫無可疑之處，也要多看幾眼，以防萬一。我的個性其實有點大而化之，標準的神經大條雙魚座，美其名叫呆萌。但是，一做起翻譯，我就步步為營，句句計較。這是經歷過血淚的教訓養成的。

就《聖經的故事》這本書，我手裡這兩個譯本最常見的錯，是對歷史和文化的疏忽。譯者自以為讀懂了，其實是被作者坑了。比如：

書中第二十章〈耶穌的降生〉，一開頭房龍就說：

「西元一一七年，羅馬歷史學家塔西陀試著記錄了一場發生在帝國全境的、對新教派的迫害。塔西陀跟尼祿可不是朋友。但是，他仍竭盡全力為這場特定的宗教迫害找尋藉口……。」然後房龍引了一大段塔西陀所寫羅馬皇帝對猶太人的鎮壓。接著，房龍批判塔西陀，說：

Tacitus mentioned the whole matter in that detached way in which an English journalist of the year 1776 might have referred to certain insignificant revolutionary outbreaks which had occurred in a distant colony of the Empire but which were not supposed to be of a very serious nature.

大陸譯本譯為：「塔西陀對此事的態度超然平靜。這件發生在帝國版圖中某個遙遠疆域的革命事件，對於生活在一七七六年的英國記者來說，恐怕也是無關痛癢的。」

臺灣譯本是：「塔西陀以一種置身事外的超然，記述了整個事件的經過。這場發生在羅馬帝國邊遠殖民地、無足輕重的造反事件，對一個生活在一七七六年的英國記者來說，恐怕也同樣沒有什麼格外重大的意義。」

就行文而言，大陸譯本優於臺灣譯本，不過兩個譯本都沒弄對房龍的意思。

須知，房龍是個喜歡掉書袋的人，著述裡各種用典，生怕人家不知道他有學問。他拿一個一七七六年的英國記者跟塔西陀並比，我的第一個反應是：一七七六年的英國怎麼啦？為何無緣無故迸出個一七七六年？英美史很強的人肯定馬上明白了。我沒讀過英美史，乖乖去問Google大神。

我的翻譯是：「塔西陀以一種超然的態度描述這整件事，就像一個生活在一七七六年的英國記者描述帝國遙遠的殖民地爆發了一場微不足道的革命，看起來應該不是什麼嚴重的大事。」

然後寫一條譯注：「房龍此處的帝國是指大英帝國，革命是指美國獨立戰爭。一七七六年七月四日，美國發表獨立宣言，大英帝國當時不以為意。」

這個一七七六年的英國記者，報導的事真跟羅馬帝國沒啥關係，人家講的是大英帝國鎮壓美洲殖民地的獨立。房龍隨手抖個歷史比喻，譯者沒留意，於是被坑得鼻青臉腫。

發現他人譯作有錯，站在同為譯者的立場，我常抱持的態度是哀矜勿喜。但是有一種錯一定會使我大翻白眼——反射式翻譯所造成的錯誤。

手裡這兩個譯本最令我不能忍的，是一看到 bread 就反射式地譯為「麵包」。這種不動大腦，想也不想一下的翻譯，我只能說，麵包你個頭！

在臺灣，麵包通常指吐司或者鋪料夾餡的各色甜鹹麵包。中國的傳統食品裡有饅頭和包子，西式麵包是現代食品。房龍這書講的三千年前西亞人吃的 bread，那種東西叫做餅！餅！餅！重要的事說三遍。

房龍是荷蘭人，英語不是他的母語，他寫的英文也不是我們慣見的現代英文。我的意思是，房龍很討厭，他會寫那種就算你看懂了也很難用中文譯得好的句子。舉個例：

HOW THE JEWS BELIEVED THAT THE WORLD HAD BEEN CREATED

大陸譯本：在猶太人眼裡，世界是如何形成的呢？
臺灣譯本：猶太人認為世界是這樣創造出來的。
我的譯本：猶太人如何相信世界乃是創造而來。

我是這種譯者：信↓達↓雅；沒譯對，再溜順漂亮的句子也不成。我的譯句讀起來不順口，但原文就是這意思。另兩個譯本都失了準頭。為達而失信，我不願意。能不能兩全其美？哪有譯者不願意兩全其美啊！

## 服務我的世代

宗教語言和歷史文化上的失準、誤譯，上述兩個譯本雖不至於俯拾皆是，但隔三岔五來一個，仍是憾事。我之所以選了兩個最新的譯本來參考，是基於新譯本理當後來居上，避免前人的錯誤。

以我自己為例，我翻譯的《精靈寶鑽》分別在二〇〇二年（臺灣聯經）、二〇一二年（南京譯林）和二〇一五年（北京世紀文景/上海人民出版社）出了三個譯本。問題最多的當然是第一個譯本，即使它備受推崇多年，有錯就是有錯。最好的，自是二〇一五年的最新版。

譯者有機會修訂自己從前的譯本，一雪前恥，是幸運的，也是幸福的。同樣，當我有機會翻譯市面上已有的經典著作，我提醒自己要審慎，要避免前人的失誤。能站在巨人的肩膀上往前看，當然也是幸運又幸福的。

重譯經典，讓我想到馬太福音裡耶穌說：「有人強逼你走一里路，你就同他走二里。」第一里路，是按照規定完成要求；第二里路，是耶穌要求他的跟隨者超過規定之外，更進一步付出。重譯經典，必須更進一步付出，才能創造嶄新的價值。

翻譯，是服務我所處世代的人。語言是活的，會隨著時代變化而更新，經典重譯是必然。而我，一個出生、成長、受教育都在臺灣的譯者，無論是為臺灣還是大陸的出版社做翻譯，我下筆時心裡想的並非兩岸三地，而是全世界的華文讀者，包括母語不是華語但能讀華文的人。這是我給自己譯作畫出的時間和空間。

再好的翻譯作品，都避免不了消失在時間的長河裡。就算電子書能讓譯本保持永生（相對於紙書而言），進入資料之海打撈仍是費勁的。除非有那做版本比較的學生，否則一般人不會做這樣的打撈。這或就是翻譯不如原創受尊重之故，儘管同樣嘔心瀝血。好的原創，立定在時間長河之上，被淘洗得閃閃發亮，永不沉沒。但是經典著作的譯本總會百花齊放，不可能有誰千秋萬載一統江湖，譯者能夠做到五十年不被超越，已是得天獨厚。

這個版本的《聖經的故事》，我相信、也知道它在這個世代已然勝出。過去，自詡信仰純正的基督徒不會翻譯它，因為它是自由派觀點的作品；而沒有基督信仰的人翻譯它，失誤我已列舉。我和負責此書的果麥編輯，已為《聖經的故事》多走了一里路，服務了我們所處的世代。

## 這不是聖經，也不是傳遞基督信仰的著作

最後，說幾句跟信仰有關的話。

《聖經的故事》是一本知識書籍，不是一本傳遞基督教信仰的著作，當然，它更不是《聖經》。這個譯本出版後，有些基督徒一個字都沒看，就橫眉豎眼戳著我鼻子說這書褻瀆神。嘖嘖，好大帽子，嚇死寶寶了。

一九二八年，房龍出版了《聖經的故事》。他想幫助不認識《聖經》的讀者，以循序漸進的方式走過這數千年時光，看人類古老文明發源地之一西亞兩河流域和地中海沿岸的早期歷史，看猶太人如何從一支沙漠中的游牧小部族，一路走到建立王國、經歷滅國、流亡到全世界，最後誕生出基督教的故事。

房龍說他為年輕人寫作這本書，是因為：「你們人生中總會有一段迫切需要智慧的時候，而那些智慧就隱藏在這些古老的編年史裡。數百個世代以來，《聖經》一直是人最忠心的夥伴。我僅僅是要告訴你們，我認為你們該知道這本書，因為你們的人生會因此充滿更多的理解、寬容和愛，這會使人生變得美善，並且進而變得聖潔。」

我將此書視為一座橋樑，盼它引領讀者，從簡易的《聖經的故事》通向厚重的《聖經》。

甚至，說不定有人願意多走一里路，從歷史的知識走向信仰的認識。讓自己的人生充滿更多的理解、寬容和愛，使自己的人生變得美善，進而變得聖潔。

錯誤的立足點不會讓人把事情看對。我深盼房龍寫作此書的初衷，得以在讀者身上實現。

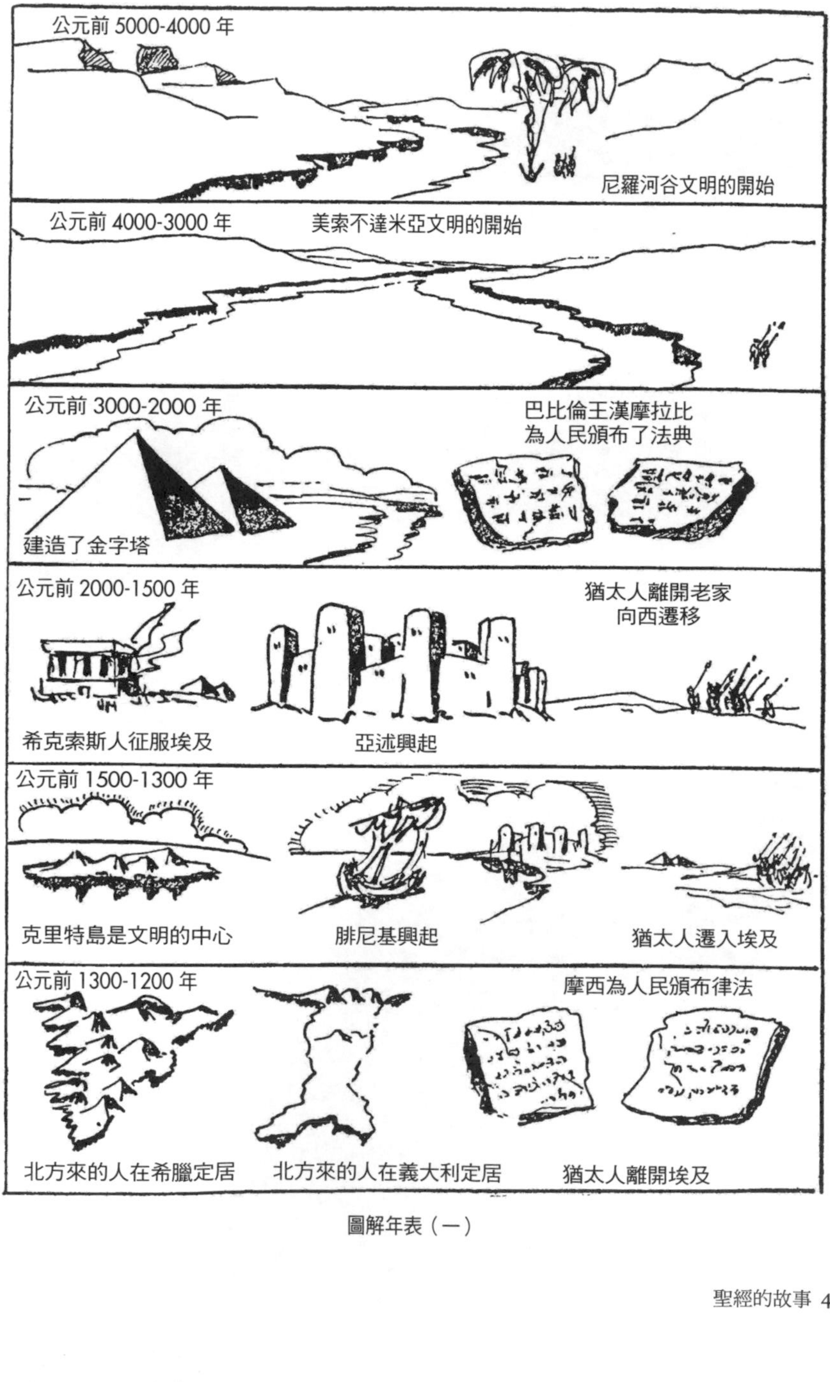
公元前 5000-4000 年
尼羅河谷文明的開始
公元前 4000-3000 年
美索不達米亞文明的開始
公元前 3000-2000 年
巴比倫王漢摩拉比
為人民頒布了法典
建造了金字塔
公元前 2000-1500 年
猶太人離開老家
向西遷移
希克索斯人征服埃及
亞述興起
公元前 1500-1300 年
克里特島是文明的中心
腓尼基興起
猶太人遷入埃及
公元前 1300-1200 年
摩西為人民頒布律法
北方來的人在希臘定居
北方來的人在義大利定居
猶太人離開埃及

圖解年表（一）

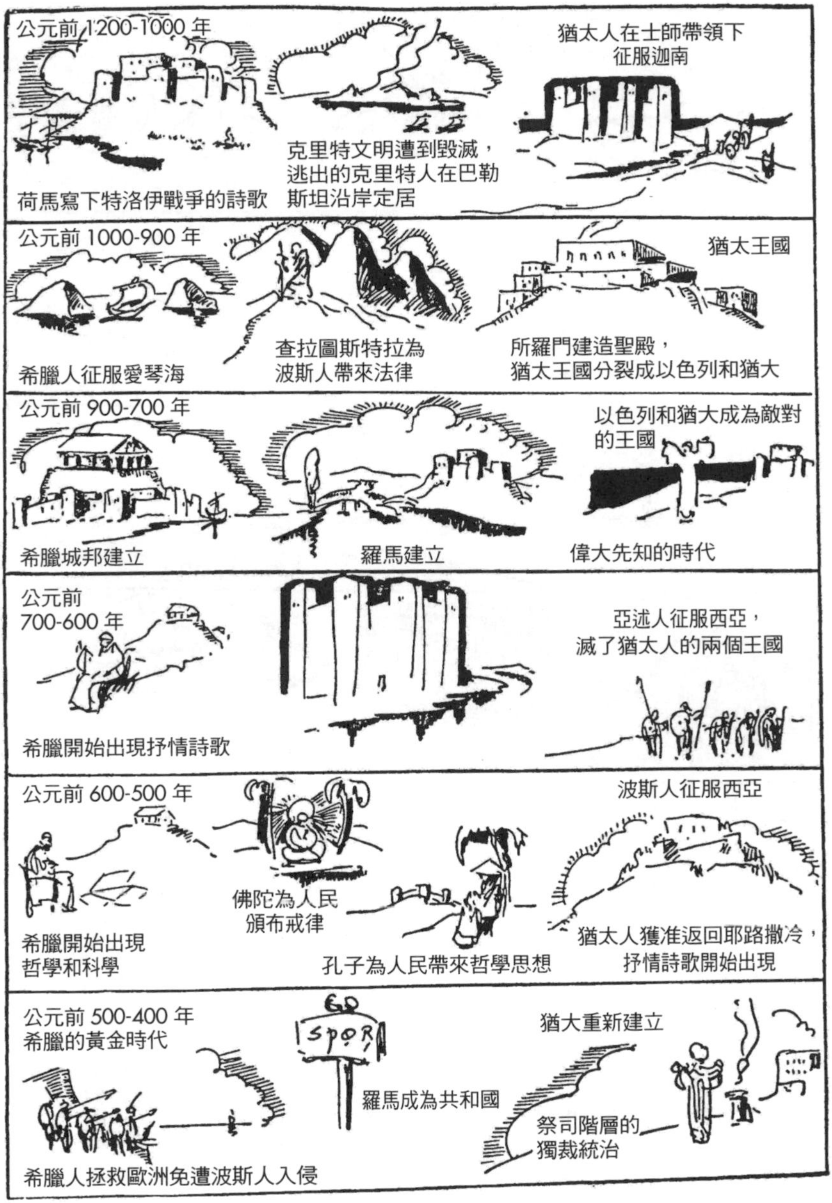
公元前 1200-1000 年
荷馬寫下特洛伊戰爭的詩歌
克里特文明遭到毀滅，
逃出的克里特人在巴勒
斯坦沿岸定居
猶太人在士師帶領下
征服迦南
公元前 1000-900 年
希臘人征服愛琴海
查拉圖斯特拉為
波斯人帶來法律
猶太王國
所羅門建造聖殿，
猶太王國分裂成以色列和猶大
公元前 900-700 年
希臘城邦建立
羅馬建立
以色列和猶大成為敵對
的王國
偉大先知的時代
公元前
700-600 年
希臘開始出現抒情詩歌
亞述人征服西亞，
滅了猶太人的兩個王國
公元前 600-500 年
希臘開始出現
哲學和科學
佛陀為人民
頒布戒律
孔子為人民帶來哲學思想
波斯人征服西亞
猶太人獲准返回耶路撒冷，
抒情詩歌開始出現
公元前 500-400 年
希臘的黃金時代
希臘人拯救歐洲免遭波斯人入侵
SPQR
羅馬成為共和國
猶大重新建立
祭司階層的
獨裁統治

圖解年表（二）

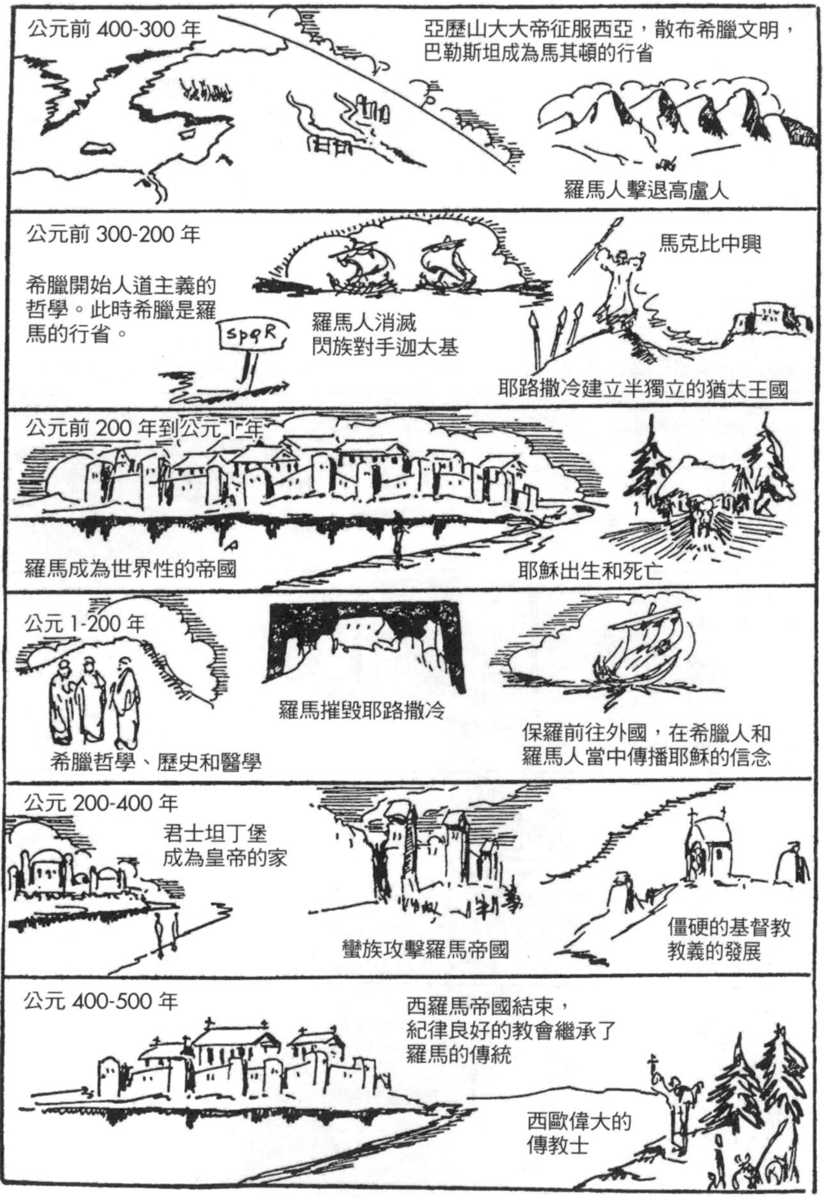
公元前 400-300 年
亞歷山大大帝征服西亞，散布希臘文明，
巴勒斯坦成為馬其頓的行省
羅馬人擊退高盧人
公元前 300-200 年
希臘開始人道主義的
哲學。此時希臘是羅
馬的行省。
SPQR
羅馬人消滅
閃族對手迦太基
馬克比中興
耶路撒冷建立半獨立的猶太王國
公元前 200 年到公元 1 年
羅馬成為世界性的帝國
耶穌出生和死亡
公元 1-200 年
希臘哲學、歷史和醫學
羅馬摧毀耶路撒冷
保羅前往外國，在希臘人和
羅馬人當中傳播耶穌的信念
公元 200-400 年
君士坦丁堡
成為皇帝的家
蠻族攻擊羅馬帝國
僵硬的基督教
教義的發展
公元 400-500 年
西羅馬帝國結束，
紀律良好的教會繼承了
羅馬的傳統
西歐偉大的
傳教士

圖解年表（三）

# 譯名索引

## 六到十畫：

伊比鳩魯主義 Epicureanism
伊希斯 Isis
伊磯倫 Eglon
各各他 Golgotha
吉甲 Gilgal
安得烈 Andrew
安提戈納斯 Antigonus
安提帕特 Antipater
安提阿 Antioch
安提哥納 Antigunus
安提奧古．埃皮法內斯 Antiochus Epiphanes
托勒密．索特爾 Ptolemy Soter
米甲 Michal
米吉多 Megiddo
米利暗 Miriam
米沙 Mesha
米甸 Midian
米甸人 Midianite
米迦 Micah
米拿現 Menahem
米涅勞斯 Menelaus
米特里達堤 Mithridates
米煞 Meshach
米該雅 Micaiah
米羅 Millo
羊門 Sheep Gate
至聖所 Holy of Holies
色雷斯 Thrace
色諾芬 Xenophon
艾城 Ai
艾斯奇勒斯 Aeschylus
西布倫 Zebulun
西布勒 Zebul
西西拉 Sisera
西里西亞 Cilicia
西里西亞人 Cilician
西奈（西乃） Sinai
西底家 Zedekiah
西波拉 Zipporah
西門 Simon
西面 Simeon
西拿基立 Sennacherib
西頓 Sidon
西緬 Simeon
伯大尼 Bethany
伯利恆 Bethlehem
伯沙烏色 Bel-shar-usur,
伯沙撒 Belshazzar
伯里克利 Pericles
伯珊 Beth-Shean
伯特利 Bethel
伯羅奔尼撒 Peloponnese
但以理 Daniel
但族 Dan
何巴 Hobab
何弗尼 Hophni
何西阿 Hosea
何烈山 Mount Hor
何曼山 Mount Hermon
何細亞 Hoshea
克諾索斯 Cnossos
克羅索斯 Croesus
別是巴 Beer-Sheba
利未 Levi
利百加 Rebekah
利亞 Leah
含 Ham
吾珥 Ur
呂西亞 Lysias
呂底亞人 Lydian
希西家 Hezekiah
希伯 Heber
希伯崙 Hebron
希克索斯 Hyksos
希克索斯 Hyksos
希律 Herod
希律安提帕 Herod Antipas
希律腓力 Philip Herod
希斯塔斯佩斯 Hystaspes
希羅多德 Herodotus
希羅底 Herodias
希臘教父（又譯君士坦丁堡大公宗主教、東正教普世牧首） Patriarch of Constantinople
希蘭 Hiran
杜拉 Dura
汲淪谷 Kedron
沙得拉 Shadrach

貝爾加馬 Pergamum
那波尼度 Nabonidus
那波帕拉薩爾 Nabopolassar
亞干 Achan
亞比央 Abijam
亞比米勒 Abimelech
亞比拿達 Abinadab
亞比該 Abigail
亞他利雅 Athaliah
亞甲 Agag
亞吉 Achish
亞多尼洗德 Adoni Zedec
亞多尼雅 Adonijah
亞伯 Abel
亞伯尼歌 Abednego
亞伯拉罕 Abraham
亞希雅 Ahijah
亞庇巴 Apepa
亞杜蘭 Adullam
亞那 Annas
亞拉臘山 Mount Ararat
亞哈 Ahab
亞哈斯 Ahaz
亞哈隨魯 Ahasuerus
亞哈謝 Ahaziah
亞述 Assyria
亞倫 Aaron
亞拿 Anna
亞拿尼亞 Ananias
亞衲人 Anak
亞基老 Archelaus
亞捫部族 Ammonite
亞略 Arioch
亞設 Asher
亞割 Achor
亞勞拿 Araunah
亞喀巴灣 Akabah
亞斯他錄 Ashtaroth
亞雅崙 Ajalon
亞當 Adam
亞達薛西 Artaxerxes
亞實基倫 Ashkelon
亞瑪力人 Amalekite
亞瑪謝 Amaziah
亞摩利人 Amorite
亞撒 Asa
亞撒斯山 Mount Athos
亞歷山大（馬其頓國王） Alexander
亞歷山大・雅奈 Alexander Jannaeus
亞歷山德拉 Alexandra
亞蘭 Aram
佩拉斯吉人 Pelasgian
佩特拉 Petra
和散那 hosanna
孟斐斯 Memphis
居魯士大帝/居魯士二世 Cyrus the Great / Cyrus II
岡比西斯 Cambyses
底比斯 Thebes
底波拉 Deborah
底格里斯河 Tigi'is
彼土利 Bethuel
彼得 Peter
所多瑪 Sodom
所羅巴伯 Zerubbabel
所羅門 Solomon
押尼珥 Abner
押沙龍 Absalom
拉吉 Lachish
拉美西斯二世 Rameses
拉班 Laban
拉結 Rachel
拉瑪 Ramah
拉撒路 Lazarus
拔示巴 Bathsheba
法利賽人 Pharisees
法薩盧斯戰役 Battle of Pharsalus
波阿斯 Boaz
波提乏 Potiphar
阿里曼 Ahriman
阿里斯托布魯斯 Aristobulus
阿拉米文 Aramaic
阿胡拉・馬茲達 Ahura Mazdā
阿勒格尼山 Alleghanies
阿提卡 Attica
阿爾西比亞德斯 Alcibiades
阿赫摩斯 Ashmes
阿摩司 Amos
非尼哈 Phineas

非利士 Philistia
非利士人 Philistine
非利士納 Philistina
亭拿 Thamnata
便亞米 Ben-Ammi
便哈達 Benhadad
便哈達二世 Benhadad II
便雅憫 Benjamin
俄巴底 Obadiah
俄別以東 Obed-edom
俄陀聶 Othniel
俄珥巴 Orpah
俄備得 Obed
俄斐 Ophir
保羅 Paul
哈西德派 Hasideans
哈米吉多頓 Armageddon
哈利路亞 hallelujah
哈里卡納索斯 Halicarnassus
哈拿 Hannah
哈曼 Haman
哈該 Haggai
哈薛 Hazael
哈蘭 Haran
客西馬尼園 Gethsemane
施洗約翰 John the Baptist
查拉圖斯特拉 Zarathustra
毘斯迦山 Mount Pisgah
洗革拉 Ziklag
流便 Reuben

珊迦 Shamgar
約沙法 Jehoshaphat
約坦 Jotham
約押 Joab
約阿施 Joash
約哈斯 Jehoahaz
約拿單 Jonathan
約書亞 Joshua
約基別 Jochebed
約瑟 Joseph
約瑟夫斯 Josephus
約翰 John
約翰・克里索斯托姆（約翰一世） John Chrysostom
約翰・許爾堪 John Hyrcanus
約櫃 Ark
約蘭 Jehoram
耶戶 Jehu
耶布斯人 Jebusite
耶弗他 Jephthah
耶末 Jarmuth
耶西 Jesse
耶利米 Jeremiah
耶利哥 Jericho
耶和華 Jehovah
耶洗別 Jezebel
耶孫 Jason
耶斯列 Jezreel
耶路巴力（巴力神壇的摧毀者） Jerub-baal, Baal-altar-smasher

耶賓王 King Jabin
耶羅波安 Jeroboam
迦太基 Carthage
迦巴魯 Chebar
迦百農 Capernaum
迦南 Cannan
迦拿 Cana
迦特 Gath
迦勒 Caleb
迦勒 Gaal
迦勒底人 Chaldean
迦密 Carmel
迦得 Gad
迦琳 Gallim
迦薩城 Gaza
迪卡波利斯 Dekapolis
哥林多 Corinth
埃克巴塔那 Ecbatana
夏甲 Hagar
夏娃 Eve
娥摩拉 Gomorra
拿八 Nabal
拿弗他利 Naphtali
拿伯 Naboth
拿俄米 Naomi
拿單 Nathan
拿答 Nadab
拿瑪 Naamah
拿撒勒 Nazareth
拿鶴 Nahor

挪亞　Noah
書念　Shunem
書拉密人　Shulamite
書珊　Susa
朗費羅　Longfellow
烏利亞　Uriah
烏撒　Uzzah
特－哈薩　Tel-Harsha
特魯洛　Trullo
特羅亞　Troas
納達比納斯　Nectabenus
閃　Shem
閃族　Semite
馬大　Martha
馬太　Matthew
馬可　Mark
馬利亞　Mary
馬拉松　Marathon
馬勒斯岬角　Cape Males
馬爾他　Malta

## 十一到十五畫：

參孫　Samson
培布羅印地安人　Pueblo Indians
基士　Kish
基比亞　Gibeah
基比頓　Gibbethon
基尼人　Kenite
基立溪　Brook Cherith
基列　Gilead
基列西弗　Kirjath-Sepher
基列耶琳　Kirjath-jearim
基列雅比　Jabesh-gilead
基色　Gezer
基利押　Chileab
基利波山　Gillboa
基甸　Gideon
基抹　Chemosh
基連　Chilion
基順河　River Kishon
基遍城　Gibeon
密特拉　Mithras
得撒　Tirzah
掃羅　Saul
掃羅　Shaul of Saul
推羅　Tyre
敘利亞　Syria
梭倫　Solon
畢士大　Bethsaida
莫丁　Modin
許爾堪　Hyrcanus
麥比拉　Machpelah
麥倫普塔　Mineptah
麥基洗德　Melchizedek
麥基舒亞　Malchishua
凱略　Kerioth or Cariot
喇合　Rahab
惠蒂爾　Whittier
提比哩亞　Tiberias
提庇留斯　Tiberius
提革拉毗列色　Tiglath-Pileser III
提勒亞畢　Tel-Abib
提備斯　Thebez
猶士都　Justus
猶大　Judas
猶太公會（猶太公議會）　Sanhedrin
腓力　Philip
腓尼基　Phoenicia
腓立比　Philippi
斯多噶主義　Stoicism
菲狄亞斯　Phidias
雅弗　Japheth
雅各　Jacob
雅億　Jael
嗎哪　manna
塔西陀　Tacitus
塔特索斯　Tartessus
塞伊斯　Sais
塞特　Seth
塞琉古　Seleucus
奧立佛．克倫威爾　Oliver Cromwell

奧林帕斯山 Mount Olympus
奧馬茲德 Ormuzd
愛默生 Emerson
暗利 Omri
暗蘭 Amram
會幕 Tabernacle
溫泉關 Thermopylae
聖所 Sanctuary
聖殿 Temple
聖路易 St. Louis
葉忒羅 Jethro
蛾摩拉 Gomorrah
該亞法 Caiaphas
該撒利亞 Caesarea
該撒利亞腓立比 Caesarea Philippi
該隱 Cain
路加 Luke
路得 Ruth
達乃 Tatnai
達夫尼 Daphnæ
達西亞 Dacia
達達尼爾海峽 Straits of the Dardanelles
寧錄 Nimrod
幔利 Mamre
歌利亞 Goliath
歌珊 Goshen
瑣珥 Zoar
瑣羅亞斯德 Zoroaster
瑪土撒拉 Methuselah
瑪他提亞 Mattathias
瑪代人 Mede
瑪努 mannu
瑪哈念 Mahanaim
瑪倫 Mahlon
瑪拿西 Manasseh
瑪挪亞 Manoah
赫勒斯龐 Hellespont
赫爾卡尼亞 Hyrcania
德米特里・索特爾 Demetrius Soter
德拉克馬 drachma
摩西 Moses
摩利 Moreh
摩利亞 Moriah
摩押 Moab
摩押部族 Moabite
摩洛 Moloch
撒母耳 Samuel
撒冷 Salem (Jerusalem)
撒迦利亞 Zacharias
撒珥根 Sargon II
撒勒法 Zarephath
撒都該派 Sadducees
撒督 Zadok
撒瑪 Shemer
撒瑪利亞 Samaria
撒縵以色 Shalmaneser V
撒羅米 Salome

## 十五畫以上：

橄欖山 Mount of Olives
謁巴力 Ethbaal
錫安 Zion
彌賽亞 Messiah
薛西斯 Xerxes I
隱多珥 Endor
羅波安 Rehoboam
羅得 Lot
龐培 Pampey, Gnaeus Pompeius Magnus
邁納 mina

# 聖經的故事

*The Story of the Bible*


作　　者　房龍（Hendrik Willem Van Loon）
譯　　者　鄧嘉宛
封面設計　莊謹銘
版面構成　高巧怡
文字校對　謝惠鈴
特約編輯　周宜靜
行銷企劃　蕭浩仰、江紫涓
行銷統籌　駱漢琦
業務發行　邱紹溢
營運顧問　郭其彬
責任編輯　劉文琪
總 編 輯　李亞南
出　　版　漫遊者文化事業股份有限公司
地　　址　台北市103大同區重慶北路二段88號2樓之6
電　　話　(02) 2715-2022
傳　　真　(02) 2715-2021
服務信箱　service@azothbooks.com
網路書店　www.azothbooks.com
臉　　書　www.facebook.com/azothbooks.read
發　　行　大雁出版基地
地　　址　新北市231新店區北新路三段207-3號5樓
電　　話　(02) 8913-1005
訂單傳真　(02) 8913-1056
初版一刷　2017年1月
二版一刷　2024年5月
定　　價　台幣499元

ISBN　978-986-489-945-6(精裝)




國家圖書館出版品預行編目 (CIP) 資料

聖經的故事/ 房龍(Hendrik Willem Van Loon) 著; 鄧嘉宛譯. -- 二版. -- 臺北市 : 漫遊者文化事業股份有限公司出版 ; 新北市 : 大雁文化事業股份有限公司發行, 2024.05
456 面 ; 14.8×21 公分
譯自 : The story of the Bible.
ISBN 978-986-489-945-6( 精裝 )
1.CST: 聖經故事
241　　113006331